島嶼歷史的再發現

TAIWAN, HISTORICALLY SPEAKING

島嶼歷史
超展開

十七世紀東亞海域的人們與臺灣

鄭維中 著

目次

「春山臺灣講座」書系總序

許雪姬（中央研究院臺灣史研究所特聘研究員）

記得在臺大博士班資格考前，一直很想有一部用輕鬆易懂的筆調來描寫之臺灣史，以便應付即將到來的學科考試，但當時只有一套在香港出版的中國歷史小叢書，每一個斷代、甚至一個重要的帝王，透過作者獨到的眼光，縱橫該朝代，或以人物為中心以串連歷史，書中沒有特別注解，但深入淺出易懂，將寬闊的視野及宏觀的歷史感放入書中，令人讀了趣味盎然。自那以後我一直想著，如何給全國民眾瞭解臺灣史的開端，以及用臺灣島史這個概念，透過極大化屬人、屬地的方式來囊括臺灣史的領域，進而呈現東亞、亞洲與世界，如何經過悠長的歲月，造就如今的臺灣。而臺灣人如何與四鄰相處，且對臺灣及全世界做出貢獻？這樣的國民叢書應予出版，並盡速出版。

二〇〇六年九月我擔任中研院臺史所第二任所長以後，我就想以臺史所同仁及我的學生輩為作者，來進行「臺灣歷史小叢書」（或「新臺灣史叢書」）的撰寫，可以是一個時代的歷史、一個貫串時代的人物、一種制度實行始末、在臺洋行及其買辦的商業行為、一種南島語族的代表樹種構樹、飄然來臺的黑面琵鷺……，主題種種但都代表新觀點和新視野形成的史觀，每本書約在一百五十至二百頁間，配上重要的圖片，透過拼圖，也許出十多本、百多本，或者更多更多，讓讀者有興趣，作者有信心。我當時找了二、三十位名家一起來探討，當日有些非歷史同行提出考古史、美術史、工藝史、氣象史，使我的初步構想難以聚焦。其次誰會是作者？不到研究員、教授，誰也不想中斷學術研究，進行面對無法預知的讀者，以及不算考績的另類寫作。此外，由誰來出版更是頭痛，不得不中止我的構想。

近年來應用史學、大眾史學發達，如何將學術性強的專著轉譯成簡潔、流暢、易懂的文字，變得十分重要，如果不是自己進行，而改由他人來做，則自己的創意會變成轉譯者的成果；又，臺灣史的研究在二十年來日新月異，頗有可觀之處，藉著系列的出版，可以將最新的研究向外推廣，不僅具有普及的功能，且拉近學術和民間的距離也很重要。此時應已到可以實踐的階段。

春山的莊瑞琳，出版經驗豐富，深懂讀者的脾味，也早有此意。我和她談過我的構想，想借助她的出版經驗，由我來推薦作者，她的團隊以讀者的角度藉由和作者深談，決定書寫的題目、寫作的方向、使用的圖片，慢慢地形成一本書的格局。此一構想的實踐，已在數年前展開，目前已由臺史所副研究員鄭維中以《島嶼歷史超展開：十七世紀東亞海域的人們與臺灣》一書，作為「春山臺灣講座」的第一本而拔得頭籌。本書以敘述體來說歷史，兼議兼敘，略去考訂的過程；先以臺灣特殊的海岸線來說明何以各地漢人開發有其遲速；更經由十七世紀歷史中三個人物鄭經、小培德（「灣生」）、范霍根虎克（有日本經驗，在荷蘭退出中國沿海後，轉而鎖定丹麥，為其東亞貿易畫策，不幸中道崩殂），用這三人不合時宜的憂鬱，來看唐人、荷蘭人所在場經歷之作為貿易轉運站的早期臺灣。然而在歷史的轉輪上看，十七世紀後半清帝國已儼然存在，因之歐洲國家被納入其朝貢體系之下，這時的臺灣，在地理位置已然失去其特殊優勢，終究必須寄託於荷人在臺所建的城堡、中國移民與農業的拓展，再經清帝國將臺灣郡縣化後，水圳的施設，穩定的米產量，適足以彌補東南沿海省分的缺糧。基於當時「傳統國家」逐次發展，臺灣周邊地緣結構的變化，漢人農民水田化土地，也漸次建構了臺灣西部的傳統社會。這是一本世界航海史中的臺灣早期歷史，將帶領讀者遨遊於智慧之海，進而瞭解臺灣在十七世紀的世界性角色。

第一本書已出版，代表一個系列的正式啟動，全新臺灣史的隆重推出，希望不久的將來能看到第二本、第三本的出現，讓書寫臺灣、閱讀臺灣，能成為國民的習慣，因而更瞭解臺灣的前世與今生。謹為之序。

二〇二三年七月十八日

參考年表

一五三三　日本石見銀山白銀大量輸出中國，日明邊境違法交易劇增造成衝突。

一五五〇年代　廣東官府容許澳門葡人居留（推定）

一五六七　明帝國隆慶開海，唐人可合法至東南亞各港與日本人進行會合貿易。

一五七一　葡萄牙人開始經營長崎。西班牙人於馬尼拉建城。兩處均容納唐人居住。

一五七六　因合法貿易管道暢通，日明邊境衝突漸減。

林鳳尋求境外貿易基地，逃至臺灣、呂宋。

一五九二～一五九八　豐臣秀吉發動中日韓壬辰戰爭，明日交惡。

一六〇四 鄭芝龍出生（推定）

一六一五 大坂夏之陣結束，德川幕府取得日本領導權。

朱印船制度漸趨成熟，日本商船受到國家保護。

一六一七 朝鮮派團出使德川幕府。德川幕府逐漸放棄尋求日明復交。

西荷於馬尼拉港外衝突

一六一九 荷蘭東印度公司於巴達維亞建城，急需拓展唐人貿易。

一六二四 荷蘭東印度公司進占大員

鄭成功出生於平戶

一六二四～一六三七 荷葡及巴西在地反抗軍於伯南布哥交戰，推升歐洲糖價。

一六二八 鄭芝龍取得明軍水軍軍官名義

一六三〇 暹羅發生政變，日僑退出鹿皮出口貿易。

一六三三～一六四五 荷蘭人數次攻打小琉球，淨空原住民。

一六三四 安海鎮—熱蘭遮城貿易管道穩定

一六三五 小培德出生於熱蘭遮城（推定）

一六三七　日本發生島原之亂，幕府厲行禁止天主教。而後西葡人禁止於日本貿易。

一六三七～一六四二　荷軍四度由大員出兵遠征虎尾壠，以取得鹿皮。

荷蘭當局在臺灣大舉推動植蔗

一六三九　日本達成鎖國。鄭芝龍與荷蘭東印度公司壟斷日本白銀出口。

馬尼拉發生屠殺唐人事件

一六四〇　施秉出生

一六四二　荷人取得厤六甲，與葡簽訂十年停火條約。

鄭經出生

一六四三　何金定在大員擔任通事

一六四四　清軍攻入北京，明朝滅亡。

何金定受荷蘭人特許免除米穀稅，代徵烏魚漁稅。

一六四五　小培德於熱蘭遮城見習

一六四七　清軍攻入福建，鄭芝龍被擄北上。

一六四八　《西發里亞條約》簽訂，西荷戰爭結束。

- 何金定過世，何斌繼承。
- 范霍根虎克任職於日本商館

一六五三

- 鄭成功開始與荷蘭人合作貿易
- 廈門—熱蘭遮城貿易管道穩定
- 葡荷停火期結束，雙方和戰不明。

一六五五

- 鄭成功為抗清拆毀安海府第

一六五六

- 荷蘭人成功於北京朝貢，建立正式外交關係。
- 鄭成功對臺灣施行禁運，為鄭荷貿易談判施壓。
- 何斌承包人頭稅徵收權，逐漸脫離海上貿易。
- 荷軍攻打葡屬斯里蘭卡

一六五七

- 二層行溪與打狗間，農業移民增加。
- 荷軍封鎖葡屬果亞

一六五八

- 鄭荷貿易談判陷入僵局
- 鄭成功發動北伐以取得江南貨物

- 荷軍掃蕩印度科羅曼德爾海岸葡軍勢力
- **一六五九** 鄭成功北伐攻取南京失敗
- **一六六〇** 荷軍抽調艦隊本欲攻取澳門，因防守臺灣未成行。
- **一六六一** 鄭成功奪占臺灣，派兵屯田。
- 鄭芝龍亡
- 清廷實施遷界，拆毀安海鎮。
- 唐人移民開始定住臺灣沿海漁村（推定）
- **一六六二** 荷蘭人撤出臺灣
- 鄭成功亡
- 小培德被派往福州
- **一六六三** 葡荷簽訂和平協約。荷軍放棄攻打澳門。
- 鄭經撤離廈門
- **一六六四** 范霍根虎克派駐福州
- **一六六四～一六六八** 荷軍占領雞籠

●荷蘭向清廷積極爭取自由貿易

一六六五●小培德、范霍根虎克由福州返回巴達維亞

一六六七●鄭經出兵柬埔寨，以取得南洋貨物。

一六六八●日本下令禁止白銀出口。荷蘭東印度公司撤離福州與雞籠。

一六六九●鄭經廣發國書至東南亞招商（推定）

一六七一●鄭玖於柬埔寨受封「屋牙」爵位，河仙開始穩定發展。

●施世榜出生

一六七二●小培德前往澳門走私，死於途中。

一六七三～一六八一●三藩之亂期間內，閩粵臺競爭海外貿易（一六七四至一六七七年）。

一六七四●范霍根虎克率領丹麥東印度公司船艦前往東亞

一六七五●范霍根虎克死於萬丹到科羅曼德爾航程間

一六八三●東寧鄭氏集團投降清國

●施秉參與接收及對日貿易

一六八四●康熙帝開放中國船前往海外貿易

東寧被設置為臺灣府，並準用清國一六四九年條例准許「開墾荒田」。

一六八九 臺灣農業生產恢復

一六九一 施秉參與安海鎮重建

一六九三 施秉舉族遷至臺灣鳳山縣，投入農業開墾。

鄭玖獲柬王授權，招集唐人移民發展農業。

一七〇〇 鄭天賜生

一七〇八 河仙成為大越屬國

一七〇九 施世榜投入八堡圳建設

施秉亡

一七一五 日本發布《正德新令》，限制對外貿易額。

一七一九 八堡圳完成，大量移民進駐彰化開墾稻田。

一七二〇～一七三〇年代 廣州十三行外貿制度逐漸成熟，各國外商雲集。

歐洲白銀開始流入中國

一七三五 鄭玖亡

一七四〇年代　河仙—廣州—邦加三角貿易成型。河仙成為供應邦加重要米倉。

彰化成為供應福建重要米倉

一七四三　施世榜亡

一七七一～一七七三　暹羅國與大越國爭奪河仙，河仙衰落。

一七八〇　鄭天賜亡

一七八四　鹿港與泉州蚶江設置為對渡正口，鹿港進入全盛時期。

導論

追索命運的意義

歷史有什麼用？

以敘事方式流傳的人類經驗，或是故事，必然帶有真實再現的成分。涉及判斷人類狀況的再現，不可能割捨過去連貫的經驗。也因此，對人類集體經驗的回溯，既然以敘事為載體，就必然對於真實再現有所要求，以作為判斷的基礎。要言之，判斷力源於真實，這使得歷史脫離單純的故事範疇，成為特定再現標準下的敘事。

歷史著作之用，在於提升讀者對於所處人間存在條件的判斷力。除了嚴格立基於事實的敘事成分之外，往往還需參照人物的行動，給予一貫性的詮釋，並以後見之明，採取全知角度，來評估這些作為的成敗。故事主人翁所面對的不確定性，來自於他所不能掌握的自然與社會環境。這一切構成了其命運與其作為之間的往復辯證。在這存在境況當中，欲提升人性的堅韌品質，所仰賴的即是在命運轉換關頭，即刻決策的判斷力。因此，歷史敘述需要同時包含人與時代兩方面，並且要能促使讀者適當詰問自身在面對不可知的偶然性時，如何以整體人格（integrity）的眼光，看透時代，來表現其品德（virtue）。

本書出於對人與時代的關心，不採取當前學術寫作的體例，而模仿羅馬歷史學者普魯塔克（Plutarch）所著《希臘羅馬名人傳》（*Vitae parallelae*）的雙人合傳對比模式，以便於使用最少的篇幅，呈現環繞著早期臺灣歷史（十六世紀晚期至十八世紀初期），引動、發揮或受制於巨大影響力的人或人們，在時代變化關頭的決策。除第一章、第二章與第五章外，本書大致按照年代順序，每一章節通常並列兩個人物或人群，以對比的方式，來描述世界範圍內，與各章主角人物、人群交織的歷史結構，以及他們在歷史洪流當中，做出（當時已知或未認知的）重大決定的可能理由，及其實際作為（或不作為）所導致的可知或當時尚不可知的後續效應（consequences）。

在各章節的敘述中，將以對象人物所面對的時代難題為核心，講述多面向的歷史發展如何導致該人物在歷史中，站上了必須做出回應的位置。本書與《希臘羅馬名人傳》不同之處在於，本書擇定作為「合傳」的對象，並非如普魯塔克由希臘、羅馬時代各取一名，而是以大約四十年為一世代，探討十六世紀晚期以來，幾個前後世代範圍之內，因循相當不同的發展路徑，而對臺灣歷史與東亞海域歷史發生重要影響（或遭受重大衝擊）的人物。本書雖然也探討歷史人物本身的經歷，但不以傳記為目標，而是僅僅擇定他們與同時代臺灣以及東亞海域歷史重要發展緊密交織的那個側面，加以描繪。藉由人物與事例間相互對比參照的的寫作方式，刻劃出十七世紀的快速變化，以及局勢轉變的衝擊與個人對應方式既可能正打歪著、也可能歪打正著的弔詭情形。

在這當中，推動歷史變化的結構性力量，與個人貫徹自身意志所謀劃的行動，影響局勢變遷的比例亦可能有強弱互見、主客易位的情況。藉由描寫人物或人群行動的交織後果，從而襯托出影響臺灣發展的各色結構性力量，對於提升當前臺灣島民對其在世界上地位的自我認知，特別具有價值。因此，本書也將刻意凸顯十七世紀前後全球化的歷史特徵。我並未如普魯塔克一般，具有強烈推崇某些歷史人物作為生命典範、刻劃道德英雄的意圖。本書更多著重在探討書中人物與人群所擔負的生命重量。這樣的書寫當然隱含著一個前提：我們每一個人都應該對自我與影響所及的他人在現世的地位負有責任。如果本書的敘事具備任何道德前提，則在此已正告讀者。關於這些歷史的結構性力量，為何與這個道德基本前提相關，我於最後一章結論之處，將有所探討，就請讀者詳讀到最後。

雖然我對於普魯塔克的理解、對於西洋古典時代的認知，頗為淺薄，但在此仍須為那些不熟悉此一敘事傳統的讀者們，稍做解釋。我挑選此一寫作體例的原因，並非標新立異、刻意炫學。實在是當代臺灣人所熟悉之關於人與時代的敘事寫作，比較接近班、馬以降的中國官方修史敘事體例，但事實上普魯塔克以降乃至莎士比亞戲劇的西方敘事傳統，才真正更符合今日臺灣人的需要。中國官方史書的敘事體例，多以朝代興衰為不言明的前提，並以人物的倫理義務為中心，而不以人物對人類整體歷史演變產生的影響多寡，作為衡量其所占敘事比例的標準。而這些史書所灌輸的評價體系，當然以三綱五常為其基準。此類歷史敘事既常用於教忠教孝，對於歷史結構與動力的感知，便常欠缺考慮。倘若我們因循中國古代的敘事套路，不免容易發生自我蒙蔽的狀況。我們可以說，這樣的敘事傳統是一種統治技術，用以維持傳統性的統治階序，兼之塑造了人們的生命情調。倘若我選擇承繼此一書寫傳統，雖能滿足某些讀者對風流人物的浪漫嚮往，卻妨礙了本書最大目的——即貢獻於讀者，培養根據真實做出決定的「判斷力」。基於上述理念，我懇請那些難以接受歷史是人類活動不斷交織演進造就的集體創作物這樣觀念的讀者，不要閱讀此書。

本書取材多出自我已出版的研究成果，兼有少數個人尚未發表的研究心得。由於本書設定的讀者群並不限於學界，故在細節之處將不細論，也不做考據上的確論。本書目標在以簡短精確的描述來幫助讀者掌握大要。對於學界專業的研究者，本書必有許多不足之處，也祈願未來有修正、補足的機會。

如前所說，本書撰寫形式受到《希臘羅馬名人傳》的啟發，因此既非敘述人物生平本末，也非將事件完全編年排列，而是夾敘夾議，以人物為主軸，其決斷為核心，藉此探討臺灣歷史發端時期的一連串重要事件，以及在此時代背後推動、不因人之意志而轉移的種種結構性力量。期望這樣的書寫方式，可幫助島上讀者既進入歷史現場，同時又保持抽離，冷靜觀看整幅圖景，並以歷史積累的後果與發端來看待它，並且最終能進一步聯想、思索與自身相關的現實狀況。這種關連性的思考可以用德國哲學家伽達瑪（Hans-Georg Gadamer）的一段話來總結：

> 真實說來，歷史問題不是〔被〕當成一個科學性知識的問題，而是〔被〕當作自身的生命意識問題而受人關切。……我們人的生命是處在我們興起、繁盛及衰退的命運當中。……我們正是在這樣的命運起伏當中，尋找我們存有之意義。將我們扯入其中之時間的力量，在我們心中喚起一股企圖支配時間之力量的意識，要透過時間去形塑（gestalten/mould, shape）我們的命運。在自身的有限性當中，我們追問著意義，這才是歷史性的問題。[1]

本書意欲達成的一大目標，即是協助讀者在生命的有限性中，追索命運的意義問題。

本書組成與目的

本書粗略描繪臺灣歷史上一個大家較為陌生之時代當中的人與事。此種描繪並非針對個別歷史事件的細節，而是企圖勾勒整個時代以及那個時代人們的個性。本書所設定的讀者是臺灣受過一般國民教育者，他們應該大體對這個時代臺灣史上一些重要事件，略有所知。亦假定，大部分成年的臺灣國民，已在義務教育中獲得最基本的歷史知識。本書是寫給具備這樣知識的讀者。然而，為增進讀者的閱讀理解狀況，本書仍會在注釋概略交代一些歷史事件的來龍去脈，幫助讀者複習從前學習過的內容。對於未曾具備這類歷史教育背景的讀者，我希望他們若在閱讀上遭遇困難，可以先花點時間，參考其他同類主題的歷史著作。同樣的，由於全書目的在於構成較為整體性的觀點，在鋪陳敘述時，僅附帶必要的注釋，無法完全根據學術寫作的高標準詳細標注，還請讀者諒察。

本書書名定為《島嶼歷史超展開》，這是因為本書所關懷的時代與人的事蹟，無法被置入任何一種目的論的歷史敘事當中。無論是過去中國史觀的「開臺、復臺」之詮釋，或者是當代臺灣史「四百年」或是「一萬年」的論爭，都事先預設了某種民族主體生存發展的一系列演進，然後把適合的詮釋情節「分配」給這段歷史。在十七世紀前後的時刻，命運與臺灣島嶼發展發生牽扯的那些人們，還不能說是有意識地穩定相互認同的單一人群，也就是還不能抽象地視之為單一「民族主體」。然而這段時期所發生的事情，無疑對於日後在島上命運逐漸相互緊密交織起來的人群，有關鍵性的影響。對於本書所述那些命運在此一年代環繞臺灣發生劇烈轉變的人們來說，這段歷史發展的特徵，正在於其具有許多不可意料性。我認為要描述這種自身命運被捲入不可知未來的經驗，最適切的用語即是借自於日語的「超展開」。對於當時人們來說驚異無比的超展開，對於當代的我們來說卻是有跡可循，是歷史結構變動下可預期的結果。就此而言，本書也試圖讓讀者覺察這些結構性因素的持續性影響。

本書之所以針對時代的結構性變化來描寫，是因為即使對於個別歷史事件的細節知之甚詳，因為時空距離隔閡，一般讀者可能仍很難對此時代產生整體的印象。如同前節所說，我受到《希臘羅馬名人傳》的啟發，而採取兩人或三人合傳的方式，來反映時代變動軌跡。或是透過對比地理特徵（如第一章所探討的〈島嶼與陸岸〉及第二章所探討的〈要衝與飛地〉）與人文生業（如第四章〈討海還是作田〉）的方式，展現地理區位這類結構性作用對臺灣歷史發展造成的持續影響，以及探討人群生業活動與地表微地理之間相互塑造的過程。從這個角度來看，我的想法與《希臘羅馬名人傳》一書的古典書寫傳統，有所不同。因為在古典書寫傳統中，往往視自然環境為永恆不變，人性發皇則仰賴於普遍倫理典範，人地互不相關。但臺灣歷史在十七世紀的快速超展開，關鍵因素即在於周邊國際關係、地緣政治所定義的地理區位發生變化，多元移民隨後紛沓而來，引進了種種新技術、新思想。為了讓讀者瞭解地理區位與人地互動如何造就了臺灣早期歷史發展的重要「常數」——或者說如何成為了持續影響臺灣早期歷史發展的「貫時性結構」①——本書才特別以「概念對比」的方式，來書寫上述三章。[2]這就如同將這些因素擬人化，並以合傳方式陳述一樣。

第一章〈島嶼與陸岸〉涉及一系列的評估：首先，若以島嶼的規模及島嶼的特殊人文發展為量尺，臺灣島及島上人群發展跟世界上哪些島嶼比較接近呢？再者，島嶼與其周邊陸岸的關

①我將在某個歷史時空中持續存在（duration）的片面現實／結構，稱之為「貫時性結構（物）」；有時則稱之為「歷史的結構性因素」、「歷史結構」。因為這種片面的現實未必一定是具備實體的「物」，但常需要被視為「物」以利理解其框限性。對此概念較深入的討論，參見：Ulysses Santamaria and Anne M. Bailey, "A Note on Braudel's Structure as Duration," *History and Theory* 23: 1 (1984), pp. 78-83.

係，是影響島嶼發展樣態的關鍵之一，那麼臺灣與陸岸的關連為何？我們能從其他的島嶼案例得到什麼啟發？透過這一系列的評估，我們心中大概能有一些粗略的概念，作為掌握後面各章節內容的基礎。第二章〈要衝與飛地：小琉球與虎尾壠〉，接續參照全球各地海島在十六至十七世紀與歐洲人接觸之經驗，來探討臺灣原住民居住的區位，對於他們命運的影響。第三章〈海盜還是傭兵：為何林鳳不能，鄭芝龍能？〉，探討十六世紀晚期到十七世紀初期出沒於臺灣的特殊海上人群。第四章〈唐人二代目：鄭森與何斌的困境〉，說明這些海上特殊人群各自的集體生活與認同。第五章〈討海還是作田：早期臺灣唐人〉，探討唐人移民臺灣的契機與臺灣海岸微地形對於人群定住意願與模式的影響。第六章〈逆風而行：鄭經、小培德與范霍根虎克的憂鬱〉，陳述當時於臺灣建立轉運口岸的荷蘭人與持續於閩南抗清的鄭氏集團，在時代變化下力求生存之努力。第七章〈屬國還是府縣：海外移民的歷史歧路〉則探討華南海外移民在十八世紀前期，共同迎向新時代卻開展出不同命運的軌跡，用以對照臺灣當時的發展。

在全書七章所書寫的內涵當中，第一章〈島嶼與陸岸〉所指出的地理結構因素，是理解第二章〈要衝與飛地：小琉球與虎尾壠〉非常重要的先行準備。但在此之後的章節，則不再詳述其對人地互動的影響，只在第五章〈討海還是作田：早期臺灣唐人〉，才特別針對十七世紀唐人移民與臺灣西南沿岸微地形的互動，說明這段臺灣歷史關鍵轉變時期，是如何受到地理形勢所塑造。至於其他各章所選出、作為合傳對比的人物，本書所要指明的，並非他們個人生活的細節。而是從歷史結構的角度，去揣測他們生涯中，面臨決斷的「命運關頭」之樣態。他們與時代的交鋒，往往也是同時代的許多人們，所不得不共同面對的。在有限的選擇中，這些人物的決斷，使他們走向極為不同的人生軌道，並牽扯了同時代其他許多人後續之命運。但在那個關頭降臨之刻，無人得以知曉未來演變。

本書所點出影響歷史的結構性因素，迄今仍多或少仍然支配著我們的命運。只是，歷經四百年島內島外來來回回的過程，臺灣島的住民逐步取得了應對這些支配性力量的各式各樣的能力。與四百年之前，首度遭遇這些歷史結構性力量的個別人物相比，當今臺灣人蓄積的集體力量已非吳下阿蒙。作為島民，我們如何正確覺知到我們這個時代「歷史關頭」的降臨，並做出堅定抉擇，將能大幅扭轉島民全體與周遭遠近各地人群的未來路徑。因此本書乃是臺灣歷史研究者，貢獻給生活於民主體制下的一般國民必要的參考資料。接下來的第一章，便開始探討作為歷史發展「貫時性結構」的島嶼特徵，以為後續各章節之準備。

第一章

島嶼與陸岸

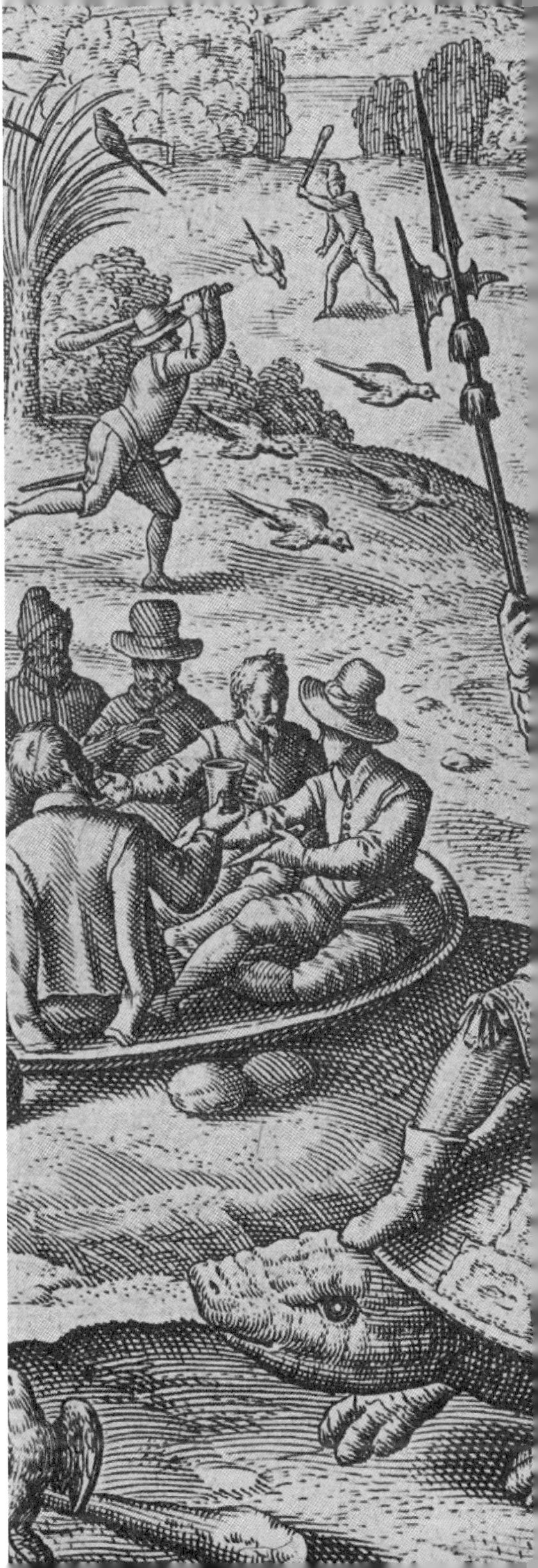

島嶼本身經常坐落於人群想像中的界線之上，也是連結殊異陸岸的端點。島嶼人群的發展，深受與島群、與陸岸的海上連結網絡之影響。在種種島嶼歷史發展中，因連結網絡更迭而促發自然環境、人群組合與文化的劇烈變遷，所在多有。以長時段歷史眼光審視，同一島嶼既可能一度遺世獨立，亦可能一度為通衢大道，甚至有往復不斷變遷者。本章以實例解說島嶼歷史脈動的一般特性，並藉此思索臺灣島歷史發生「超展開」的具體地理結構性因素。

島嶼的界限性（boundedness）

今日，小型島嶼往往被視為偏遠、欠缺發展的地區。相比之下，澳洲、爪哇島這樣的巨型島嶼，是人口聚集處與文明發展的中心地，也是政治、經濟、宗教勢力爭奪的焦點所在。甚至有人指出，被海洋所圍繞的歐亞大陸，其實也是一座巨島，即所謂的「歐亞世界島」。①而人們腦中籠統的世界圖像，雖然有海與陸的差別，但是這樣的差別卻無從在日常生活中感受到。

每當我們搭機跨越大陸與海洋的時候，旅程中機艙螢幕常常忠實地標示出飛行航線附近的大城市。憑虛御風，在廣袤的大陸上空飛行，航線上往往是連綿不斷的大都市。這些地點在夜間分布於陰暗的大陸表面，燦若繁星，如同串連起來的閃耀島嶼。當代的世界是由客機航線連結的巨大浩瀚都市帶所構成。這樣的都市帶網絡，往往讓人忘記了真實地形的樣貌。概念上，人們也以航線與班次的密集程度，來衡量這些都市節點在世界圖景上的重要性。所以在印尼、菲律賓等島嶼萬千之國，一旦進入小型島嶼的機場，也意味著由大都市機場換搭體積較小、風險較大的客機，進入世界的邊緣之處。在縱橫交錯的客機網絡覆蓋之下，所跨越的空間是海洋、還是陸地，根本無關緊要。因此，現代人往往很難感知海路連結的意義。或者說，島嶼的特殊樣貌和海路的重要意義，並未進入當代一般人的生活意識中。[1]只有當長榮海運公司的巨型貨輪突然堵住了蘇伊士運河，此種非常罕見的意外發生時，一般民眾才能從股票漲跌，稍稍感受到海洋所承載的世界經濟脈動。

在日常生活中，島嶼意識經常是藉由地景才略微浮現輪廓。因為日常所見的島嶼地景（例

---

①這是地緣政治學者麥金德（H. J. Mackinder）在一九〇四年提出來的見解，認為歐亞大陸是世界史演變的中心，而東歐又是歐亞大陸的中心，因此控制東歐的人即能對世界史的發展產生巨大影響力。這樣的見解被稱為「歷史心臟地帶論（The Geographical Pivot of History）」。

如小琉球、雞籠嶼、龜山島），如同平原上高聳的尖塔、田野裡獨立的大樹一般，會成為透視畫面的消失點，也是公眾共享的地標。由於離島可見而不可及的特點，島嶼的「界限性」，很自然地被感知到。在東港溪畔眺望小琉球、在蘭陽平原遠眺龜山島、在基隆外海遠眺基隆嶼等，觀者都會自然感覺到離島的「界限」與臺灣島沿岸的「界限」。倘若要將島嶼由被現代生活所屏蔽的視野中找回，我們必須要從島嶼最直觀的特徵來探討，亦即島嶼的「界限性」。[2]

即使島嶼的「界限」並不一定與人群之間的「界線」重合，但島嶼的「界限」往往仍是那些跨越不同人群的交界地帶。遠古以來，島嶼便常被當成越界之境，而產生特殊的人文生態與歷史樣貌。例如，在北海位於德國與荷蘭邊境的黑爾戈蘭島（Helgoland），此島面積僅約一平方公里，極為促狹，當地居民使用類似於荷蘭菲仕蘭地區的方言。這一千年之間，此島反覆為丹麥、德國、荷蘭的住民所爭奪，因其恰恰位於諸國邊界外不遠處，大陸社會邊緣人士易於抵達，在此一隔絕大陸勢力的隱蔽場所安身。德國國歌〈德意志之歌〉，便是因嚮往德國統一的詩人法勒斯雷本（A. H. H. von Fallersleben, 1798-1874）被放逐此地，抒發感懷而作。法勒斯雷本之所以能安穩的創作，是因為黑爾戈蘭島雖地近德意志地區沿岸，當時卻隸屬於大不列顛王國，得以庇護為數不少、被日耳曼各封建王權政府所壓制的民族運動者。[3]儘管此島的主權所屬地位在歷史上數度更動，時至二十一世紀，當地一千六百名居民之中，仍有五百人左右能夠使用本地方言「黑爾戈蘭語（Halunder）」。[4] 這是一個島嶼歷史與居民認同均曲折複雜的例子。

再舉一個古老島嶼為例，即位於法國諾曼第半島外海二十公里處的澤西島（Jersey）。此島夾處英法兩國之間的英吉利海峽，現在為英國女王直屬地。澤西島距離英國海岸足足有一百六十公里，歷史上本屬於法國，卻在法國諾曼第威廉公爵（即征服者威廉〔c. 1028-

圖1.1　黑爾戈蘭島鳥瞰圖。繪於1890年大英帝國將此島割讓與德意志帝國前後，德國海軍因此得以進入北海。

來源：Wikimedia Commons

1087」）一〇六六年征服英格蘭，並轉化為英格蘭王室後，被夾帶成為英國領土。但要直到英法百年戰爭（一三三七至一四五三年）結束，英格蘭王室不再掌握法國土地上的領地，澤西島才真正在政治上與法國分離。[2] 當英國的清教徒克倫威爾（Oliver Cromwell, 1599-1658）發動政變，處死查理一世（1625-1649），短暫掌握政權時，澤西島卻仍支持天主教的遜位國王查理二世（1630-1685），並在他流亡期間提供庇護。為了感謝澤西島總督的鼎力相助，隨後繼位的詹姆士二世（1633-1701）將一大片美洲的土地贈與這位總督，並賜名該地為「新澤西（New Jersey）」。然而直至十九世紀，澤西島上都還使用稱為「Jèrriais（澤西語）」的一種諾曼第方言，

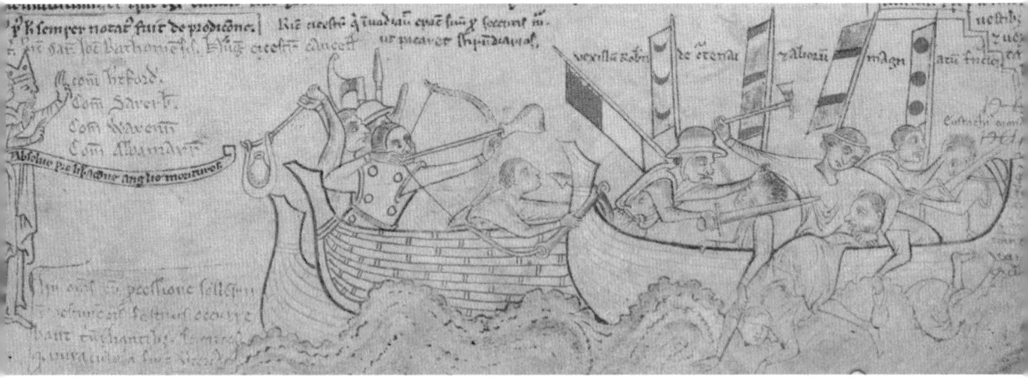

圖1.2　桑威治之役（The Battle of Sandwich）。1217年澤西島民參與了這場英法王位爭奪之戰，因法軍敗戰，英國乃日益脫離法國之影響。

來源：Matthew Paris, Chronica Majora, II, fol. 52r. 收藏於The Parker Library, Corpus Christi College, Cambridge, UK.

並不使用英語。此外，澤西島不但是風帆時代溝通英法的中繼地，也是兩國跨洋船隊前往北美撈捕鱈魚以及新教徒前往北美殖民的啟航港。儘管是一座小島，澤西島卻仍成為英國歷史中幾個關鍵時刻的發生之地。這是島嶼歷史與周邊陸岸糾纏的另一個明顯例子。

即使「界限性」可以直觀感受，但在中國傳統的文化想像中，似乎少有視島嶼為「界限」的內涵。海上島嶼古稱為「山」，暗示與大陸山脈的連繫。③因此對古代中國人來說，島嶼與其說是「界限」，還不如說是陸地世界的外緣。相較之下，在西洋古典傳統誕生的地中海世界，顯然無論是奧德賽的漂流，還是辛巴達的航海，故事情節的轉折都與他們在不同島嶼間的流轉，

② 一〇六六年征服者威廉率軍由諾曼地跨海征服英格蘭，並且在同年黑斯廷斯戰役（Battle of Hastings）中擊敗英格蘭國王哈洛德二世（Harold Godwinson, c. 1022-1066）。他對英格蘭的統治改變了當地貴族的基礎結構，對英國民族歷史產生極大的影響。

③《說文解字》當中解釋，「島」可分為「鳥」與「山」兩字，「島」則意指「海中往往有山可依止」之處。因此中國傳統思想極早就將「島」視為「山」的一種型態。參見：Bin Luo, Adam Grydehøj, "Sacred islands and island symbolism in Ancient and Imperial China: an exercise in de-colonial island studies," *Island Studies Journal* 12: 2 (2017), pp. 25-44 at 28.

同時發生。人物境遇變化是隨島而動，「界限性」因而與命運轉向連繫在一起。前述黑爾戈蘭島、澤西島兩個奇特島嶼的歷史命運，以及西洋古典海洋文學傳統中情節與島嶼連動的思想理路，都使我們不得不進一步思索跟島嶼「界限性」一體兩面的另一特徵——「連結性」。

圖 1.3 〔明〕文伯仁〈圓嶠書屋圖〉(1550)。
中國傳統上將海島視為大陸周緣之延續。
來源：國立故宮博物院

島嶼的連結性（connections）

從自然地理來看，島嶼常為海底火山山脈頂端露出水面之處。[5] 想像從海底仰望，海平面如同雲海，而小島如同突出雲海以上的山岳頂峰。高聳的海底山峰，四周多為深水水域，吃水深的大船也得以停泊。倘若是溪口、河口，則多有沉積物大量堆疊於大陸棚上，不利於船隻近岸停靠。因此吃水較深的大船，在大陸、大島沙岸與河口邊緣擱淺之機率，遠較小島為高。諸如此類的海底地形、海流與沉積物的影響，主宰了風帆時代（十五世紀中葉至十九世紀中葉）、甚或更早時代的船隻往來。今日地圖上呈現的絕對距離，往往使人錯認島嶼與最近距離的陸地或島嶼間，必然關係較近，但由上節所說兩個海島的例子可知，島嶼其實常常連結著某個遠方的陸岸。島嶼的地名起源，也往往不必然來自與之距離最近的陸岸。許多英國小島名稱字尾是ey或ay，其實是維京人往來此地所遺留下的丹麥語字尾（意為「島」，例如前述的澤西島（Jersey）在丹麥語中的字義，是指一個叫作「澤」的小島），島名的語源已說明了其連結著丹麥而非英國的陸岸。[6]

正如同維京人過去多沿著離岸島嶼移動，亞洲大陸沿岸周邊自古以來亦有這樣的人群交流。例如，在印度次大陸與日本列島間，即有共通的傳說。印度教色彩濃厚的羅摩衍那神話，經由海路向東流布至東南亞各處島嶼。羅摩衍那故事的主人翁，獲得猴王哈努曼協助，飛渡一處海峽，登陸楞伽島，繼而打倒島主——身上有十首、二十臂的暴君羅波那——救得被擄走的情人。此一劇情梗概，與日本童話桃太郎鬼島打鬼的故事，頗有類同。據說，羅摩衍那神話中所稱的楞伽島，即為今日的斯里蘭卡（Sri Lanka，因「楞伽」即Lanka）。而桃太郎所攻伐的鬼島，或許正來自於羅摩衍那神話當中楞伽島的形象。[7]

在印度，這個故事反映了小島與陸岸（印度次大陸）的衝突。而在日本，則是大島與小島的

圖1.4　猴王哈努曼火燒楞伽島（斯里蘭卡）

來源：Wikimedia Commons

衝突。我認為這和維京人跨海劫掠西歐、南歐陸岸各地的情況差別不大。在古代，小島居民水上移動能力較為優越，經常以離岸島嶼為基地，劫掠大島、大陸的居民。

在臺灣的史前時代，小島與小島之間的交流及溝通，要遠比小島與大島、小島與大陸來得更密切。在大約相當中國戰國時代（公元前五〇〇至二〇〇年），有一種經由南中國海之海上通路、從菲律賓呂宋島遠傳至中南半島越南南圻的Lingling-o（三突脊玉耳飾）玉器，其生產中心遠在呂宋島以北的巴丹

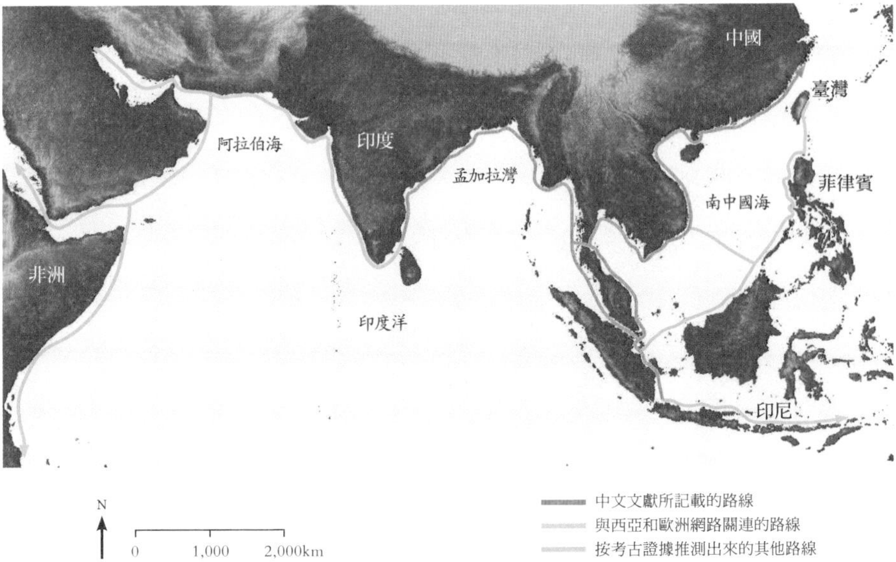

圖1.5　鐵器時代臺灣東部與東南亞之間海路，主要由呂宋島與臺東相連繫。

來源：重製自Hsio-chun Hung and Chin-yung Chao, "Taiwan's Early Metal Age and Southeast Asian trading systems," *Antiquity* 90: 354 (2016), pp. 1537-1551, figure 6.
（感謝澳洲大學研究員洪曉純授權應用）

群島。而玉器製作匠人所需之玉器原料，更是必須經由巴丹、蘭嶼、綠島等一連串島嶼的連繫，最後由臺東進入花蓮豐田才能夠取得。[8]

即使歷經千年，二十世紀初期日本人類學者鹿野忠雄在蘭嶼田野調查所得的達悟人心靈海圖，呈現出來的仍然是一個島嶼與島嶼相互連接的世界。[9] 蘭嶼出土的甕棺墓葬品當中，亦出現十世紀中期（約當中國五代至北宋初年）生產之白瓷碗，今蘭嶼

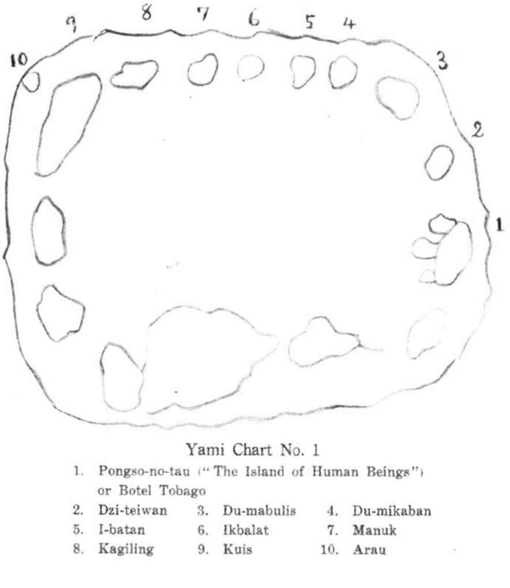

圖1.6 鹿野忠雄於1929年採錄達悟族老人Si-ama-n-Jirumin所繪海圖。1.蘭嶼、2.小蘭嶼、3.瑪勿蒂斯、4.Du-Mikaban、5.巴丹、6.伊巴雅特、7.雞、8.羊、9.太陽、10.豬，最後回到蘭嶼。其中並無臺灣島。

來源：Tôichi Mabuchi, "On the Yami People," in Tadao Kano, Kokichi Segawa, eds., *An Illustrated Ethnography of Formosan Aborigines* (Tokyo: Maruzen Company, Ltd., 1956), Vol. 1: The Yami, pp. 1-18 at 6.

國中校地也曾採集到產於十二至十三世紀（約當中國南宋）的高麗青瓷。可見蘭嶼在約當五代至南北宋時期，仍經由海路與外地有一定的物質交流。[10]

如前所述，當代人的世界圖景是仰賴全球巨大都市網絡所構築而成，自然容易忽視海上航路與偏遠離島。可是，在人類歷史上大部分時段，與當代我們的經驗完全相反。遠古時代人群海上交通的節點，正是今日無足輕重的離岸小島。臺灣周邊的諸島，如巴丹列島、蘭嶼、綠島、小琉球、澎湖群島，乃至於因政治原因歸屬於中華民國的金門、馬祖等，其考古遺留物都再三確認了這種一度主宰歷史發展的地理結構形勢。

至於臺灣本身，作為島群中一大島，在古代海上交流史上的重要性，是不及前述小島的。這與臺灣本身的地形條件有關。一位美國人類學者戴德安（Donald R. DeGlopper）曾經這樣描述過臺灣的西南沿海：

> 在臺灣的西海岸從最北端的淡水至南方的高雄之間，並無天然港口。海岸地勢低平、平坦，而且沿岸外緣均為水下沙洲（tidal flat，潮線下潮坪）、水下沙壩、變動不居沙洲島群，向外海的方向延伸數公里。每年，降雨都將中央山脈的沙土沖刷下來，淤積在此，使海岸線

向更外面的方向移動。在臺灣中部濁水溪口，其海岸沉積物每年都向外推好幾公尺遠。幾乎所有的河口都有沙壩阻礙，且這些離岸淤泥壩、水下沙壩還有沙洲，每年的形狀都會有所改變。[11]

這使得任何較為大型的船隻，要從陸岸連結到臺灣島西岸的恆常交通，都會遭遇不能久留的困難（詳見第五章）。相對的，臺灣周邊的小島，並未遭受此種不利於船隻往來的海岸環境之害。實際上，早在二戰末期，盟軍研討如何從呂宋反攻臺灣，並指向日本本土時，美軍兩棲作戰策畫者即與戴德安教授「所見略同」。美軍認定前述臺灣西海岸地理環境，頗不適合於兩棲登陸作戰。[12]由此可知，推測臺灣與外界交流的端點曾有很長一段時間是在臺東、蘭嶼，有一定的道理（澎湖群島面對臺灣西部沙岸一樣難以發揮作用）。臺灣西海岸這種與海洋分隔的特殊自然環境，是影響臺灣歷史發展的重要貫時性結構之一。④

從歷史記載來看，在臺灣灘岸利用海陸風，駕舢舨撐開風帆於近海移動並不困難。只是，要建立足以影響島內文化與生態的海上連繫管道，必須運用岩岸生成的自然港灣，以利吃水較深的跨洋船隻停泊。在大航海時代，跨洋航行的風帆船，多傾向停泊在離岸孤島，以策安全。

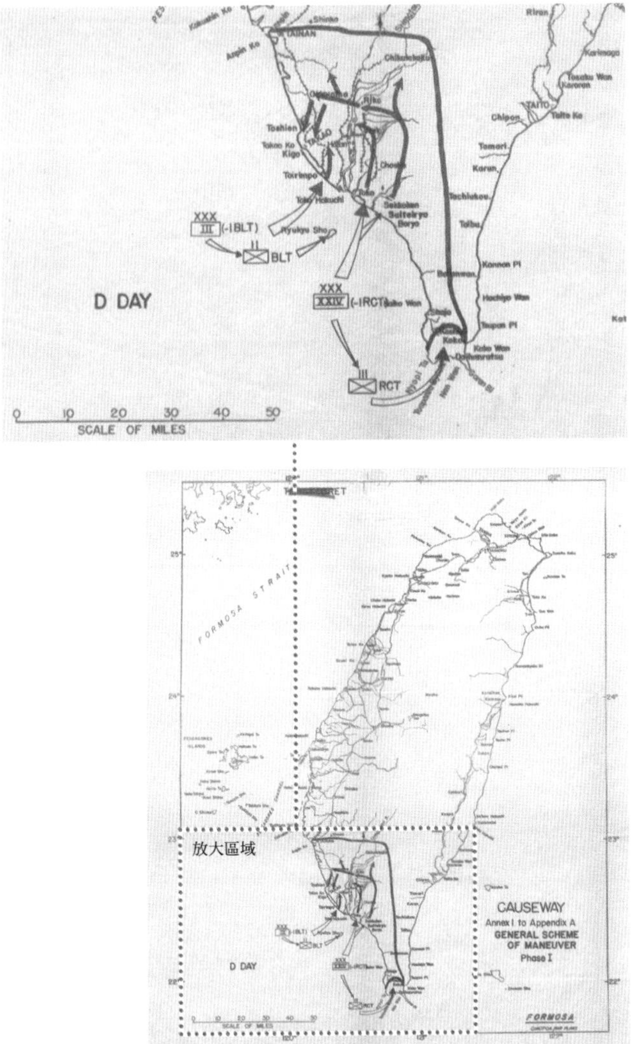

圖1.7　在二戰末1944年底，美軍擬定的攻臺計畫以小琉球周邊為主要登陸作戰範圍，此即因為臺灣西海岸地形，不適合兩棲登陸作戰。

來源：Wikimedia Commons

④宜蘭龜山島似乎沒有成為臺灣連繫跨洋之地如琉球或日本的端點。目前學界尚無針對此一問題的研究成果可參考。

同時，大洋中的孤島往往在極遠的距離外即可目測，成為最自然的航海路標。南美史學者鄧肯（T. Bentley Duncan）便指出：「……從三千年或更久遠的時代開始，長程航行才剛剛萌芽之時，對於商業性的航行來說，島嶼即占據了中心一般的重要位置。」[13]

島嶼間的連結型態、島嶼與陸岸間的連結形勢，都會影響島嶼居民命運的發展。在地理上同為第一島鏈的日本列島、琉球群島與臺灣，其居民即因為海上交通路線發展的差異發展出了不同的個性。⑤臺灣島嶼西側地形不利發展海路端點，海路連結多朝向太平洋、東南亞而非歐亞大陸的情況，與日本列島形成強烈對比。日本中世史學者網野善彥指出，日本列島由三千七百個以上的島嶼組成，不但各島間海路相通，且與歐亞大陸、東南亞各島都早有連結。[14]日本本州與朝鮮半島間可透過九州及對馬島連繫。而通過瀨戶內海進入大阪灣，溯淀川而上，則能連繫到本州各地乃至於觸及太平洋岸和北海道。[15]這些都是拜日本列島天然的地理形勢所賜。當歐亞大陸上發展出了律令國家制度後，此一改變也衝擊了日本列島。網野指出，七世紀後半：「（在日本各地區首長相互對立）……強烈帶有未開化色彩的社會中，……以不是很穩當、有隔閡的海作為媒介，主體式地繼受了奠基於儒教的制度，以及世界宗教的佛教，這也對日後的日本列島社會帶來了很大的影響。」[16]但由於日本列島之間的連繫是以「不是很穩當、有隔閡的海」作為媒介，以致日本列島居民在接受東亞儒教文明、歐亞律令國家制度、佛教思想等文化思潮時，並非處於完全同步、一致的狀態。而也正是這種非同步的發展使日本人群得以在繼受文化制度時，仍有發揮主體作用的空間。

近來亦有考古學者強調，琉球也與對馬島的角色類似，早在史前

⑤ 菲律賓群島天然港口多，但地理位置與歐亞大陸及香料群島皆頗有距離，因此雖與各地都有聯繫，但受到的外界影響相對仍偏低。本書主題著重地形因素對島嶼的影響，故在此不多做討論。

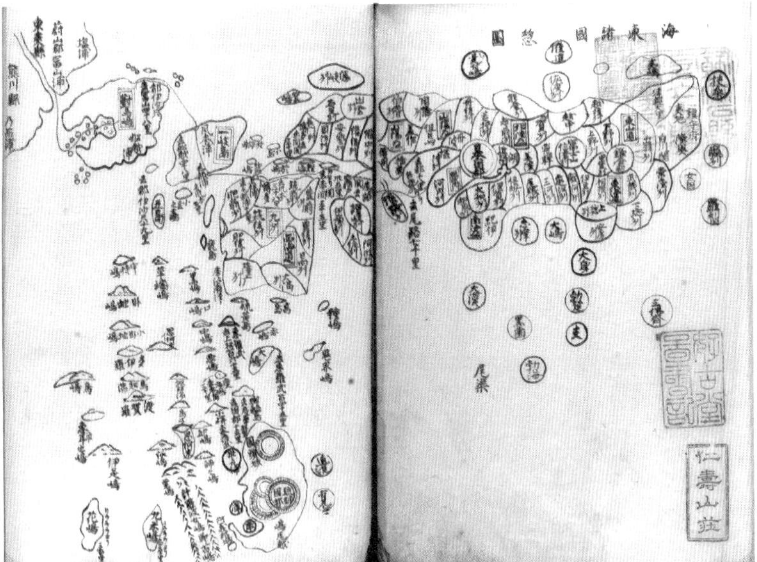

圖1.8　申叔舟（朝鮮王朝初期外交官，1417-1475）所繪之〈海東諸國總圖〉。涵蓋朝鮮、日本與琉球諸島，小島比例均異常放大。

來源：〔朝鮮〕申叔舟，《海東諸國紀》（1471）。

時代，已是一連串由海路串接起來的島嶼群，扮演著中日兩地間的橋梁。這種看法同樣顯示在過去漫長的年代裡，小島居民曾在文化傳遞的過程中具備關鍵地位。[17]

「槍炮、病菌與鋼鐵」下的島嶼

正如同賈德．戴蒙（Jared Diamond）名著《槍炮、病菌與鋼鐵》所言，兩千年來城市聚居生活所創造的人口規模，不斷發展出剝削機制，而最終超越了陸地與群島的游牧、採集民族。[18]中原文明在唐宋的時代變革中，經濟重心逐漸向南轉移，長江下游的開發，也造就了東南沿海地域加入國家體制的契機。南宋（一一二七至一二七九年）時期，由於阿拉伯與爪哇商人來訪，帶動了唐人由泉州出發，前往海外貿易的活動。南宋泉州市舶司提舉趙汝适（1170-1231）所撰《諸蕃志》當中對於菲律賓群島的記載，即多涉及貿易路線上的諸小島。日本人類學者金關丈夫，曾推測蘭嶼為當時由澎湖南下、前往菲律賓群島的海路中繼站。[19]目前學界雖無定論，但臺灣西南沿海小琉球人與屏東平原平埔族群有所交往，必然是透過某種海上交通工具；由此或可推測小琉球人與蘭嶼、呂宋在史前時代亦透過類似的載具，曾有連繫。但與所謂「大航海時代」的歐洲擴張時期相比，上述這些從史前時代直到宋元時期之間的東亞海域內既定交流，並未造成區域內島嶼發生重大的人文生態變化。這是因為歐洲人的海上擴張，雖然循著同樣的路徑進行，卻帶來了由高超船隻與航海技術所連繫起來的全球網絡。如此，在交流能量上，便遠遠超越了前面兩、三千年的發展。

自十五世紀以降，歐洲人發動一波世界性的航海擴張，首先受到衝擊的就是小島上的人群。葡萄牙航海者亨利王子由地中海航向大西洋時，一開始遭遇的其實是亞述爾（Açores）等位於西非外海的群島。稍後，哥倫布為了前往印度，西向而行，卻抵達了西印度群島。在大西洋的孤島中，一個著名的例子是拿破崙的流放地聖赫勒拿島。這座小島其實是十七世紀荷蘭東印度公司船隻歸國時，必須集結在此候風之地。越過南非向東，則有模里西斯，為荷蘭艦隊補給之中繼地。這些小島無論是生態環境或是人文環境，都遭受首波強烈的「歐洲化（Europeanisation）」的侵襲。[20]歐洲人謹遵《聖經》的教誨，聖餐必定使用葡萄酒與麵包。一旦開始種植小麥、葡萄，耕作所需的牛馬也會移植到島上。連帶牛奶與牛油也成為供應當地生活的必需品。這樣運輸動物的歷史，尚有明顯遺跡。至今北緯三十到三十五度之處的亞熱帶無風帶，俗語仍稱「落馬緯度（horse latitude）」。據說，這是因為西班牙人連續不斷將馬匹運送到西印度群島時，在此遭遇無風的情形，航程延長，虛耗糧食給水。他們因此常常無法繼續供養馬匹，必須將馬匹推落海中，以求保命。因此一歷史情節，產生了此一俗語。[21]如前所述，小島非但適於深水船隻停靠，且領土規模較小，居民遭遇外患亦無縱深可撤退躲藏。一旦遭逢技術較占上風的入侵者，往往不是投降，就是全滅。不只如此，過去西班牙人之美洲擴張，帶來各種人類蓄養動物的跨海交流，不僅造成美洲人文社會的衝擊，其生態系

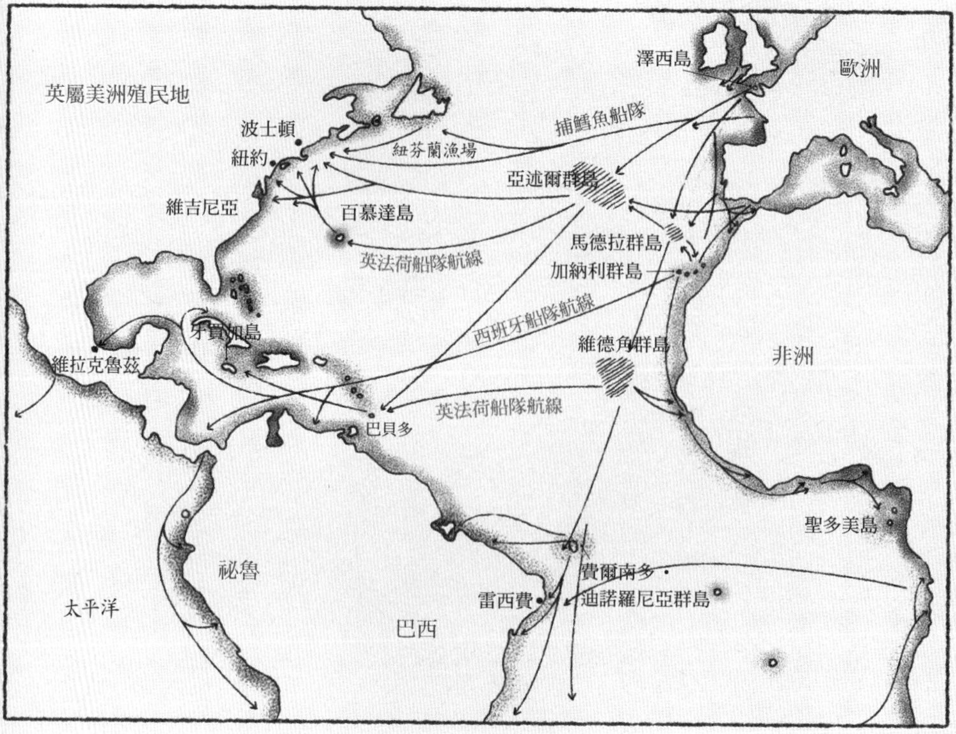

亦有相當改變。[22]

有些生態的變化並非來自於人類的刻意謀畫。例如位於印度洋西側的模里西斯島，過去曾是渡渡鳥（*Raphus cucullatus*）滋養生息之處，在成為荷蘭東印度公司船隊密集造訪的補給地之後，渡渡鳥即迅速絕種。過去學者多認為是船員濫捕濫殺所致，今日的研究卻顯示，更可能的原因是由於船隻頻繁停靠，造成老鼠登岸。而老鼠在無天敵抑制的

圖1.9　1650-1700年歐州貿易路線。右頁為西向與南向路線，左頁為東向與北向路線，均可見小島扮演極重要角色。

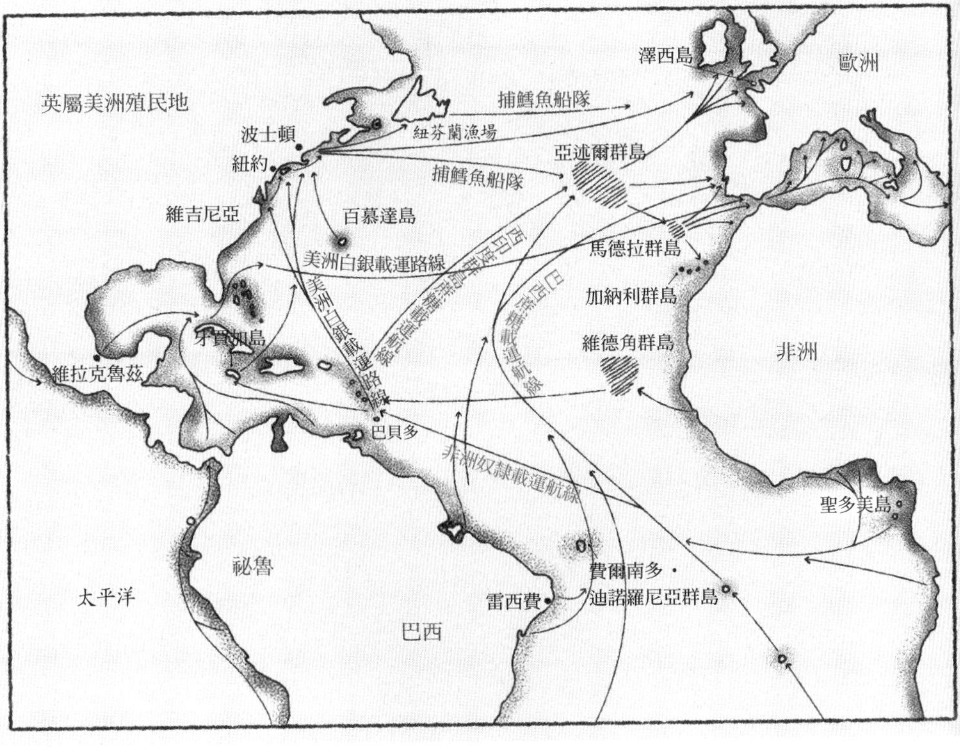

來源：重製自 T. Bentley Duncan, *Atlantic Islands: Madeira, the Azores and the Cape Verdes in Seventeenth-Century Commerce and Navigation* (Chicago and London: The University of Chicago Press, 1972)

圖1.10　荷蘭人於模里西斯島大量捕食渡渡鳥與陸龜

來源：Wikimedia Commons

情況下，猖獗肆虐，影響了生態平衡，導致渡渡鳥絕種。[23]

位於印度洋東側、蘇門答臘以西、麻六甲海峽之印度洋入口要衝處的一個島群——安達曼群島——在歷史上亦鮮為人知。十八世紀中期，丹麥東印度公司於印度科羅曼德爾海岸（Coromandel Coast）設立殖民城鎮丹斯堡（Fort Dansborg），同時擴張孟加拉灣兩岸的貿易交流，因此視安達曼群島中的尼可巴島為戰略要地，曾經加以殖民，但後來又因貿易衰退、瘧疾肆虐而撤走。直到十九世紀，印度逐步被納入英國的控制之下以後，才有貿易商願意向殖民政府承包安達曼群島一帶的對外貿易。[24]二十世紀初期，英國在該群島設立英屬印度的監獄，逐漸將其轉化為一處流刑地。[25]二戰時，安達曼群島曾短暫為日軍占領；二戰後，一九四七年印度獨立，由於過去安達曼群島在英國統治下行政區劃屬於印度，因此被納入新成立的印度共和國。由上述例子可見，安達曼群島雖自古以來即位於交通要衝，但在丹麥人殖民之前，其戰略地位並不特別顯著。這些未曾形成過國家制度的島嶼，其島民本來與外界僅有非常有限的商業往來。這說明了古代世界中位於交通要衝的小島，儘管長期以來為往來商客所知，但在周邊的國家交流日漸頻繁之際，也仍有可能保持遺世而獨立的地位，不受海上交通擾動。直到被歐洲國家間的地緣政治算計籠罩，才最終大為改變了島民的生活。

接著我們來看看與歐亞大陸頗有距離的海洋東南亞諸島。這些島嶼因為出產香料，吸引了遠方商人前來，這些商人也在不同時期，陸續引進了超越一島所能自行創造的種種精神文化。印度教最早，之後則為佛教與伊斯蘭教。世界宗教的傳入，拓展了當地居民的心靈，使之接受了普世主義（Universalism）的想像，也因為宗教的交流，拉近了某些港市、島嶼之間的連繫。然而，與廣大的內陸相較，外來菁英團體所活動的傍海區域，膚淺如一層薄膜。廣闊的內陸乃至高山地域，仍有許多人群未曾被牽扯進歐亞大陸的文明交流之中，各自在其生活圈內，保持著文化本色。[26]例

圖1.11　關島原住民查莫洛人歡迎西班牙大帆船

來源：Indiana University Digital Library

如婆羅洲和呂宋島的中央山脈、位在香料產地邊緣的新幾內亞島、位置更偏遠的澳洲與紐西蘭，還有散布於太平洋的密克羅尼西亞、波里尼西亞諸島等，尚有大片空間遲遲未曾受到歐亞大陸文明影響。直到大航海時代，西班牙人由南美進入太平洋，散落於太平洋廣大海域的各個島嶼，當中的一小部分，才開始受到歐亞大陸人群的衝擊。例如馬里亞納群島（包括關島），乃是西班牙大帆船由南美阿卡普科（Acapulco）航向馬尼拉中途唯二的停泊點。從十六至十八世紀，西班牙船隻斷斷續續地由南美前往馬里亞納群島停泊，該群島因而與更廣大的世界產生連繫。而一六六八年西班牙神父獲准在此定居傳教後，也不斷將水牛（Carabao）由菲律賓引進這些島嶼，而改變了其生態與人文景觀。[27] 原住民查莫洛人（Chamorro），現今已將水牛視為他們傳統文化的重要組成部分，並不在乎這並非自古即存在於島上的物種。

荷蘭人開始向東航行之時，勢力弱於葡萄牙人。為了避免直接駛入葡萄牙人設下重重關卡的印度洋，他們選擇由好望角開始即進入高緯度信風帶，一路直奔巽他海峽。穿越海峽後，即能抵達爪哇島西北部的巴達維亞——今日的雅加達。在此，他們派遣船隻來往爪哇島東北方的香料群島各島，將得來的種種香料如丁香、肉荳蔻等，先集中於巴達維亞，再逐年裝載到歸國艦隊送回歐洲。[28]在印度洋上鄰近巽他海峽、離蘇門答臘島西南外海不遠處，有座稱為恩加諾（Eggano）的小島。此島因是荷蘭艦隊進出爪哇海各地之要衝，便成為荷蘭船隻往來巽他海峽的地標。島上居民並不歡迎外來者。一六四五年，

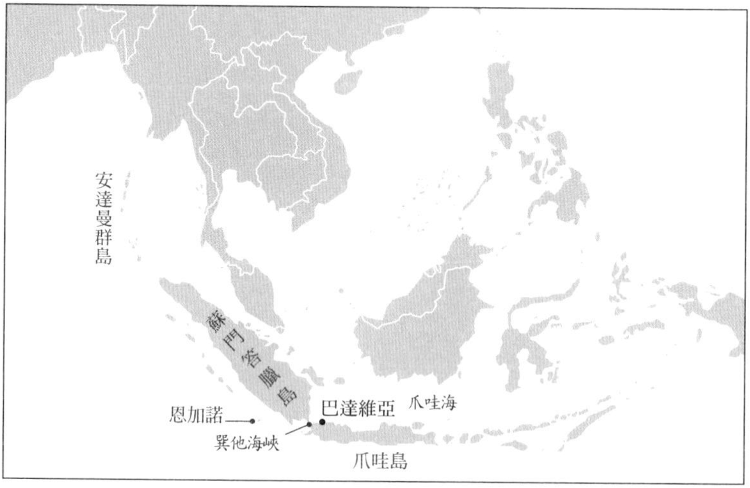

圖1.12　安達曼群島與恩加諾島位置示意圖。兩地原本長時間遺世獨立，卻在大航海時代成為航路要衝。

荷蘭東印度公司巴達維亞總部派軍登上該島，搜捕居民，作為奴隸出售。⑥恩加諾位於蘇門答臘島的西南外海，雖然勉強可說位於麻六甲海峽的影響圈內，但過去從爪哇以至蘇門答臘島已有所發展的佛教、印度教，還有穆斯林港市間的交通網絡，卻都不及於這座小島。因此當恩加諾首度與歐洲人遭遇時，其物質文明仍非常粗陋，與安達曼群島的情況類似。由於公司除抓取奴隸之外，無法運用此島獲取利益，很快便不再造訪，亦未設置基地。我們接下來將看到，上述情況在當時並非罕見孤例。

⑥恩加諾島位於蘇門答臘的西南外海，於一六〇二、一六一四、一六二三與一六二九年荷蘭人數度與島民交易。一六四五年，荷蘭東印度公司巴達維亞當局下令，捕抓島民為奴。八十二位島民從此永遠離開家鄉。參見：Pieter J. Ter Keurs, *Enggano*, trans. Enid Perlin (Leiden: Digital Publications of the National Museum of Ethnology, 2012), p. 4. https://bit.ly/3Cg41XQ.

CANCRI.
I: Tangria ofte Eylandt met het gat.
Langh Eylandt
Witte Eylandt
Roover Eylandt
Hoge Eylandt
Zuydt Eylandt

第二章

要衝與飛地：小琉球與虎尾壠

前章分析島嶼地理「界限性」、「連結性」的特徵，如何持續影響島嶼的人文歷史發展，也說明了從遠古乃至於風帆時代島嶼在人類生活中的重要地位，以及不同島嶼陸岸型態所造成發展方向的歧異；並指出在所謂的「大航海時代」，首先受到「槍炮、病菌與鋼鐵」衝擊的就是全球島嶼，例如大西洋的亞述爾群島、印度洋的模里西斯島、安達曼群島、恩加諾島、太平洋的關島等，致使島上人群生活發生劇烈改變。讀者至此應能約略掌握島嶼歷史的共相與殊相。本章將延續上章的討論，藉由比較兩個地理上極端不同的區域——附屬於臺灣的島嶼小琉球，以及被廣大沙洲環護的陸岸地區虎尾壠（今日雲林虎尾、土庫、褒忠鄉一帶）——來說明十七世紀各處島嶼歷史發展，如何因為微地形的區別，走上截然相異的道路。

航路要衝小琉球

我們都知道，荷蘭人於一六二四年開始於臺灣西南海岸設立根據地。這是他們一六二二年派遣艦隊攻打葡萄牙人控制的澳門失敗、轉往澎湖群島向福建當局要求自由貿易卻又被明軍驅趕後的結果。觀察一六二二年荷蘭東印度公司派遣艦隊北上的路線，我們可以發現，艦隊由爪哇島上的巴達維亞出發之後，首先經過馬來半島南端東側的潮滿島（Pulau Tioman），後續又航經中南半島南端外海的崑崙島（Pulau Condor）。這些島嶼在史前時代或許有人居住，但因為它們都位於中原與印度兩大文明海上交通要道上，早已為寄居的馬來漁民所占據。艦隊司令雷爾生（Cornelis Reyerszoon, c. 1590-1625）率領船艦持續向北航行，經由越南沿岸與華南廣東、福建，最後停泊澎湖。之後，艦隊派出部分船艦繼續北上，途經閩北閩江口外東南方的白犬列島（今為馬祖列島南端的莒光鄉），於北緯三十度附近轉向東北日本五島列島，朝平戶而去。

上章提到的南美史學者鄧肯的研究顯示，大西洋諸島是跨洋航行的重要標的，指向航程後段的陸岸港市；[1] 其他海域也是如此：恩加諾島指向對岸的明古倫、潮滿島為彭亨、崑崙島為潘朗灣、白犬列島為福州、五島列島為平戶。如果海道是一條高速公路，這些島嶼即是公路旁的休息站，而其對岸的港市則為高速公路所連結的城市。運送貨物的大小船隻可依其目標——直送、沿站遞送、整補需求等等——停泊在這些具休息站功能的島嶼，而不一定要進入島嶼所連結的城市中。如同前章所說，由於海底地形的天然差異，在島嶼港灣停泊船隻，往往比到大陸沿岸之河口、灣岸停泊，要來得安全便利。這種港市與港外寄泊地的關連，可說是風帆時代的一個普遍現象。

澎湖列島在風帆時代也是作為陸岸港市（泉州、漳州、海澄、廈門）的重要離岸寄泊地。雷爾生艦隊正是以這樣的戰略性見解，接納澎湖作為荷蘭東印度公司攻打澳門失利的替代方案。而當荷蘭人在一六二四年被明軍驅離澎湖後，之所以接受了替代方案的替代方案大員港（因為占領澎湖已是替代方案，再轉往臺灣又是另一個替代方案），這並非因為大員港的港灣條件優良，而是因為它接近澎湖，戰略上距離原方案不算太離譜的緣故。當時的大員港，乃是一處較大的離岸沙洲，勉強可稱為半島。在此不細論大員港的自然條件，我們只需先知道，大員港在之後的時期才逐漸發揮效能，所以它並非當時澎湖所對應的港市。而由廈門、海澄出發前往東南亞合法貿易的唐船，特別是前往菲律賓的船隻，應該都會經過澎湖，然後由高屏外海駛向巴士海峽（此即所謂的「東洋航路」）。① 由此可知，大員所在的地理位置，對於截堵前往馬尼拉的唐船，特別有殺傷力。但臺、澎間的交通亦有天然障礙。由於大員與澎湖之間，有如同漏斗狀的海岸地形，導致向北流動的黑潮（支流）力道會突然加重加速，成為影響船隻逆流橫渡（因大員在澎湖群島東南方）的一大阻礙（亦即俗稱「黑水溝」的澎湖水道）。倘若將澎湖設定為大員的外港（如同前述「休息站」的例子），則澎湖與大員之間的交通相對較為費事，是個無法解決的缺陷。[2] 而停泊大員港外錨地的船隻，遭遇惡劣天候時，也必須前往澎湖群島避風。視季節、

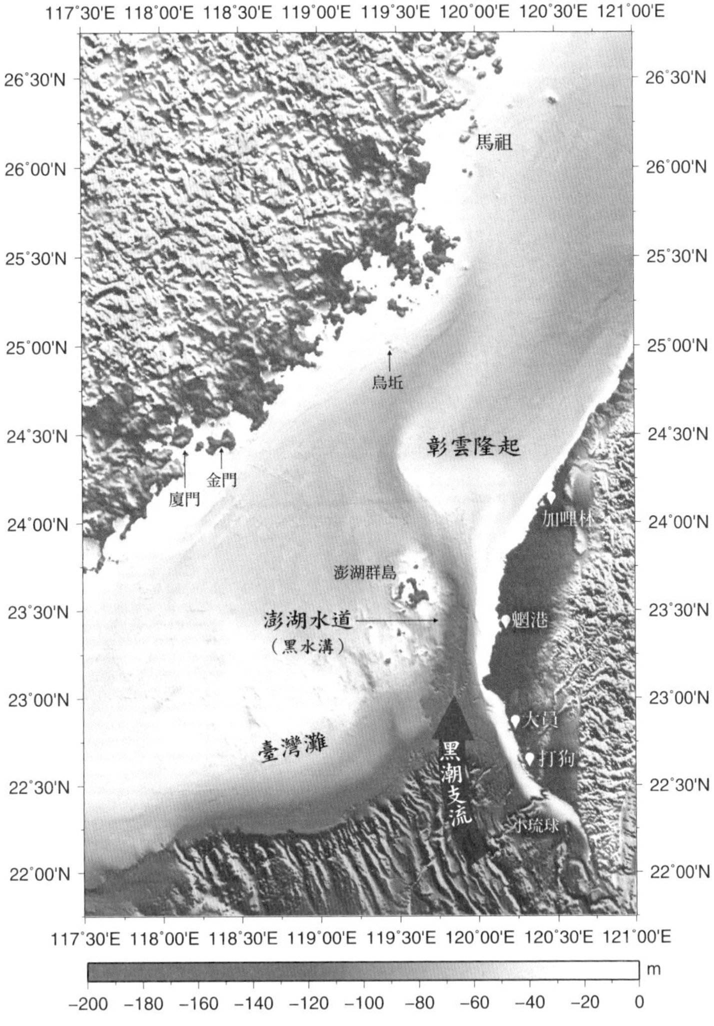

圖2.1　澎湖水道（黑水溝）是澎湖群島與臺灣大員港之間交通的一大阻礙

來源：國家科學及技術委員會海洋學門資料庫

① 「東西洋航路」乃是指由福建九龍江口出發向東南亞航行的兩條主要航道。西洋航路沿著閩廣海岸、中南半島、馬來半島、麻六甲而往爪哇延伸；東洋航路沿澎湖、呂宋，南下到香料群島。

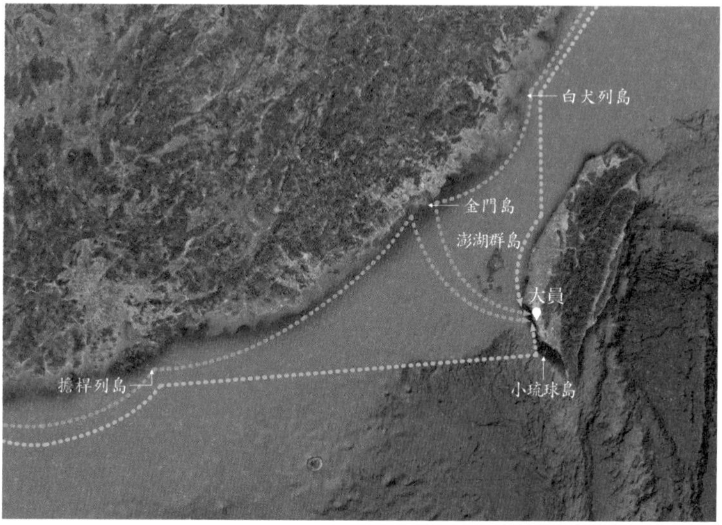

圖2.2　荷蘭東印度公司南下或是北上大員，經過黑水溝以及不經過黑水溝的兩種路線。紅線為1642年之前，澎湖群島占重要地位；而藍線為1642年之後，小琉球占重要地位。

風向不同，小琉球亦成為暫時撤離大員時的指定停泊處之一。[3]

荷蘭人與小琉球人的接觸，幾乎與占領澎湖群島同時（都是在一六二二年），便是由於這個道理。一艘載運大量白銀的船隻金獅子號，首先前往澎湖與艦隊會合，兩個月後南下遭遇風暴，於是選擇在小琉球島旁停泊休整，並補給薪柴飲水。[4]沒想到船員登岸後卻一去不返，之後金獅子號也在附近海域失事沉沒。此後荷蘭人便以失事船隻之名稱小琉球為「金獅子島」。

大約二十年後，荷蘭人總結在此一水域的航行經驗，覺察到航越黑水溝的不便性後，便以小琉球為導航標的，讓北上船隻直接由珠江口外向東跨越南中國海，前往屏東外海，抵達小琉球後再徐徐北上大員，藉此避開跨越黑水溝的風險。[5]如此一來，小琉球成為荷蘭船隻由廣東航向大員的入口島嶼，如同前章提到的印度洋小島恩加諾一樣，具有要衝地位。此外，也命令前往大員港的船隻，若遭遇強烈風暴，可逕下淡水溪口（高屏溪）停泊，此一水域亦在小琉球附近。[6]由於小琉球在跨海長距離航行的過程中，兼具導航與寄泊的功能，因此也如同十五世紀以來的大西洋諸島、位於西太平洋的關島、爪哇海的恩加諾一樣，成為第一波直接承受帶來「槍炮、病菌與鋼鐵」之歐洲擴張衝擊的地點。

根據荷蘭人所遺留的記載，小琉球原住民在每年烏魚季時，會與前來臺灣西南沿海撈捕烏魚的唐人漁民交易：「唐人用一些不值錢的小東西來交換很多、數量達好幾千顆的椰子。」從事這種交易時，雙方並不見面，而是將欲交換的物品放在約定俗成的地點，然後各自前去取物。[7]小琉球原住民是目前荷蘭史料記載中能夠從事海上航行的三個原住民族群之一（其他尚有蘭嶼的達悟人與東北角的巴賽人），懂得製作並駕駛竹筏。他們會乘竹筏到臺灣島上出草，砍取其他平埔族群的首級。[8]從目前遺留的史料無法推知小琉球原住民航行的範圍曾有多廣，但至少後來荷蘭人在臺灣島周邊的離岸航行時，澎湖—小琉球—鵝鑾鼻—蘭嶼之間多能以海路連繫。[9]

元代汪大淵《島夷誌略》（一三四九年）中記載了他乘坐商船，由澎湖前往「琉球」探訪的見聞，並提到在「琉球」的山頂欣賞海上日出（「夜半，則望暘谷之出；紅光燭天，山頂為之俱明」）。考古學家金關丈夫認為，汪大淵不太可能在登陸臺灣後，又翻越中央山脈，因此推論這或許是汪大淵由臺灣（或沿岸島嶼）前往呂宋時，路經蘭嶼，在蘭嶼看日出的情況。[10]此外，雖然宋代以後中國船隻出海貿易頗為興盛，但直至元末泉州乃是阿拉伯商人的大本營，所以汪大淵乘坐的可能並非唐人船隻，而是由東南亞前來的馬來蕃商船隻。小琉球原住民過去都是以「互不照面」的方式與外界交易，那他們可能如同前章所述之安達曼群島、尼可巴島的居民一樣，雖居住在航路要衝之地，長期以來卻與外界僅有非常有限的物品交流。

在南中國海東側的一連串島嶼，主要是環繞蘇祿海的各島和菲律賓群島。從十五世紀起，穆斯林的商業影響圈範圍，曾由爪哇海擴散北向，經婆羅洲抵達菲律賓群島南側。[11]相對而言，菲律賓群島北側海域上的島嶼，包括呂宋島與臺灣島，則如同蘇門答臘西側的恩加諾島與小巽他群島東側的新幾內亞島，以及中太平洋的關島、馬里亞納群島，直到十五世紀都未曾受到幾大世界宗教（印度教、佛教、穆斯林）薰染，並保持著無國家（stateless）狀態。十七世紀荷蘭人短暫占領澎湖風櫃尾，隨後轉占大員，在周邊水域的活動強度增加，這片無國家地帶才終於與外界有頻繁接觸。

荷蘭東印度公司總督顧恩（Jan Pieterszoon Coen, 1587-1629）曾說：「各位〔董事〕從經驗上應已得知，在亞洲從事貿易，必須在諸公的武器保護下進行，而購買武器的款項則必須從貿易所得的利潤中支付才行。所以，我們不能在不戰爭的狀況下進行貿易，也不能在沒有貿易的情況下進行戰爭。」[12]因此，荷蘭東印度公司作為一個商業體，在無利可圖的情況下，很少會發動如同征伐小琉球一般，極端暴力的滅族淨空行動。比如說，荷蘭人在班達群島的暴行就有明確利益指向。

在雷爾生艦隊司令一六二二年抵達澎湖之前，顧恩總督已先於一六一九年在爪哇建立巴達維亞城，而後為了壟斷世界肉荳蔻供應獲取暴利，於一六二一年率軍登陸班達島。他先藉口當地穆斯林貴族背約，占領當地。又指派新任長官，縱容他誣指島上首長策劃叛亂。接著假借平亂，屠殺島民。隨後再以懲罰島民為由，將居民強制移出。共有居民八八三人，被發配為奴。班達群島原有約一萬五千名島民，在歷經此一事件後，僅剩不到一千名還得以繼續存活。[13]所有當地肉荳蔻的栽植、生產與加工，從此全都落入了荷蘭東印度公司的手中。

十多年後，一六三三年底，荷蘭東印度公司忽然大張旗鼓從大員派遣軍隊攻打小琉球，表面上的理由是為金獅子號失事船隻人員復仇。但金獅子號是在一六二二年時遭遇不測，荷蘭當局卻一直沒有採取什麼激烈的措施來懲罰小琉球居民，可見這僅是一個口實名義而已，並非真正癥結所在。

荷軍登陸後，小琉球居民不久即藏匿到天然的珊瑚礁岩洞穴裡面去。荷蘭軍隊因此無法與他們正面對敵，於是燒毀了一整個大村落，殺死居民豢養的豬隻，然後離去。隨後又在一六三六年四月底二度出征，堵住天然洞穴的出口，利用煙燻迫使藏匿的居民現身。三天後，一批批居民開始出洞投降，被載運到大員接受處分。不願意出來的居民，則在五、六天內，陸續死於洞中。死者大約有兩、三百人。但大員當局仍不滿意，於稍後的七月繼續派軍掃蕩殘留於島上的居民，最後把剩下的一千名左右居民，或者殺死，或者強制遷出。[14]

荷蘭東印度公司何必採取這種極端暴力的手段，將小琉球島民全部淨空呢？如果我們認識到小琉球島所具備的停泊、補給功能，是補足大員港、熱蘭遮城機能不可或缺的組成部分的話，就能從基礎設施建設的角度來理解荷蘭人的下手動機。在荷蘭攻打小琉球的同一年（一六三三年）夏季，正當日本幕府重新開放日荷貿易的關頭，荷蘭人壟斷中日貿易的展望暴增。[15]此時荷蘭東印度公司第四任臺灣長官普特曼斯（Hans Putmans, ?-1656）率艦隊與鄭芝龍對敵，在九龍江口海域一戰而敗，使荷蘭當局打消了在廈門周邊建立商館的念頭（這些外界大變化參見第三章將詳述）。[16]這意味荷蘭人此後必須以大員為經營中日轉口貿易的主要基地，接待由福建載運中國貨物前來的商船。既然建設大員港市已無懸念，這才使得荷蘭人決定對小琉球緊下重手，以百分百確保該島能擔當大員港的緊急補給地與後備避風港灣。

於是，作為臺灣「航海民族」重要代表的小琉球原住民，忽遭千古未有之橫禍。荷蘭人侵入攻打小琉球原住民村落的情形，遠非居民所能預期。如前所述，小琉球為一座珊瑚島，島上擁有天然洞穴。可以如此推想，過去的數百年間，小琉球居民面對原住民間的馘首（獵首）戰爭時，如同前章所說，相對具有優勢。小琉球居民能夠靈活機動地在臺灣海岸各處登陸偷襲，神出鬼沒砍取頭顱。然而屏東沿岸的原住民若接近小琉球島，卻很容易被瞭望者發現，立刻預警居民。即使真的遭遇大規模襲擊，島上老弱婦孺也可藏身洞穴中，如同躲入牢不可破的天然堡壘。而臺灣西岸的原住民，沒有像小琉球那樣的天然屏障可依恃，也無能力設置類似效果的防禦工事。

小琉球原住民斷然無法預期荷蘭人帶著火槍與刀劍登岸，所要求的並非取得幾個人頭爾爾，而是不將全島淨空絕不休止。據荷蘭人的記載，一六三三年底首次出兵時：「在小徑上行軍時，有一名荷蘭士兵與新港社人被殺。」[17]若按照臺灣島上原住民間約定俗成的戰爭形式，小琉球人偷襲成功，荷蘭方面已經算是戰敗，應該得認輸撤退才對。（《東西洋考．東番考》：「村落相仇，訂兵期而後戰，勇者數人前跳，被殺則皆潰。」）他們大概怎麼也沒想到，荷蘭人所遵循的戰爭規則，根本不是出草砍了頭顱就分勝敗這種近似「揖讓而升，下而飲」的君子之爭。本來小琉球人身居天然珊瑚岩島是個優勢，但在面對新的外來者荷蘭人時，反倒成了致命的缺點，將之導向滅族的不歸路。

如同前述，當小琉球人將老弱婦孺藏入洞穴，所遭遇的是荷蘭採取煙燻方式火攻，結果造成了大規模的傷亡。荷蘭人將捕獲的青壯人口送往巴達維亞，小孩則發配到新港、蕭壠為奴。二十四名女童由熱蘭遮城內的荷蘭家庭收養，接受荷蘭式的教育，準備未來成為荷蘭市民的新娘。[18]在荷蘭人占領全島後，仍不時搜捕居民，直到一六四五年確認已無任何原住民殘留於島上。

其中，由尤羅伯（Robertus Junius, 1606-1655）牧師收養的一位小琉球男童（一六三六年時四歲）拉麥（Jacob Lamay，「Lamay」即小琉球），後來成為荷蘭東印度公司的船員，一六五六年後於阿姆斯特丹成婚、居住，完全過著荷蘭式的生活。[19]另有一位克洛克（Paulus de Klock）則成為荷蘭士兵，駐守熱蘭遮城，推測應於鄭荷一戰後離臺。[20]不少被熱蘭遮城內荷蘭家庭收養的小琉球女孩，後來嫁給駐臺荷蘭人，在鄭成功攻臺後，隨夫婿遷往巴達維亞，展開全新的人生。[21]她們之中有一位名叫瑪麗亞的女孩，長大後嫁給荷蘭東印度公司的日耳曼員工諾頓（Hendrik Norden）。諾頓受命擔任臺灣南路政務官時，瑪麗亞以其語言專長，協助夫婿處理屏東平原平埔村落的行政。鄭氏攻取臺灣時，這對夫妻曾幫助一批荷蘭難民經排灣部落逃往臺東避難。在熱蘭遮城圍城結束、公司最後一任臺灣長官揆一（Frederick Coyett, 1615-1687）投降後，他們一行人才與公司人員會合，順利返回巴達維亞。[22]

至於小琉球全島，則在原住民被清空後，被出「贌」②（即在承諾支付一定的稅額後，獲得公司給予事業壟斷權）給一位唐人通事Samsiack（音譯為「三舍」）經營。[23] Samsiack在島上從事採收、銷售椰子的生意，也釀酒出售（關於其人事蹟將於第四章詳談）。不難想像荷蘭當局不願花費駐兵經費，但又不願小琉球落入他們不信任之人手中的心情。在熱蘭遮城被鄭軍圍困之時，

②「贌」是荷蘭東印度公司在臺灣抽取稅款的手段。唐人在臺灣經營各項事業均需繳稅，規則是在稅率固定的情況下，由經營者自行估計營業額，藉此算出稅款額度，公司當局則將事業經營權標售給那些願意繳納最高額稅款的經營者，並同時約定應繳稅額。

周圍有荷船戒護的小琉球，果然成為其取得新鮮飲水與補給，並暫寄傷兵的重要據點。[24]

小琉球原住民所遭遇的千古之變，造成其族群認同全然瓦解消逝、族人離散、共同記憶被消除的後果。但是從血統上而論，其遺傳基因，則因此融入荷蘭人全球擴張的網絡中，而可能傳承至當代荷蘭人的血液裡。即使小琉球原住民遭逢這樣曲折悲苦的命運，他們的故事恐怕仍難以激起今日臺灣人感情上的漣漪；畢竟，唐人才是此後拓墾小琉球土地並從事經營者。又如這個例子所顯示的，早先這塊土地上原住民的消逝，並非由唐人發動的行為所導致。再加上清領時期，大概是為了避免臺灣與廣東以及與呂宋之間進行直接連繫，而將小琉球列為「封禁」的場所；[25]清廷解除封禁後，於十八世紀中期遷入屯墾之唐人商漁，自然對這一段歷史毫無所知。[26]

倘若我們單純從當代人的角度出發，來思考小琉球的人地關係，必定無法意識到這段小琉球原住民歷史與世界史的交錯。因為時過境遷，當代世界的交通要衝網絡，乃是由空運連結起來的巨大都市群。凡是不具備支撐機場能力的小島，絕不會被當成「要衝」來考慮。在風帆時代具有關鍵性地位的小島，其於海路上的地位早已為後人所遺忘。更何況小琉球這類小島的地位根源，本在於輔助不甚好用的大員港。雖然清領初期安平（大員）仍是臺灣主要港口，但是大員港早在荷治晚期就淤淺嚴重，無法停靠荷蘭的大型帆船，因此從那時起小琉球作為海上要衝的地位已逐漸下降。清領時期所謂「巨艦」之規模，僅與荷治晚期的中小型船隻相仿，入港無礙，甚至在臺灣西南岸尚有許多其他地方可停泊；[27]既然如此，當政者同樣也不需要用小琉球作為輔助避風港。在歷經清朝一段時間的封禁後，小琉球的過往用途更不復為人所知。漢文文獻記載小琉球之沿革，始於十八世紀初期。這時民間口傳記憶已甚稀薄，而且若敘述與荷、鄭相關的史實，還有干犯當道（清朝）的可怕風險；因此即使略有所知，想必也是「寧缺勿補」。

小琉球島的故事，某種程度上也是被捲入大航海時代後臺灣故事的縮影。臺灣島原來屬於西太平洋未受歐亞大陸文明深刻影響的無國家帶，卻在大航海時代因為地理位置適合歐洲人運用，而遭到入侵。其後被歐洲人植入的唐人，誤打誤撞地發展成為島民的主流。以至於到了二十一世紀，大部分的「小琉球人」，其實是唐人移民的後裔。而大航海時代開啟後有類似故事的島嶼，例如：大西洋加那利群島（Canary Islands，最大島二〇三四平方公里）、聖赫勒拿島（一二一平方公里）；印度洋模里西斯島（一八六五平方公里）、安達曼群島（六四〇八平方公里）、恩加諾島（四〇二・六平方公里）；南太平洋班達群島中的奈拉島（四五・六平方公里）、關島（五四四平方公里），其面積都較小琉球（六・八平方公里）大上數十倍、數百倍，卻也都比臺灣（三萬六一九七平方公里）小上數十到數百倍。由此可知，以歐洲當時的技術條件，小琉球是個能輕易得手的目標。相對來說，臺灣島則顯然太過巨大，是難以措手完全控制之標的。這種規模上的差異，就使得小琉球原住民與臺灣本島原住民的命運，在此時分歧，不再相關。

讀者務必記住，在人類發展蒸氣動力之前，所有風帆船隻的移動都依靠自然力，受到自然環境的諸多限制。在大員港道的淤淺所造成的自然限制，尚無技術可以克服之前（濬深疏通），當政者規劃利用小琉球來輔助大員港，也是順水推舟的做法。在那個時代，荷蘭人若要征伐臺灣島上的原住民，完全受制於水上移動能力，無法恣意而為。即便能夠在臺灣島周邊海域自由活動，但在近海、海灘難以登陸之處，乃至於原住民的高山聚落，就算有火槍與刀劍也發揮不了優勢。與沿岸易於停靠船隻的小琉球相比，位於雲彰沿海內緣的原住民村落，荷蘭東印度公司就很難利用水路接近。臺灣西側中部沿海範圍甚廣的潮間帶沙坪、沙壩等，正構成了從水上接近原住民居地的障礙。雖然從地圖上看起來，比起高聳的山區，西南平原地域應該相對容易進入，但從海上看來，面對位於潮間帶這類天然泥灘地形阻礙，其險阻程度亦不減於高山。虎尾壠地區（約略為今日雲林虎尾、土庫、褒忠鄉一帶）的原住民之所以還有能力抵抗荷蘭人，就是一個很好的例子。[28]

水路難及虎尾壠

荷蘭東印度公司所賴以建立城堡的大員沙洲，可以說是一種離岸沙堤。熱蘭遮城因此隔著台江內海與臺灣本島海岸相對。在台江內海東岸，竹筏與舢舨能夠沿著赤崁、新港、蕭壠附近的海岸移動；出台江內海後，向北沿著一段海岸前進，再度進入魍港，由此進入「倒風內海」，後續則能前往麻荳。從台江內海西岸，沿著北線尾沙洲內側，也能以順時針方向前往蕭壠—新港—赤崁，然後回到大員。[29]這大約也是一六二三至一六三六年左右，荷蘭人兵力能夠投射，而使得原住民不得不向海上沙洲上設立的這座城堡投降之範圍。同樣，高屏沿海地區因有打狗潟湖及小琉球供小型運兵船停泊，因此這個地區的原住民也在上述期間被納入荷蘭人勢力範圍之中。[30]

但由當時的北港（笨港，約今雲林口湖同緯度處）向北，海岸地形轉為相當特殊的沙岸。這種地形，學理上稱為「堆積海岸」。而向海中延伸的泥灘溼地，因為潮差在低潮時露出水面，而稱為「潮間灘地（tidal flat）」。這種奇特的地形構成了廣闊的泥灘海岸。這樣的海岸，對於臺灣島對外的關係有什麼影響呢？在此舉一個非常著名的例子來做參照。二十世紀中期爆發之韓戰，當中的一場戰役「仁川登陸戰」，是近代東亞史上最成功的奇襲作戰。此一作戰由美國麥克阿瑟將軍於一九五〇年獨斷指揮發動，之所以大出北朝鮮當局意料之外，便是由於仁川港外有非常寬闊的潮間灘地。任何人都會認定，這樣的地形是一道不可跨越的天然屏障，阻隔了美軍實施登陸作戰的可能性。[31]因應這個眾人皆知的常識，美國海軍陸戰隊卻反其道而行，發揮優異的水文預測能力，在九月大潮當日，成功將登陸部隊推送到岸邊。[32]此戰成功後，美軍得以切斷北韓軍隊背後的補給線，促使韓國回到南北分立的態勢。

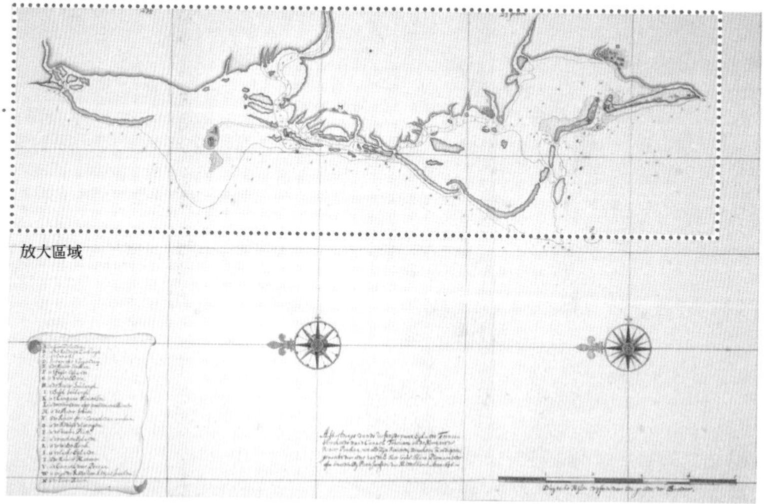

來源：Österreichische Nationalbibliothek, Vienna, Van der Hem 41: 12, Johannes Vingboons, "Afbeeldinge van de westzijden vant Eijlandt Formosa, streckende van't Canael Taiouan om de Noort, tot de Rivier Ponckan, met alle Zijn Rivieren, Droochten en ondiepten, gemaeckt door ordre van de E. Heer Gouv: Hans Putmans, ende alsoo bevonden Bij Pieter Janssen van Middelburch. Anno 1636."

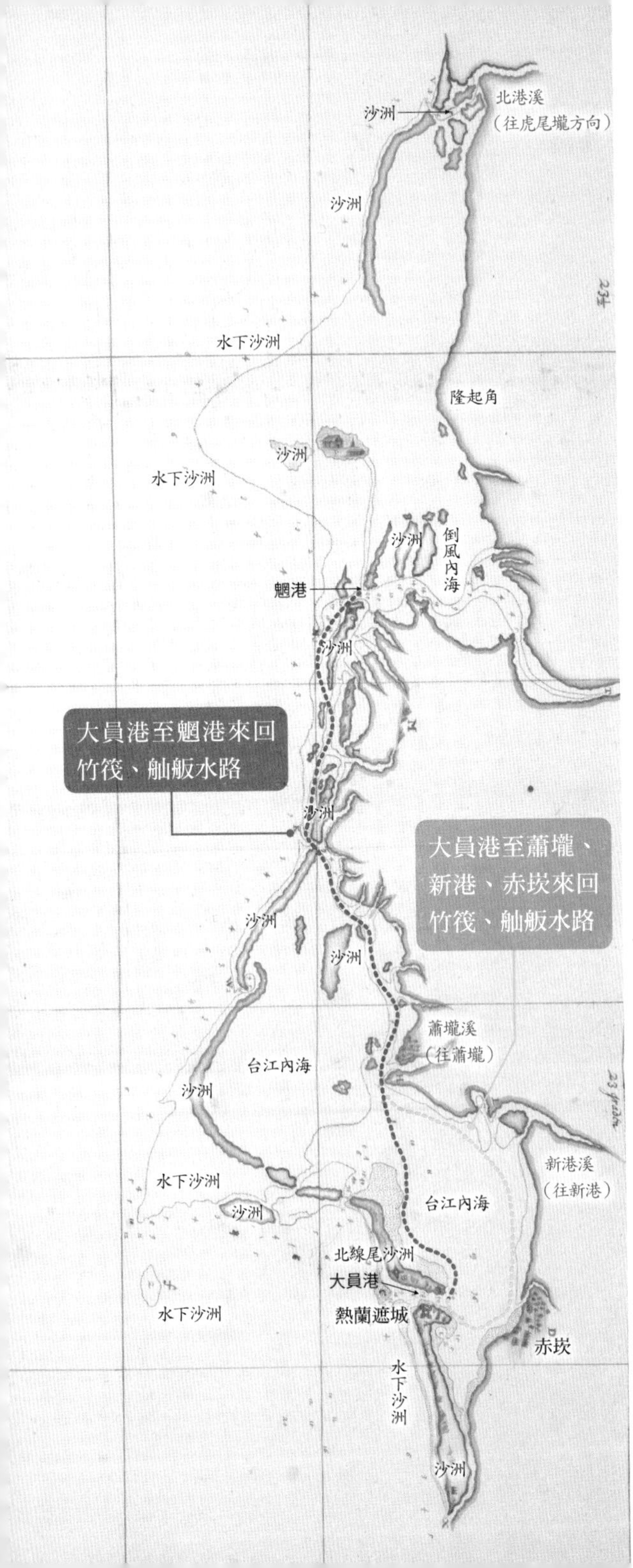

圖2.3 〈福爾摩沙島西岸圖：由大員水道向北延伸到北港溪，與所有支流、淺灘，根據普特曼斯長官命令由密德堡人彼得．楊森繪製，1636年〉，部分。原圖為東方朝上，本圖轉向北方朝上。圖上中文標示說明為筆者根據研究成果添加。

其實，擁有寬廣潮間灘地的海岸，環顧世界並不多見，除上述仁川港外，臺灣西海岸也名列其中。如同仁川港外的灘地，臺灣西海岸也使海上勢力想要登陸入侵相當困難。海岸地質學者度可（Eisma Doeke）在其專著《潮間帶沉積物》（*Intertidal Deposits*），特別以專節描述臺灣的潮間泥灘地。他指出：

> 沿著臺灣西海岸由北緯二十三度至二十五度之間，開放的潮間灘地，在數個河口的阻斷下，綿延約二百四十公里長。潮間灘地通常有四公里寬，但在大肚溪與曾文溪口之間大幅增寬，甚至達到十公里，而在嘉義沿海則能達到十五至三十公里寬，直到新虎尾溪口。潮間灘地之潮差通常高於四公尺，但是在新虎尾溪南側，潮差則減為二至四公尺。在新虎尾溪以北，潮灘不受到離岸沙壩保護，直接暴露於大海，但在新虎尾溪南方、潮差較小之處，則形成許多小型的沙壩和離岸沙洲。
>
> 潮間灘地之沉積物由臺灣島上中央山脈沖刷下來的數條河流補充，特別是大型河川如濁水溪和曾文溪。沖刷之沉積物包括了沙與泥。……在大肚溪以北，沉積物是由當地較小的河

川所補充，其潮間泥灘地大約有三公里寬，但是大肚溪以南卻能有十公里寬。[33]

度可的觀察與前章提到的美國人類學者戴德安所見略同，亦即位於臺灣西部沿海的潮間淺灘與水下沙洲，乃是世界上少見的特殊地形；此外，度可更進一步說明，一般潮間灘地成形於波浪較緩的海灣與大河河口地帶，但臺灣西岸與湄公河三角洲的潮間淺灘，卻是直接面對大海巨浪，是為更罕見的特例。[34]根據十七世紀荷蘭人所測繪的海圖，彰化、雲林一帶海岸，其潮間灘地寬度幾達十公里。[35]二十世紀後，由於海岸工程技術的興起，還有對於沿海土地的改造利用（海埔新生地），使得部分地區的泥灘地縮小，這段海岸過去數百年間的原始樣貌因而消失在我們眼前。

對這種灘岸地形有所認識後，再來審視一六〇三年福州人陳第隨軍登臺的記載，可發現印證了相同的地貌。陳第在〈舟師客問〉一文中，以模擬征戰船上兩人對話的方式，巧妙交代當時他所見到的臺灣沿岸情況。例如，有一人問道：「為何遠征臺灣攻打倭寇可以成功（「有謂外洋劇賊，未易卒破者；而克有成功，何也？」）」另一人則答：「如果藉口太遠就不出征是不行的，事先找漁夫蒐集地理形勢即可順利出擊。」並且補充說當時官軍：

嘗私募漁人，直至東番，圖其地里，乃知彭湖以東，上自魍港，下至加哩，往往有嶼可泊。

就是說，花錢請漁民調查的結果顯示，臺灣（東番）的西南海岸，在魍港（現今嘉義布袋鎮好美里一帶）與加老灣（臺南沿岸）間的海岸線，「往往有嶼可泊」。③由於臺灣的西南沿岸，在本島與澎湖之間的水域中間，並沒有任何離島存在，所以可以推知，這裡所稱的「嶼」，所指的並非離島，而是指近岸潮間淺灘持續堆積所發展出來的離岸沙洲地形，即前述度可所謂「但在新虎尾溪南方、潮差較小之處，則形成

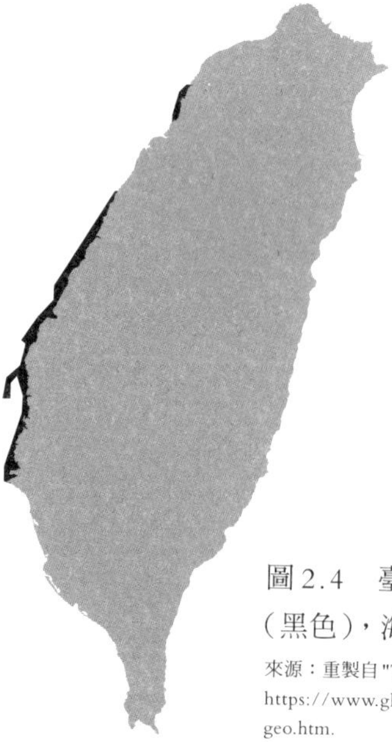

圖 2.4　臺灣西海岸多為廣闊溼地（黑色），海上勢力難以入侵。

來源：重製自 "Taiwan Geography," GlobalSecurity.org, https://www.globalsecurity.org/military/ops/taiwan-geo.htm.

許多小型的沙壩和離岸沙洲」。這也符合荷治到清領初期許多地圖所描繪的，台江內海北端到魍港的海岸有離岸沙洲且變動不居的情況。既然這些可供漁船停泊的離岸沙洲（嶼）時刻都在變化，難怪陳第會寫成「往往」有嶼可泊。陳第在〈東番記〉中又寫道：

東番夷人不知所自始，居彭湖外洋海島中，起魍港、加老灣，歷大員、堯港、打狗嶼、小淡水；雙溪口、加哩林、沙巴里、大幫坑，皆其居也，斷續凡千餘里。

我們可以揣想當時漁船由澎湖駛往臺灣的航路，來判斷陳第所指稱的地點。首先，由於黑潮支流經年向北推送，澎湖水道（黑水溝）海流較急，航向臺灣的船隻通常會因此發生偏航（leeway），最後觸及與澎湖同緯度或者稍偏北的臺灣海岸，亦即前引文中的「魍港、加老灣」一

③ 學者陳宗仁認為此段文字中「加哩」有可能為「加老灣」之誤。但筆者認為倘若將漁民所稱的「上」解為逆黑潮而上（向南），「下」解為順黑潮而下（向北），則加哩當即為「加哩（里）林」（今二林）。參見：陳宗仁，〈Selden Map有關臺灣與琉球的描繪及其知識淵源：兼論北港與加里林的位置與地緣意涵〉，《臺灣史研究》二七：三（二〇二〇），頁一—四二，見二八—三五。

帶。據荷治時期的記載，魍港的位置正在麻荳溪口幾個較大的離岸沙洲中間。[36]由魍港順著退潮，駕小舟沿岸邊繼續南下，會經過台江內海北端出海口加老灣，接著沿北線尾沙洲抵達台江內海南端主要出海口大員，再由沿海推進到高雄沿岸的堯港、打狗嶼（壽山）、小淡水（下淡水溪河口，約今日高屏溪與東港溪河口）。小淡水是近岸航線的終止處，因為再往南，水下地形突然變深（水下「高屏峽谷」可達一千公尺深，相較之下，同緯度澎湖西側的「臺灣灘」，深度僅約二十至四十公尺。可參見圖2.1），船錨纜線搆不著底。

回過頭來，倘若當時由魍港近海，繼續駕小舟北上，則首先會經過麻荳河口北岸的一處有多條小溪匯流的河岸，因為必須經過的「潮線下沙壩」堆積較高（在荷治時期稱為「隆起角」的海岸附近）、航道較淺，故需在此稍做停留，靜待漲潮後再通過。此一泊船候潮處，雖無遺留地名，卻可大致推斷為陳第所說的「雙溪口」所在。此後向北，則會經過一大塊不規則的潮灘地帶（約當今日雲林、彰化海岸），需稍轉向近海航行避開岸邊，僅在加哩林有一小段海岸能夠停小艇——根據荷蘭人的記載，加哩林指由海上能望見七個沙丘的一段海岸，末端位置約當今日鹿港，也涵蓋了二林的位置。而越過加哩林這一段海岸後，非但會遭遇如同外傘頂洲一樣的大型沙洲（荷蘭人稱為「漁夫礁岩」），且沿岸大多為寬度較窄但時有變化的潮間泥灘地，少有小舟能停泊的地方。避開此一向外延伸的「漁夫礁岩」，可順勢掉頭航向中國海岸，直到烏坵島進入視野（距離烏坵島岸約三十公里）。由中國沿岸北上到白犬列島附近（距離白犬島岸約三十公里）之後，再向東南折返，即可觸及淡水河口。淡水河口即是陳第所說的「沙巴里」（淡水河口北岸）、「大幫坑」（淡水河口南岸），是漁船可安穩停靠之處。[37]

在加哩林到淡水河口之間，陳第未曾提到有任何港口或「嶼」可泊船。這符合前述度可的描述，即在大肚溪口以北，沒有任何離岸沙洲（嶼）存在，但潮灘仍普遍約有三公里寬。簡言之，可以合理推想，在潮灘泥地的阻隔下，陳第即使「私募漁人……圖其地里」應該仍是無法獲知潮灘泥地後方的資訊，臺灣中西部大概也不會是「倭寇」能輕易由沿岸深入的範圍。

在魍港溪河口的大片水下淺灘，向大海延伸甚遠，阻隔了海浪的能量，又有離岸沙洲環護，波浪較緩，也有人稱之為「倒風內海」。如此，我們可以推知位於倒風內海、台江內海附近的原住民（蕭壠、新港、麻荳、大目降），早已因為唐人漁民每年冬季前來撈捕烏魚，上岸借住及交換物產，而與之多有交往。④這就是陳第所說：「……漳、泉之惠民、充龍、烈嶼諸澳，往往譯

④關於唐人漁民與原住民交往的情況，目前學界研究仍無確論。本書將在第五章中討論。

其語，與貿易，以瑪瑙、磁器、布、鹽、銅、簪環之類，易其鹿脯皮角……。」但既然陳第指稱的是臺灣西南沿岸各處漁船可至之處，我們就不該將此敘述涵蓋那些居住於臺灣中部沿海，北自新竹、南到彰化這一段海岸的原住民。

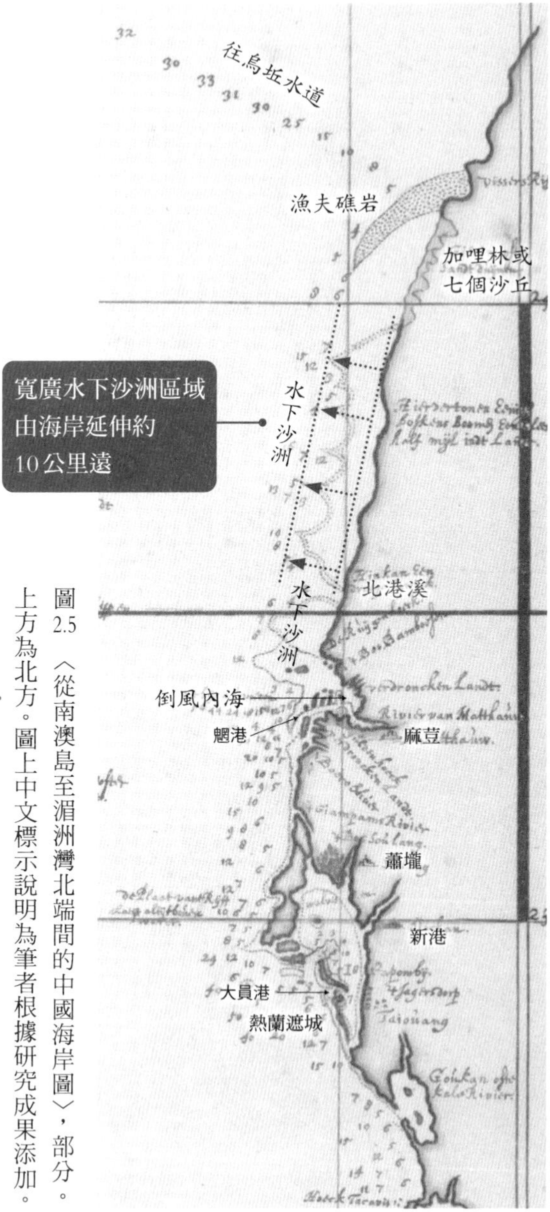

圖2.5〈從南澳島至湄洲灣北端間的中國海岸圖〉，部分。上方為北方。圖上中文標示說明為筆者根據研究成果添加。

從海上的視角來看，小琉球人是住在位於臺灣西南沿海的「離島」上，至於臺灣中部原住民安居之所，則是遠離了南部安平與北部淡水兩處、水路所莫及的「飛地」。如前所述，與當代的一般印象相反，小琉球這樣的離島，早從史前時代，就承擔了連繫海上「島嶼世界」的核心任務，乃是臺灣、澎湖、蘭嶼、巴丹、呂宋等島嶼網絡的一部分，持續受到外界的擾動。而臺中、彰化、雲林的河流沖積扇平原，在其出海之處，因為形成了世界少見的廣闊潮間泥灘地，反而與外界隔絕。在沖積扇居住的原住民，可以輕鬆地在潮間帶拾取豐富的海產資源，想必不太有跨越十多公里到險惡的大海上去捕魚的動力。況且居住於沖積扇之上，土

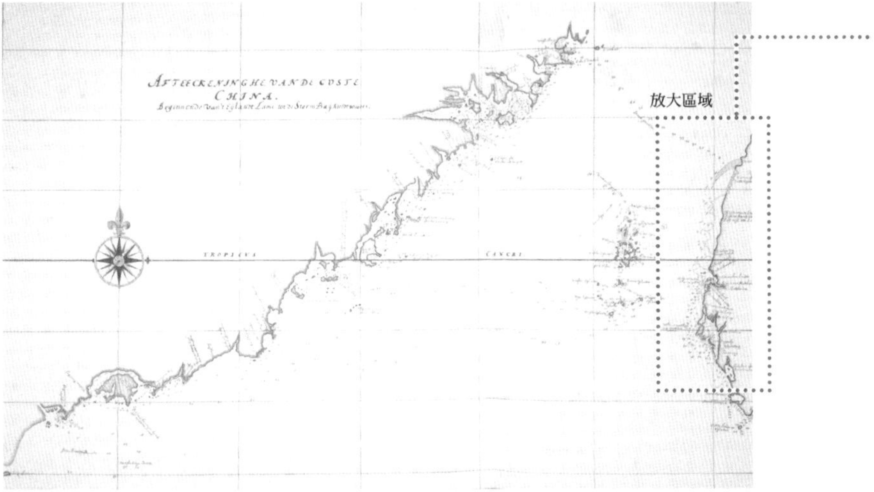

來源：Österreichische Nationalbibliothek, Vienna, Van der Hem 41: 12, Johannes Vingboons, "Afteeckeninghe van de custe Chinae beginnende van't Eijlandt Lame, tot de Storm Baij noordtwaerts."

壤肥沃，地面、地下水源充足，野生動物豐富；既然自然環境本就優越自足，何需外求？

這裡並不是要說居住於此地的原住民，如同生活在一個玻璃生態球內，在一處完全自給自足的生態圈中固守。相反的，我認為從不可考的遠古開始，不同地域間人群的交流已頻繁發生。我想提出來討論的是：臺灣居民與外界人群的接觸，在多大程度上能夠造成島民脫離「無國家」的狀態？相對於上一節提到那些在大航海時代迅速「歐洲化」（同時也被「領土化」）的各個島嶼，臺灣島的量體較大，因此在思考這個問題時，並不適合以大西洋的加那利群島、印度洋的安達曼群島和恩加諾島作為比較對象。再加上臺灣並未如廣大的海洋東南亞區域受到印度教、大乘佛教、伊斯蘭教一波波的影響，因此最適切的比較對象應該是日本列島和朝鮮半島。

日本中世史學者網野善彥曾提出以下說法。他認為在三到五世紀之間，由歐亞大陸前來的移民斷斷續續地進入日本列島，傳入了鑄鐵技術與騎馬文化，促使以大和（近畿，主要是現在的奈良一帶）為中心的王權體系開始發展。[38]與此同時，日本列島間的海上交通網漸趨穩固。直到七世紀後半、八世紀初期時，由於與歐亞大陸的文明交流加劇，引進了唐帝國的官僚體制及以水田為核心的統治制度（大化革新），遂有了日本國的成立。此後，以仿照長安的平安京（京都）為中心，建立了陸上的官方交通網絡。因為中國式的典章制度是根據東亞大陸陸運交通的基礎來設想，其內涵並不適合日本列島的環境，因此到了八世紀末，已經難以運作，故衰落而僅剩形式、表面上的名稱。[39]日本學者竹村公太郎，亦將歷史上日本政府寧願選擇沿海或海路作為官方驛道，也不強制推行陸運的原因，歸結於日本的自然地理因素。他說：「日本列島滿布群山、地質相當脆弱，每逢降雨，傾斜的部分便會坍方，砂土隨之流進河川之中。在河川搬運下，砂土在河口和窪地堆積，逐漸形成沖積平原，沖積平原的排水不佳，只要一下雨，便會變成泥濘的土地。」「東海道是供人行走、不適合牛馬奔馳的道路。」[40]換言之，在與外界持續接觸下，日本誕生了王權，此後則順著島嶼的人文地理紋路逐步發展。而王權興起的核心地帶，與日本特殊的地理形勢也有密切關連。大和王權位於近畿，該地是與日本列島其他各地地形頗不相類的平原地帶；同時又是中國絲路向東延伸後，與日本各地連繫的陸路轉接點。[41]在七世紀前後，絲路的發展由中國長安向東延伸，跨海進入日本本州。無論是從本州西側的出雲登岸，或是由瀨戶內海沿岸登陸，都無法立即接觸到足夠廣大的平原地區，可以扎根作為轉接點來發展城市文明。[42]最接近這條貿易交通路線的開闊平原地帶，是從瀨戶內海東側終端、稍微向內陸前進即能抵達的奈良盆地與京都盆地——也就是近畿地區。

倘若將臺灣平埔族群的情況比擬為七世紀中大化革新前的日本原住民，從符合開闊平原地帶此一條件來看，或許能將貓羅溪—濁水溪沖積扇地區（約當今日臺中、彰化平原），類比為日本的近畿（奈良、京都）地區。因為貓羅溪—濁水溪地區既位於大河沖積形成的廣闊平原，河口又大量堆積著潮間帶淺灘的淤泥，阻隔了海上的威脅。而且這裡亦是臺灣南北交通陸路軸線的中心點，向北可通往淡水河口，向南可至臺南、高雄潟湖地帶，能有效取得外界物資。

也就是說，就地形而言，京都—奈良盆地與臺中—彰化平原雖然都在海島之上，卻也都是海上交通線難以威脅的內陸「飛地」。而此處的臺灣平埔族群即使並未如同大和王權時代的倭人那樣，取得馬匹與製作鐵器的技術，卻也因為享受相對豐富的資源與維持了眾多人口，應該具備較其他地區原住民更大的競爭優勢。

在韓國王權早期歷史發展的過程中，其核心地帶地形、地勢的優勢，也相當重要。按照韓國歷史地理學學者 Choe Yeong-jun 的看法，位於漢江出海口的江華島，便因為在靠陸地一方與臺地隔絕，靠海面一方有廣闊的潮間泥灘地保護，才創造了優越的守備位置。江華島曾在十三世紀時，被選為高麗立國首都之所在，又在歷次蒙古、日本入侵的風波中，成為王室仰賴的根據地。[43]雖然這種地形上的優勢在十九世紀後，已被蒸汽船突破，走向式微，但江華島作為曾經的「內陸飛地」，在此仍是值得一提的參照案例。

環顧東南亞原住民的發展，亦有熟知如何應用這種地理優勢的部族存在。在十九世紀，一位旅行者倫霍茲（Carl Lumholtz），報導過婆羅洲達雅克人的居住習慣：「……根據達雅克人的習慣，他們每十四到十五年就會遷村一次，轉移到高聳的堤岸上，或者還不如說是四周都是泥灘、四方陡峭的地點。」[44] 可見泥灘地對於部落居所能提供相當的保護力，對部落居民來說是顯而易見的常識，不需有高度的文明發展背景。

臺灣具備類似地理條件的地方，即是臺中—彰化平原一帶，但就目前所知，平埔族群在這裡所呈現最複雜的政治形式也僅止於部落聯盟。按照學界現有研究成果，在彰化平原生存的臺灣原住民，並未出現藉著掌握外界輸入的特殊宗教、技術或奢侈品，來抬升王權地位、發展集權的情況。

十七世紀初，也有關於唐人前往臺灣西南部（東番）去交易貨物的記載。雖然不知道當初登陸者所接觸的到底是哪一部族，但記載中清楚寫道：一旦登陸人數少於十人，就會被原住民截殺；相反的，若有五十人以上進入內陸，雖能保障人員基本安全，但這麼多唐人一齊出現，原住民卻反而會躲藏起來，不願與外來者接觸。（《露書》：「中國十人以下至其地，則彼殺之；五十人以上，則彼閉戶而避我。」[45]）由此可知，原住民與唐人之間的接觸始終處於有安全風險顧慮的緊張狀態中，尚未達到群體和平交流的境界。

從當代的眼光來看，嘉南平原為現今臺灣農業的精華地帶，其沖積扇平原足占全島面積一二%，而農業生產區域則占全島四〇%。[46]儘管地形寬平，河川較淺無切割，但嘉南平原的先天條件並不足以造就其今日盛況。經過三個世紀的開墾，特別是日治時代開築嘉南大圳這樣系統化的水利工程，才解決其主要問題：缺水。嘉南平原橫斷於北迴歸線上，承受沉降氣流，夏季特別長，雖因洋流經過，仍有降雨，冬季卻常乾旱。又雨季長度僅一三一日，為本島最短。[47]由此推想可知，進行農業開發前的嘉南平原，應有大片草原，為野生動物良好棲息地。過去原住民賴以為生的鹿群，在這片草原上受自然滋養、繁衍生息，也是可以想見的事。

我們都知道，鹿群乃是早期臺灣西部平原地帶原住民賴以為生的生活資源。考古學者顏廷伃近年的研究發現，大約唐宋之後，亦有臺灣西部原住民將鹿產資源向外輸出的現象。[48]日本考古學者中村淳對於元軍一二八一年遠征日本所乘坐海船的殘骸材質，做了詳密研究後，甚至發現這些在泉州打造的船隻，有使用到臺灣出產的樟木。[49]這也證實了古代中國人曾有前往臺灣獲取必要資源的作為。即使如此，這些發現也不足以推翻臺灣原住民長期以自給自足方式生存的事實。與備受侵略的高麗和持續接納移民的大和相比，唐人來訪乃至於移民臺灣的「強度」

頗低，並未撼動原住民原先的生活方式。為何臺灣的發展與日韓有這麼大的差異？跟日韓的例子相較，可以發現在兩個關鍵點上，臺中—彰化平原與其有所不同。（一）日本的大和與韓國的江華島，都在以長安為中心的亞洲絲路交通線上。（二）日本的大和與韓國的江華島（連繫到漢城），都是全島（或半島）水陸兩種交通線上的節點。曹永和教授曾指出：

〔七世紀以來〕……洛陽、長安成為歐亞大陸的核心，透過西北方的絲路，結合了歐亞大陸，而在黃河以南，又藉著水陸的聯結以達廣州，並經南海以通印度。同時，印度的人、物及文化除藉著絲路東進中國以外，並循海路東抵印尼，再經馬來半島而北上廣州。如此一來，環繞著南中國海的半島區及蘇門答臘等，便成為海上主要的國際交通路線。相對的，在此線上北方的婆羅洲、菲律賓、臺灣等島嶼區，則遠離國際幹線。於是史前時代位居北進南漸十字路口的臺灣，隨著此種海上交通幹線的形成，而轉為離島。[50]

也就是說，由於臺灣遠離七世紀以來成形的絲路國際交通線，以致與日韓相比，臺灣原住民並未受到種種文化交流的刺激，也沒有佛教、鐵器、馬匹的傳入。這是一個關鍵性的差異。

即使到陳第所目擊的時代（十七世紀初），與唐人接觸較多的臺南一帶的平埔族，仍未大量使用鐵器與任何一種獸力。臺中—彰化平原的情況，應該不比臺南附近的情況要好。這說明了臺中—彰化平原與前述日韓王權核心的第一點差異（不在亞洲絲路交通線上）。

其次，在日本的近畿地帶，有淀川通達瀨戶內海，又有東海道與中山道兩條幹線分別連繫本州內陸與沿海地區。至於韓國，從江華島溯漢江而上、再沿洛東江而下即可抵達出海口慶州，此為連繫南方交通的大動脈，向北則沿著海岸可達中韓交界之丹東。由此可知，日本的近畿地區與韓國江華島—漢城（又稱為「京畿道」），不但水路交通方便，同時也是全島或半島陸上交通的中心。相較之下，臺灣中央山脈的崇山峻嶺，非日韓兩國所能比，臺灣西部河川將陸路切斷的情況，也遠較日韓嚴重。戴寶村教授曾指出：

> 對島內交通情況而言，臺灣地形南北狹長，西流入海的河川由於比降大，含砂多，水文季節變化大，旱季如荒溪，雨季則氾濫成災，故少有航行之利，反而形成陸路交通的障礙，河川的阻隔將臺灣西部的平原、丘陵、臺地分隔成近乎半孤立的社會經濟地理空間。[51]

清季臺灣尚不能克服河流阻斷陸路的問題，所以此時島內此處情況便是：北有大甲溪、南有北港溪阻隔，東有綿延的中央山脈，西有寬闊的潮間帶泥灘地。這些不利於建立交通幹道的因素，說明了臺中—彰化平原與前述日韓王權核心的第二點差異（不是水陸交通線上的重要節點）。

臺中—彰化平原這個區域的原住民，主要為在今日彰化平原、濁水溪沖積扇生活的虎尾壠人，以及貓羅溪沖積扇的大肚人。與小琉球人相比，即使歐洲人帶著鋼鐵與槍炮前來，虎尾壠人、大肚人居住區域的地理優勢，還是相當程度地保護著他們免於受到外界的衝擊。也因為這樣的地形差異，十七世紀以後，虎尾壠人、大肚人與小琉球人面對了完全不同的歷史命運。以下就來談談虎尾壠人在荷蘭人於大員建立據點後所受到的實際影響。

今日當我們購買衣飾時，會考慮是否使用「真皮」物件，但這在二十世紀之前是不用思考的事情。二十世紀塑膠化學產業的革命性進展，幾乎完全取代了人類數千年來所使用的包覆物質。今日許多以塑膠製作的包覆材料、衣料等，過去都必須使用生物材質製作。十六世紀晚期，隨著日本戰國邁入大型會戰時代，上至公侯統帥，下至一般步兵，都需披盔戴甲投入作戰之中。鹿皮為種種此類武裝用具的基本材料，從鋪墊、包覆，到製作成皮繩、靴襪、刀柄等，都能應用。

而這樣的武具本身，除戰爭耗損外，也需時時更新。這就導致日本產生了空前大量的鹿皮需求。日本列島本身難以完全供應，於是商人便前往東南亞產鹿地區收購，將本求利。

十七世紀時，合法的出海貿易商船均有領取朱印狀（蓋上紅色印章的官方許可狀），因此稱作朱印船。這些商船前往暹羅、柬埔寨、呂宋甚至爪哇，除了藉此取得中國貨物之外，當地所產的鹿皮，也成為必買之物。鹿皮量體較大，頗為笨重，非金銀、香料、絲綢等奢侈品可比。前往暹羅、柬埔寨的日本朱印船，因航程較遠，故船體較大，才堪勝任。西、葡人則較荷蘭人更早投入此一貿易。

荷蘭人進入臺灣時，目標是推展中日轉口貿易，與澳門、馬尼拉、廣南等中日會合貿易港競爭。但荷蘭人與中國供應商關係的好壞，起初有一段時間是隨著鄭芝龍的官運起伏升降，直到一六三四年之後才穩定下來（參見第四章）。對日貿易關係方面則要面對日商末次平藏、濱田彌兵衛一黨的競爭，兩方在「大員事件」（又稱「濱田彌兵衛事件」）武裝衝突中，受到幕府責怪。[52]因此，荷蘭人在一六二九至一六三二年間，幾乎被逐出日本。豈知日本因想禁絕天主教而鎖國，一六三四年起，逐漸排除了信奉天主教的西、葡兩國人參與日本貿易，一六三五年更禁止朱印船繼續出國。這給了改奉基督新教的荷蘭人一個擴張中日轉口貿易的大好機會。[53]此外，暹羅在一六三〇年發生政變，為舊皇室傭兵的日本僑民領袖山田長政（1590-1630）失勢，引發新王撲殺日人，並導致原先由日人壟斷的暹羅鹿皮出口戛然而止。這對於好不容易在一六三二年重啟對日貿易的荷蘭人來說，卻是天賜良機，開始積極開發由其他產鹿地區銷售鹿皮至日本的市場。一六三三至一六三六年間，荷蘭人在臺持續征伐原住民的各個村落，其實都是為了不讓原住民阻礙唐人前往內陸獵鹿。[54]

在一六三二年，新港人曾想攻擊目加溜灣人而向熱蘭遮城的荷蘭當局請求援助，卻遭到回絕。可是當一六三三年日本再度開放荷蘭人前去貿易的消息傳到臺灣，荷蘭當局隨即開始計劃攻打目加溜灣背後的靠山麻荳。一六三三年底，荷蘭當局藉由出征小琉球的軍事行動，已先拉攏了新港人與蕭壠人（容許他們在聯軍出征時，砍取小琉球人頭顱）。一六三五年夏季，巴達維亞派赴臺灣的增援兵力抵達，加上麻荳與蕭壠此時正受到疫病肆虐，荷蘭人遂決定在同年十一月出征麻荳，燒毀房舍田園，擊垮了整個村落。消息傳遍臺南一帶，大武壠人聞風後立即表示願與荷蘭結盟。不久，台江內海周遭的新港、蕭壠、麻荳、目加溜灣、哆囉國，都承認了荷蘭當局的權威，將其土地讓渡給荷蘭共和國。[55]在所有這些村落的獵場範圍內，獲得荷蘭東印度公司允許的唐人都可以獵鹿剝皮取肉。而早在一六三四年底，公司即規定唐人除了公司以外，不得向其他對象出售鹿皮。[56]

如前文所述，荷蘭東印度公司是希望趁暹羅鹿皮出口中止時，快速從臺灣取得鹿皮以供應日本市場，於是保護唐人大舉進入臺灣原住民的獵場獵鹿。為了取得更多鹿皮，僅僅是開放台江內海周邊這些原住民村落的獵場已經不夠，唐人不斷北進到現在的雲林、嘉義，大約於一六三六年進入了位於濁水溪沖積扇虎尾壠人的獵場。結果，虎尾壠人積極阻擋唐人進入他們的獵場，甚至集結戰士前往魍港，警告在芙列辛根堡駐紮的荷蘭士兵。[57]不只如此，虎尾壠人也與少數不服從荷蘭人的唐人合作，將鹿皮、鹿肉出口走私出去，以打破荷蘭人的壟斷收購政策，這些都是因為虎尾壠村「從水路難以侵入」，所以居民有恃無恐的關係。[58]

虎尾壠村所在的彰化平原，當時是從水路很難抵達的地方，但由二林（前述加哩林）的一小片海岸南下走水路到魍港的話，仍能利用魍港進出口貨物。荷蘭人的勢力依靠芙列辛根堡據守，僅能顧及魍港周邊，卻難以到達虎尾壠。結果在必須供應鹿皮的壓力之下，熱蘭遮城的荷蘭長官分別於一六三七年與一六三八年，兩度率軍發動遠征，長途跋涉。第一次是強行燒毀當地原住民秋收後的稻穀（包括二千二百座房舍），第二次則是逮捕了為首反抗的四位原住民領袖和一個唐人領袖，以制止他們繼續殺死唐人，保衛鹿場。[59]一六四〇年，唐人與原住民之間因為獵鹿問題又起爭端，荷蘭東印度公司於是在一六四一年發動第三次征討，這次征討迫使虎尾壠派出代表前往熱蘭遮城簽訂條約，保證日後不再傷害公司的員工或公司結盟的對象。一六四二年，公司再度發兵第四次遠征虎尾壠，足足破壞了彰化平原的九個村社，以盡量將滯留於彰化平原、不受公司管控的唐人走私者、盜獵者掃除。[60]

約略與此同時，亦即一六四二年前後，公司藉由與暹羅當地唐人合作，而能取得暹羅所出口的鹿皮。暹羅鹿皮本來就較臺灣鹿皮的品質更好，在日本的售價更高。既然已經沒有擴大臺灣鹿皮出口的強烈需要，公司此後就沒有很強的動機要繼續往北擴張其影響力。[61]後來，因為中國明清交替的緣故，沿海控制不穩，開始有海盜於臺灣沿海出沒、甚至進入島內，公司於是決定趁著鞏固了雞籠與淡水的基地，派軍深入貓羅溪流域企圖掃蕩唐人海盜。

一六四四年，公司派出彭恩（Pieter Boon）上尉率軍進入大肚人的領域，搜捕唐人海盜，並希望將該區域納入統治之中；[62]但最後於一六四五年僅換得大肚領袖承諾讓公司人員安全通過這個區域而已。大抵而言，除了必須阻擋不受公司控制的唐人進入此一區域以外，大肚人仍然維持自治狀態。

由上述可知，與小琉球人相比，位於水路難及之處的虎尾壠人與大肚人，手中握有更多與荷蘭人對抗的籌碼。荷軍四度出兵攻打虎尾壠，這是因為虎尾壠人四度違抗荷蘭當局保衛他們的獵場。當時從大員出征虎尾壠，由水路迫近到底有多困難？以一六三八年出征的情況為例，當初遠征共派出二百一十名士兵，乘坐在四十八艘舢舨上，也就是每艘舢舨約乘坐四到五人。在路途中尚須將舢舨拖行越過淤淺的水道，可見這是吃水非常淺、可能不足一公尺的小船。同樣的，一六四二年那場遠征，出動三百一十人，乘坐三十三艘舢舨，亦即每艘約乘載九到十人，船型較上次征伐稍大但吃水仍很淺。兩次征伐都是從北港溪口上溯至水深無法航行的地區後，再走至少一天的行程。[63]這就說明了，虎尾壠村無法由沿岸沙灘靠岸後即登陸進入。相反的，由於無法由海灘進入，不得不採取溯溪的做法，而其位置距離舢舨溯溪停止處都還有一天的步行距離，不可謂距海不遠。至於後來一六四五年彭恩上尉率隊進入大肚人居地的路線，並非由大員北上，而是由淡水南下，走水路先進入大甲溪，才進入其領域。[64]倘若不考慮東岸的情況，就整個西海岸來說，大肚人的領域是最後才被荷蘭人所壓制。最重要的因素，仍然是水路難以接近此地。

小結：「空間」與「群體命運」

就整個臺灣西部平原而言，除了大員北邊直到北港溪，南邊直到放綀的範圍以外，荷蘭政權的存在並沒有造成多大的原住民社會文化變遷。反而是小琉球人的存在，成為荷蘭人海上活動必須剷除的阻礙，故遭受最大的衝擊，發生徹頭徹尾的改變。這就讓我們回到本章的標題：要衝與飛地。十七世紀世界史變革的動力與場合，多發生在航路周邊的要衝小島上，大島內陸則往往是歐洲人鞭長莫及、力有未逮的飛地，僅是附帶遭受時代衝擊。為了取得鹿皮，荷蘭人不得不將勢力往島上內陸的方向延展，但面對虎尾壠、大肚諸聚落，因為臺灣西海岸的特殊地形的攔阻，使荷蘭人能力受限如同強弩之末，僅足以確保己方行動時的人身安全，並不能任意改變當地人群的自主生活。從虎尾壠人、大肚人的視角來看，他們如同生活在與外界隔絕的桃花源，遠比持續面臨奇險的要衝海島來得安穩。臺灣平埔族群之所以能夠長期不受外界影響、保持自身文化，正是因為他們與他者的接觸是在廣闊的、保有轉圜餘地的空間中進行。居於要衝小島、必須且驟然與他者直接接觸的住民，卻難免反應不及，很快便失去了文化自主的命脈。

相對的，特殊地形提供的保護，也可能阻斷與外界經常性的連繫而減少文化上的刺激，使得社會形態難以朝國家型態發展。故在反思臺灣歷史發展的時候，我們必須意識到地理結構的差異，在某些特定時間點造成了臺灣島上不同人群的命運分歧。這種地理結構的影響，今日早已被人遺忘，儘管有時仍以潛在的方式會發揮作用。臺灣作為海島，跟小琉球一樣，其地理位置與周邊國家有強烈的利害關係，而臺灣人最好清楚知道這樣的利害關係如何可能在怎樣的時刻改變全島人民的命運。若認識到臺灣島的地理環境僅有少數良港，全島交通仰賴陸運這點，就會發現島內人民命運與共的狀態，其實是島民歷史發展積累的人為結果，不是源於地理結構的自然產物。

臺灣這座島嶼的寬闊腹地與多樣自然環境，使其供養著相當數量且文化多元的人群，島上人群擁有足夠在世界上立足的豐富資源，以及以一個中型國家的型態處理生存發展的天賦潛力。這些優越的條件可說是在臺灣歷史發展中長期存在、且不斷被充實的結構性力量。我以為，在臺灣人企盼集體發揮一個國家的能力的同時，需對上述結構性力量有相應的認識。下一章，我將把我對島內地理區位結構如何影響國家形成動力這個問題的反思，投射到島嶼外界，從東亞海域的歷史，來探討地緣政治結構變化對於處於無國家地帶而握有武力的人群，會造成什麼樣分歧的命運。

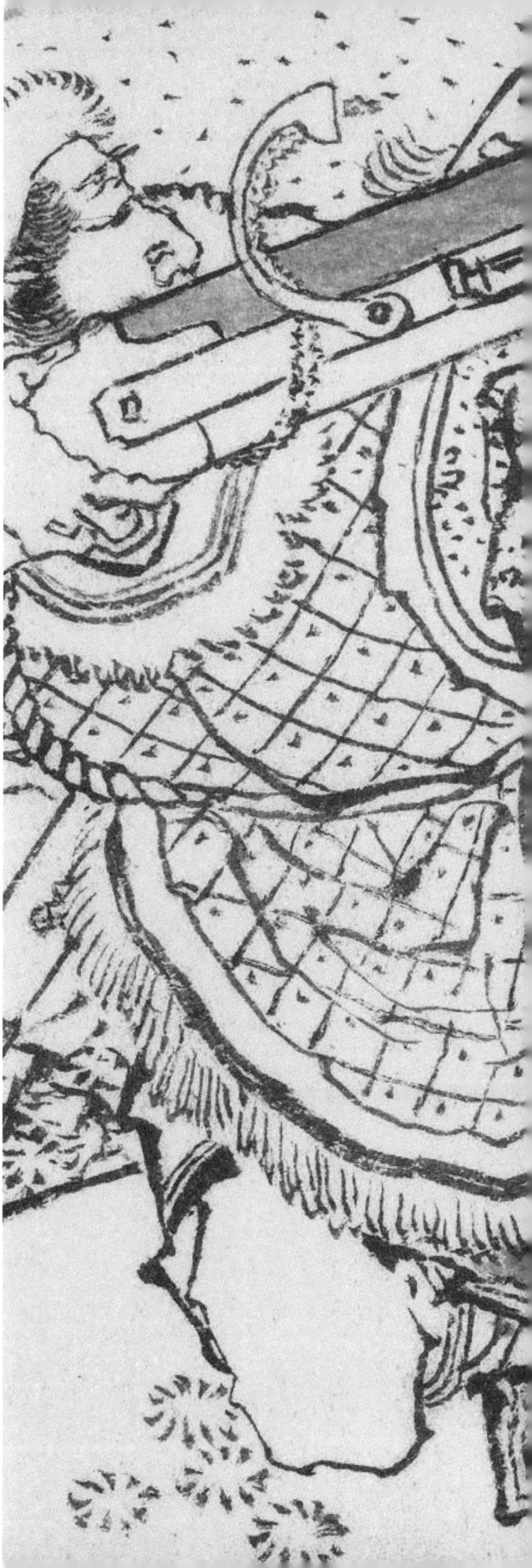

第三章

海盜還是傭兵：為何林鳳不能，鄭芝龍能？

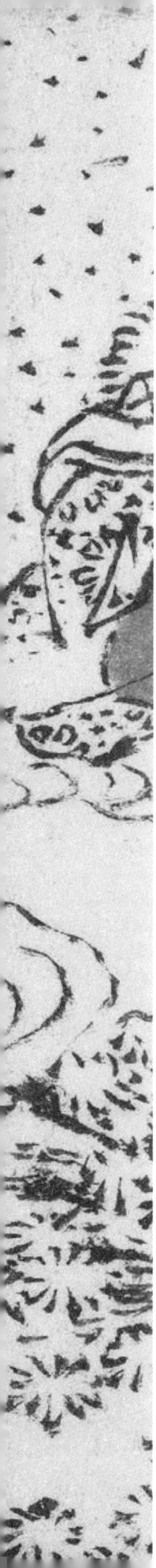

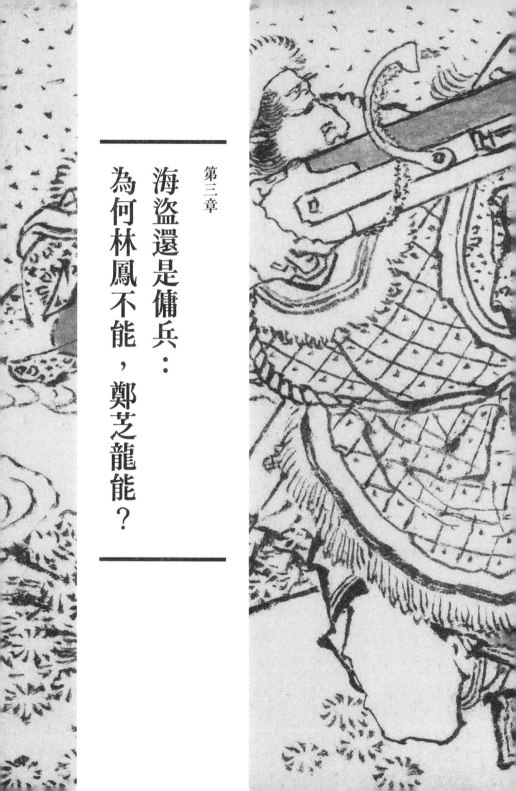

在中國文人的書寫傳統中，國家管控之外的武裝勢力，只有「俠」與「盜」兩種標籤。然而用此種思維已無法確切描述十七世紀東亞海域世界當中，活躍於早期全球化時代的人群。本章比較同為東亞海域中掌握武力的唐人：林鳳與鄭芝龍（c. 1604-1661）；分析兩人命運轉折的背後結構，藉此清楚指出東亞海域的局勢巨變，其實才是他們命運分歧的關鍵。換言之，全球與東亞歷史交會下的無國家人群活動，必須參照多維度、多層次的歷史脈絡才能真切理解。也是在這樣的複雜脈絡下，東亞海域人群的命運與臺灣島開始密切交纏。林鳳與臺灣島擦肩而過，鄭芝龍的命運卻愈來愈受島嶼發展的牽動。

海盜與傭兵

前面提到的一些位居歐洲海路要衝、位置特殊的島嶼，其中有不少從中世紀開始便是海盜窟巢。在中世紀行將結束、列國體制逐漸浮現時，海盜們也在列國王權爭勝往復的過程中被剿滅或收編。例如英國的傳奇海盜德雷克（Sir Francis Drake, 1540-1596），即是在英國王室逐步脫離天主教控制、並與歐洲大陸諸國爭雄抗衡之際，以「私掠船長」身分加入了英國海軍，而後在一五八八年西班牙無敵艦隊征英海戰中立下大功。[1]

在此需稍微介紹一下私掠船制度。私掠船是指獲得政府授權從事海戰或海上掠奪的船隻。在中世紀（五至十五世紀），貴族與平民之生活截然有別。戰爭與維持秩序乃是貴族之任務，與平民無涉，然而及至中世紀晚期，國家間戰爭規模擴大，於是開始招納平民參戰。原先於海上活動的商人、漁民，也在列國戰爭擴大的過程中被迫進入體制之中。中世紀時，因海上並無貴族控制之領土，亦無秩序維護者，商人、漁民必須自行武裝抵禦海盜。到了近代早期，列國王室相互競爭，各王室為了擴大海上戰力，遂與從事海上活動的港市商人領袖約定，倘若願撥出船隻及人員參戰，就能向王室換取減稅等自治權利作為獎賞。英國著名的「五港同盟（Cinque Ports）」，就是這樣而來的港市自治團體，在十五世紀時，經由上述協力過程，以提供民船的後勤角色，被整合到王室海軍可調度的戰力之中。這是私掠船制度的淵源之一。[2]另一則是，中世紀時海上糾紛並無上級政府仲裁，船隻遭受搶劫往往無法由公權力究辦，因此當時的習慣容許私人自行採取武裝掠奪，彌補損失。[3]若將此一習慣推而廣之，當一國與他國發生戰爭，而為國王服務的民間船隻，同理亦能以搶奪敵方船隻貨物的方式，來為國王的損失求取補償。也就是說，民間船擁有合法搶奪他國民間船的權利。不過，這並不表示任何民間船隻都能任意搶掠敵國船隻，必須證明真的為國王所託付，才能執行掠奪任務。而國王為了鼓勵民間船加入海上攻勢，也得先頒授私掠許可證（letter of marque）給船長。[4]在北海周邊列國（主要是英法荷），一旦進入戰時，透過這樣的制度，軍民於是結為一體，海戰既為國家而戰，也為自己荷包而戰。十五至十八世紀，大西洋兩岸尚未被各國劃定明確的領土，也未確立在海上執法的方式。等到世界上大部分海域皆為列國劃分，軍民分途反而成為主流，民船因此得以省去武裝成本而專注在經營上獲取利潤。[5]

西歐列國於十五世紀開始向美洲與歐亞大陸擴張。到了十六世紀，南北美洲沿岸區域與加勒比海諸島已成為歐洲人的殖民地。然而中南美洲地大物博，並非西葡殖民官僚體系可密切掌控。十七世紀前期歐洲爆發宗教戰爭，英荷兩國轉向新教，而西班牙哈布斯堡王室則儼然成為天主教代表。西班牙與英國之間戰爭亦延伸至南北美洲。在這場長期戰爭中，西班牙人以禁運為手段壓制新教諸國。英荷海軍或私掠船便藏匿於加勒比海小島，如海地、巴哈馬、牙買加等地，以及其他中美洲港口，劫奪西班牙人由墨西哥出口白銀至歐洲的運銀船隻。這些劫掠者構成了國籍、人種、身分複雜的加勒比海盜（buccaneer）。[6]在這樣複雜的局勢中，加勒比海盜反覆於列國海軍之間合縱連橫，保持其自由自主。由於他們跟德雷克一樣，也曾參與英國十七世

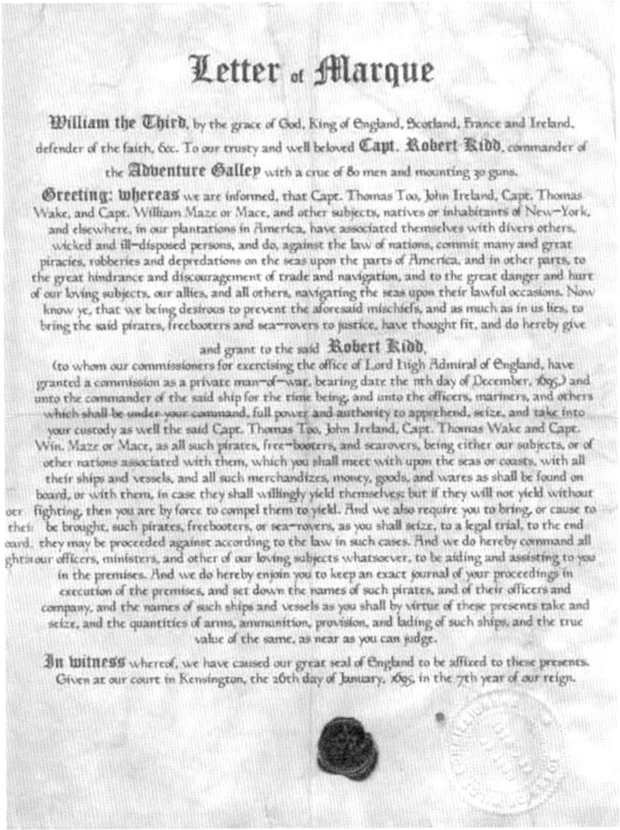

Letter of Marque

William the Third, by the grace of God, King of England, Scotland, France and Ireland, defender of the faith, &c. To our trusty and well beloved **Capt. Robert Kidd**, commander of the **Adventure Galley** with a crue of 80 men and mounting 30 guns.

Greeting: whereas we are informed, that Capt. Thomas Too, John Ireland, Capt. Thomas Wake, and Capt. William Maze or Mace, and other subjects, natives or inhabitants of New-York, and elsewhere, in our plantations in America, have associated themselves with divers others, wicked and ill-disposed persons, and do, against the law of nations, commit many and great piracies, robberies and depredations on the seas upon the parts of America, and in other parts, to the great hindrance and discouragement of trade and navigation, and to the great danger and hurt of our loving subjects, our allies, and all others, navigating the seas upon their lawful occasions. Now know ye, that we being desirous to prevent the aforesaid mischiefs, and as much as in us lies, to bring the said pirates, freebooters and sea-rovers to justice, have thought fit, and do hereby give and grant to the said **Robert Kidd**,

(to whom our commissioners for exercising the office of Lord High Admiral of England, have granted a commission as a private man-of-war, bearing date the 11th day of December, 1695,) and unto the commander of the said ship for the time being, and unto the officers, mariners, and others which shall be under your command, full power and authority to apprehend, seize, and take into your custody as well the said Capt. Thomas Too, John Ireland, Capt. Thomas Wake and Capt. Wm. Maze or Mace, as all such pirates, free-booters, and searovers, being either our subjects, or of other nations associated with them, which you shall meet with upon the seas or coasts, with all their ships and vessels, and all such merchandizes, money, goods, and wares as shall be found on board, or with them, in case they shall willingly yield themselves; but if they will not yield without fighting, then you are by force to compel them to yield. And we also require you to bring, or cause to be brought, such pirates, freebooters, or sea-rovers, as you shall seize, to a legal trial, to the end they may be proceeded against according to the law in such cases. And we do hereby command all our officers, ministers, and other of our loving subjects whatsoever, to be aiding and assisting to you in the premises. And we do hereby enjoin you to keep an exact journal of your proceedings in execution of the premises, and set down the names of such pirates, and of their officers and company, and the names of such ships and vessels as you shall by virtue of these presents take and seize, and the quantities of arms, ammunition, provision, and lading of such ships, and the true value of the same, as near as you can judge.

In witness whereof, we have caused our great seal of England to be affixed to these presents. Given at our court in Kensington, the 26th day of January, 1695, in the 7th year of our reign.

圖3.1　英王威廉三世頒授給基德船長（Captain Robert Kidd）的私掠許可證

來源：Wikimedia Commons

紀爭取自由的歷史發展，因此後來的十九世紀英語世界，往往將之描繪為一群自由不羈、大膽進取的自由鬥士。例如一八八三年史蒂文森（Robert Louis Stevenson, 1850-1894）所出版的兒童文學名著《金銀島》，便是以加勒比海盜的故事為藍本改寫。一九〇八年《金銀島》首度躍上大銀幕，隨著二十世紀美國大眾文化與傳媒的發展，加勒比海盜的形象不斷被加油添醋，疊加了愛情、動作、喜劇、冒險等元素。前些年風行一時的《神鬼奇航》系列電影，可說將此種戲劇化的文學想像，推升到了極致。[7] 所以到了今日，加勒比海盜的骷髏旗已成為象徵平等、自由、無政府、反帝國的一種符碼。這種符碼當然不全然符合歷史真實，倘若將此

圖3.2　著名加勒比海盜「黑鬍子」，其事跡經常被改編、轉化為影視或小說、漫畫素材。

來源：Wikimedia Commons

種符碼套用到其他地區的歷史脈絡中，更必定會有若干扞格。近年來歷史學家對於加勒比海盜的活動已有更深入的研究。他們發現，十七世紀中宗教戰爭進入尾聲後，隨著海戰止息，英法荷的私掠船主們也逐漸退出海域，但當時列國海軍實力尚不足以穩定控制海上情況，而在加勒比海劫掠西班牙船隻又仍有利可圖，於是許多由私掠船上退役下來的人員、失事上岸者、逃脫奴隸、越獄罪犯等，仍在加勒比海一帶從事劫掠民船的勾當。只是，此時他們不再有任何為國服務的正當理由，成為了完全為私人利益服務的海盜，必須面對歐洲各國海軍艦隊的取締。[8]

西葡在天主教壓制新教的宗教戰爭中，於大西洋戰場不免遭受英荷兩國私掠船的攻擊，同樣的，荷蘭東印度公司於遙遠的東亞也得肩負與敵對西葡勢力作戰之任務。荷蘭東印度公司一六〇二年成立當時，由荷蘭國家主權機構授與的特許狀，即明言公司官員於好望角以東的印度洋、東亞海域可以代行主權相關事務，也就是說，荷蘭東印度公司在此一範圍內可以打著荷蘭海軍的旗號行事。[9] 如果說「私掠」的定義是民間船隻以官方名義進行劫掠，那麼荷蘭東印度公司的種種作為，都可說是在進行「私掠」行為。[10] 對於不承認荷蘭共和國自行宣布獨立、不承認英國脫離天主教會成立國教會的西班牙王室來說，英荷都是非法國家，其劫掠行為無論取得私掠授權與否，都是海盜行為。總之，在十七世紀，是「海盜」還是「私掠」，需根據其劫掠活動與主權國家的關係來界定。大體而言，「私掠」行動由正當國家授權並究責，而且只有在戰爭期間才能發動，「海盜」則僅服從私人並以自身利益為依歸。[11]但由於近代早期世界各地國家發展的情況不一，國家之間的衝突最終進入簽訂條約程序來解決的時間也不一，因此海盜與私掠的區別，是處於浮動的狀態。再者，參與私掠的人員究竟是否必須身為授與其許可證之國家的國民，在近代早期也不像十九世紀那樣有明確的規定。當英荷東印度公司在亞洲水域進行劫掠時，其進行的是向國家負責的戰爭行為（私掠活動），並非海盜行為。當公司為進行私掠而僱用亞洲本地的武裝人員時，這些提供服務的人員則應該被定義為「傭兵」，而非「海盜」。① 因為他們所協助進行的私掠活動是必須向國家上級機構負責之戰爭行為的一環，不能隨己意而為之。

對於我們認識臺灣早期歷史頗有啟發性的兩位人物，林鳳與鄭芝龍，正可以用前述「海盜」與「傭兵」的差異，來解釋其形同實異的兩種生涯軌跡。林鳳活躍於十六世紀晚期，大約是西班牙人建馬尼拉城（一五七一年）前後，也因曾登陸呂宋企圖占領馬尼拉未果，進入西方人視野而為西方史冊所記載。鄭芝龍活躍於十七世紀前半，由於與荷蘭人有密切交流，所以在歐洲史料中同樣可見到不少關於他的記述。一五八〇至一六二〇年代的東亞海域，自然環境無甚改變，海域內的貿易結構也大致相同。自十六世紀初葡萄牙人進入此地後，其文化、政治上對於東亞海域的衝擊至十六世紀晚期已告一段落。十七世紀初，雖英荷兩國跟隨而入，大抵多因襲西葡人的經驗，並未引起太大波瀾。林鳳曾為躲避官兵追捕，踏入臺灣沿岸；鄭芝龍則曾於大員擔任荷蘭人通譯。林鳳船團一度前往呂宋準備殖民拓墾，卻遭到西班牙人伏擊，隨後喪失生存空間而覆滅（一五七五年後不知所終）。鄭芝龍先是結束與荷蘭人的合作，但因緣際會被大明官府招安後（一六二八年），反而與荷蘭人發展出穩定的貿易關係，並從此聲名大噪。兩個脫離閩南原籍地、欲尋求建立海外貿易事業的人物，相隔僅五、六十年，人生發展卻截然相反。這樣的對比，所反映的不只是他們個人命運的好壞，更是臺灣與菲律賓兩地歷史在世界史上的重大分歧。

林鳳與鄭芝龍，中文史籍把他們都歸類為「海盜」。但正如前面所說，若要回歸歷史脈絡加以細緻區分，私人武裝力量被歸類為何者，需考慮其與不同國家政權之間的相對關係，以及其

---

① 對於何謂「傭兵」其實學界沒有明確、一致的定義，因為專業士兵必定需要取得某種形式的軍餉。歐洲歷史上的傭兵則主要指中世紀晚期君主為了擺脫抽調封建領地上武士需達成的種種義務，而招募的外國士兵。這種招募外國士兵組成常備部隊的情況在十七世紀西歐各國均成為常態。參見：Janice E. Thomson, *Mercenaries, Pirates & Sovereigns* (Princeton: Princeton University Press, 1994), pp. 27–28.

運用武力時是否受到課責。是故，即使他們都被中國官方視為「海盜」，但若從另個角度來檢視兩人的行為內涵，就會發現兩者大不相同。就中國史籍而言，無論何人以何種目的，只要不服從朝廷對海上所發布之命令者，均為「海盜」。十六世紀中期至十七世紀前期，乃是中國歷史上海盜大為活躍的時期。當時海盜多由日本跨海而來，因此被稱為「倭寇」。其實海盜如同山賊，在邊關遠地官方力量難及之處，多有據地為王，落草為寇者，不足為怪；但「倭寇」一詞則直指日本為此一海上變亂的源頭，同時指控了這是日本族群對於中國族群的大規模暴力搶掠。這種跨越海域的動亂，是世界史上少見而值得注意的現象。要瞭解其來龍去脈，必須先瞭解自十六世紀晚期開始，不斷將日本人群從陸地推上海面，乃至跨海寇掠的整個歷史背景——既非自古以來之常例，也非人口增長之壓力，而是白銀流動所造成的市場驅力。

「海盜」林鳳探路臺灣

十六世紀的東亞局勢受到日本內部變動極大的影響。在大約一五四〇年代前後，日本因石見銀山開採白銀產量大增，明帝國則因賦役制度變革愈發依賴白銀，使兩國相互間的貿易需求和促進流通的引力前所未見地擴大。但由於十五世紀日本進入戰國時代，列島上群雄割據，導致原本室町幕府將軍以「日本國王」封號向明帝國朝貢的官方貿易管道，無法繼續使用，旺盛的貿易需求遂由民間走私貿易填補。但民間走私貿易不具官方保證與仲裁，往往訴諸暴力解決爭端，許多日本走私商人因此墮落為海寇（海盜），被中國官方統稱為「倭寇」，而「倭寇」在中國沿海引發的混亂，則為「倭患」。但事實上，這類失控走私活動的參與者中，也有不少是中國籍人員，及一些從其他地方來趁火打劫的投機者。明帝國因海疆承平日久，衛所軍制敗壞，單靠世襲戍守的兵力，無力禁絕走私活動，更遑論阻止殺伐搶掠事件。[12]

倭患發生時，受害最慘的是中國江南。江南生產的絲貨，在日本能高價出售，且水路易於往來。葡萄牙人於十六世紀因求取香料進入東南亞水域，此時見有利可圖，也北上東中國海，加入這一混亂局面，開始中介起中日間的絲銀交換貿易。一五五五年，明朝廷裡曾有人想藉由招撫海盜頭子王直（?-1560），來重建中日之間正常貿易管道，但功敗垂成。此後中國集中心力加強海岸防禦兵力，終於在名將戚繼光（1528-1588）、俞大猷（1503-1579）的努力之下，廓清了江浙沿海。迫使倭患轉入閩廣沿海。[13]

一五六七年，明廷開放福建海澄月港民船，在烙號（在船身上印烙編號）領照的情況下，可以前往東南亞海港進行貿易，史稱「隆慶開海」。烙號民船以「編甲」的方式管控，使船上平時即配備的武器與武裝人員，在戰時可以接受調遣、支援官軍。「隆慶開海」代表中國朝廷一改原以海禁消弭倭寇的消極做法，轉向積極開放海上貿易，引進民船，並提升船上人員作戰能力來阻截倭寇。這與前述西歐列國在戰爭時授權民船劫掠敵國船隻的「私掠」制度類似。只是，中國的民船並不能主動出擊攻打中國的敵國，而僅在需要保衛中國海岸時，經官府允准，暫時支援官軍作戰。月港商人因此取得了其他中國商人都沒有的出海貿易特權。他們雖不得航向日本，卻能在馬尼拉與河內（當時稱「東京（Đông Kinh）」）、廣南、柬埔寨、大泥、暹羅等地的日本僑民交易。這樣的情況頗類似於當時朝廷默許澳門葡萄牙人居留貿易，以換取海上治安平靖。[14]例如在一五六八年夏季，海盜曾一本（?-1569）率百餘艘船隻，三、四千人攻打澳門與廣州，廣州官方就要求澳門葡人與唐人基督徒協助作戰，最終剿滅了這群海盜。[15]澳門葡人更趁機掌握了中國—日本貿易航線，大獲暴利。

此後，閩廣兩省在月港商人、澳門葡人等民間傭兵的協力下，整個中國東南沿海海防體系的效能逐漸提升。本來位於閩廣兩省交界的潮汕走私商人（海盜），遭到南澳門、北月港官軍及其麾下傭兵勢力的夾擊，愈來愈難以從中日走私活動中獲利。前述澳門擊退海盜曾一本之戰，曾一本覆滅後，餘黨林道乾等人逃往南澳島負隅頑抗。隨後林道乾接受明朝官府招降，就地合法，對由廣東前往閩南出口食鹽的船隻，以及由閩南前往廣東漁撈的船隊強徵私稅。[16]即使如此，林道乾仍覺獲利不足。一五七三年春季，林道乾叛逃前往柬埔寨，「聚糧繕器，添造戰船」，於夏季再度率領艦隊返回閩廣沿海走私。[17]林道乾的船隊與東南亞各港均有連繫，史料中稱林「通安南、占城、舊港、三佛齊諸國」，嘗試於東南亞各處，建立與日本會合貿易的基地。[18]於是，有「通事」（翻譯）主動請纓，澳門葡人、唐人也有自願出兵協助者，他們上書兩廣總督，「請自治裝往擊」。[19]

一五七三年，廣東總兵殷正茂（1513-1592）出擊林道乾，而林遁走海外後，官軍矛頭繼續指向其同夥殘黨林鳳集團。林鳳諸人撤退到澎湖，表達願投降受撫，官府將之安置於潮州河渡門過冬。一五七四年春季，官軍反悔，林鳳於是率隊出逃，南奔海南島。夏季又沿海北上，直至澎湖。[20]如此反反覆覆，不服官軍者陸續投靠林鳳。至林鳳占據澎湖時，部眾已有三千至四千人，船六十至七十艘。廣東水軍一路征討，北上追擊將之驅趕至金門後，任務達成，即行撤回。隨後由福建總兵胡守仁，率福建水軍接力追捕。福建當局抓獲林鳳派遣至廈門收購米糧的商人，取得口供，發現林鳳一黨「暫往小東、魍港避兵，劫取米糧，伺七、八月北風一動，便復歸廣東原巢」。[21]所謂「小東」即是指臺灣島，「魍港」則推估為今日嘉義布袋好美里一帶。之後又有漁民劉以道回報：

六月初十日（按：一五七四年六月二十八日），有廣東賊船六、七十號到魍港地方內，將賊船十餘隻哨守港門，其餘俱駕入四十里地名新港，劫取米糧。連與番人格鬥三日，彼此殺傷甚多。番人因無鳥銃火器，不能勝賊。[22]

由此可知林鳳船隊由澎湖出發後，抵達嘉義沿海，又南下進入台江內海；登陸後壓制新港社原住民，「柵營而處」，並劫掠當地米糧，意圖載運上船。福建巡撫劉堯誨取得這個情報，便希望能聯絡原住民，來夾擊林鳳諸人。福建當局徵用了五艘民船，載運官軍一百五十人，護送劉以道等六位漁民，祕密前往新港。這群密使順利與新港人接觸，但是於七月底，他們回頭欲與大隊會合時，遭遇林鳳船隊三艘船隻盤問。不幸被識破後，他們便開火攻擊。林鳳大隊知道官軍已經前來，於是「各賊隨即開駕，出澎湖，所劫米糧固不暇收載矣」。[23]福建水師收到消息後，於八月七日由廈門開拔前往新港。當他們抵達時，林鳳一黨早已離開十日。② 明軍三千人，大約在新港（今臺南新市）一帶停留了兩星期，於八月二十四日全軍返抵廈門港。[24]同年十一月，恐怕仍是因為缺糧，林鳳一黨再度前往新港。但此次原住民已有準備。據傳林鳳因「打劫麻荳番，被栖林等番夾攻」，③損失了五百多人，故只停留了五天，又再次逃竄。[25]林鳳一黨先前盤據澎湖，一來是為了躲避官軍，二來則是希望藉機在閩南採買米糧。林鳳船隊載運了大量饑民，既不能順利在閩南一帶購得米糧，就不得不求其次前往劫掠臺灣原住民的農產。由於臺灣原住民的生活形態，主要是以狩獵而非農耕維生，所產米量不豐。林鳳一黨竄藏於臺灣，顯非長久之計，最後也只得重施林道乾的故技，遠遁海外（東南亞）。

當時中南半島各個港口都已經展開對日貿易，可以作為中日會合貿易的場所。例如最遲至

---

②湯開建，〈明隆萬之際粵東巨盜林鳳事蹟詳考——以劉堯誨《督撫疏議》中林鳳史料為中心〉，《歷史研究》二〇一二：六，頁四三—六五，見五二。當林鳳船隊逃離臺灣，途經澎湖時，因考慮米糧不足，只能將大部分人留在澎湖（「將被擄男婦逐登岸」），然後用小船潛逃（「以輕舟四、五十號直走西洋、呂宋等國」）。這些被留在澎湖的「男婦」，不久便餓死了（「澎湖枕屍遍野，不下千餘」），可見追隨林鳳一黨者多為饑民，且當時澎湖之農產亦不足以供應其所需。

③這裡的「麻荳」應該即是今日的「麻豆」，「栖林」則大概指今日的「二林」。但由於平埔原住民並未有「二林」一社，故疑此處史料是指稱麻豆以北之原住民。

一五七六年，已有海外唐人郭六官從暹羅載送暹王使節，前往日本「朝貢」；[26]一五七七年，有位江西人朱均旺，從福建海澄搭船前往交趾（越南）順化出售銅、鐵、瓷器，隨後轉往日本。[27]此時日本九州薩摩藩與柬埔寨當局也在進行官方貿易。嗣後一五七九年，柬埔寨國王還派遣使節，向九州豐後藩主大友宗麟（1530-1587）進貢；結果柬埔寨使節的船隻誤入薩摩藩島津氏的領地，藩主島津義久（1533-1611）善意告知他們：九州霸主已由薩摩藩奪得，日後進貢／貿易事務應交與薩摩藩辦理。[28]由此可知，在這段時間前後，中日商船在東南亞（尤其是廣南、暹羅、柬埔寨）頻繁接觸，大家都試圖尋找最適合的港灣進行會合貿易。

位於南中國海東側的菲律賓群島，根據西班牙人的記載，則至少在一五六七年時，已有中日船隻定期前往貿易。[29]不只如此，根據一五七〇年的記載，這時馬尼拉已有四十位唐人在此娶妻，二十位日人在此居住。一五七四年冬季，林鳳船隊短暫地停留於臺灣後，決定前往呂宋攻打馬尼拉。根據西班牙史冊的記述，林鳳船隊甚至包含了四百名日本士兵。[30]但林鳳突擊馬尼拉並未奏效，隨後轉往呂宋北部旁佳施南河口築城。西班牙當局得到消息後，於一五七五年五月攻破了林鳳的基地，此後，林鳳遂不知所終。[31]

林鳳的活動軌跡與命運轉折，和一五七〇年代起戚繼光、俞大猷積極整飭海防，不容進行中日貿易走私者在中國沿岸逗留這一形勢變化，有很大的關係。從中國沿岸地帶被排擠出來的中日走私商人，必須尋找中國沿岸以外的地點，建立替代港灣。其中當然也有前往呂宋島試探可能性者。[32]例如，一群日人曾於呂宋島密雁港築城建立基地，但在一五八〇至一五八一年間，被西班牙官員德卡利昂（Juan Pablo de Carrion）率艦隊逐出。[33]一五八二年，前述西班牙官員德卡利昂收到日本「倭寇船隊甲必丹」（甲必丹為葡語 capitão 日譯漢字寫法，泛指首領）的信件，他們自稱服膺於某個日本「藩主」，並且比西班牙人更早到達呂宋北端的卡加延地區。日本甲必丹要求，除非德卡利昂支付他大量的黃金，不然他們不會離開。雙方交涉後，日本船隊最終和平離去。學者伊川健二認為，林鳳和上述的日本甲必丹一樣，都是由中國海岸被排擠出來，前往南中國海東西兩側，尋找其他適合進行中日會合貿易基地的走私者。然而，無論是中國還是日本的海外走私商人（海盜），最後都無法在菲律賓建立穩定的轉口基地。後來，一五八七年，一艘日本商船遞交了平戶藩主松浦隆信（1529-1599）的正式文書，呈給西班牙馬尼拉當局。④

④ 松浦隆信在函中表示，他與小西行長（1558-1600），願意無償出兵協助馬尼拉總督攻伐南洋各地。這是當時官方書信常用的修辭法，表示希望建立同盟以進行合法貿易。

藉由官方書信往返，平戶與馬尼拉間建立了穩定的官方貿易管道，再無其他人能涉足呂宋—九州間的貿易。[34]

在中國史書中，始終將林鳳的海上活動以「巨寇」（大海盜）看待。本章一開始即說明，官方歷史書寫如何定義不受國家控制的人群，始終與官方如何定義使用暴力的正當範圍有關。如「倭寇」此一指稱，實與日本中央政權瓦解，無力約束日人使用暴力，明朝政府又無法藉由原本的官方管道聯絡日本政府，協調日本訪客使用武力的權限有關，於是最終以來「寇」者出於「倭」、定義這些人為「倭寇」結案。當明朝海防力量復甦，恢復沿海秩序，並實施「隆慶開海」（一五六七年）與「容納葡人居留澳門」兩措施，重建合法官方貿易管道後，原本在中國沿海從事走私活動的商人，只好逐漸退出這一地帶，轉往東南亞找尋其他適合據點進行中日貿易。潮漳地區位於閩廣交界處，原本就是走私興盛的邊境，當地走私頭子（海盜）曾一本攻澳門、林道乾走南洋、林鳳突襲馬尼拉，企圖於中國境外或邊境特區另建貿易管道，可說正是被上述背景激發出來的「自力救濟」行為。一五七〇年代後，像這樣的海盜「巢外」（於海外建立基地）趨勢愈見明顯。[35]當日本的松浦氏、島津氏與暹羅、柬埔寨建立官方連繫，並試探於呂宋建立基地或與西班牙人交涉時，潮漳走私商人與海盜也虎視眈眈算計著搶占馬尼拉。林鳳在一五七〇年間奔走南中國海的活動，可說是在貿易局勢轉變下，潮漳走私者的最後掙扎。但無論他如何努力組織眾人，在沒有確定根據地的情況下，既無法由中國獲得糧食供應，也無法在臺灣或呂宋建立一處讓海外唐人安全進行中日貿易的港灣。倘若不藉助暹王、柬王的名義，徒具武力與金錢，走私商人也難以利用既定的官方朝貢貿易管道，與中日兩國建構穩定的貿易關係。

在這沿海走私商人（海盜、倭寇）掙扎找尋活路的十六世紀最後三十年，臺灣因距離澎湖較近，近岸沙汕水文複雜，有利船隻擺脫官軍追蹤，而被海盜視為臨時躲藏、蒐羅補給的絕佳地點。不少海盜可能都曾前往臺灣探路，甚至明軍也曾大舉登陸臺灣以剿匪。但是，儘管屢有海盜嘗試落腳臺灣，但顯然都沒有建立起足以與澳門、馬尼拉、甚至琉球比肩的轉口基地。林鳳一黨是進入臺灣的海盜中，人數最為大股者。但他在臺灣的行動，僅止於躲避官軍與掠奪米穀，未有長久計畫。一旦行蹤暴露，即行逃竄，不思長遠之計。這應該是因為，臺灣當時的港灣與社會條件綜合起來，均不如東南亞他處港口便利。林鳳先是襲擊馬尼拉、失敗後轉而至傍佳施蘭（Pangasinan）築城，也都是著眼於如何建立境外中日會合貿易港。明帝國雖注意到臺灣為盜寇淵藪，但因視臺灣為版圖之外蕞爾小島，亦不曾冊封臺灣君主，使其藉由向中國朝貢，發展為附庸國。

左：圖3.3　留居馬尼拉的唐人畫像。出自西班牙人編寫的《馬尼拉手稿》（*Boxer Codex*），約成書於1590年代。

右：圖3.4　留居馬尼拉的日人畫像。一樣出自西班牙人編寫的《馬尼拉手稿》。

來源：Indiana University Digital Library

左：圖3.5　「佛朗機」是阿拉伯人對歐洲人的稱呼，這裡指的是經由印度洋進入東亞的葡萄牙人。

右：圖3.6　「呂宋夷」所指的即為統治馬尼拉的西班牙人

來源：〔明〕蔡汝賢，《東夷圖像》（1586）。

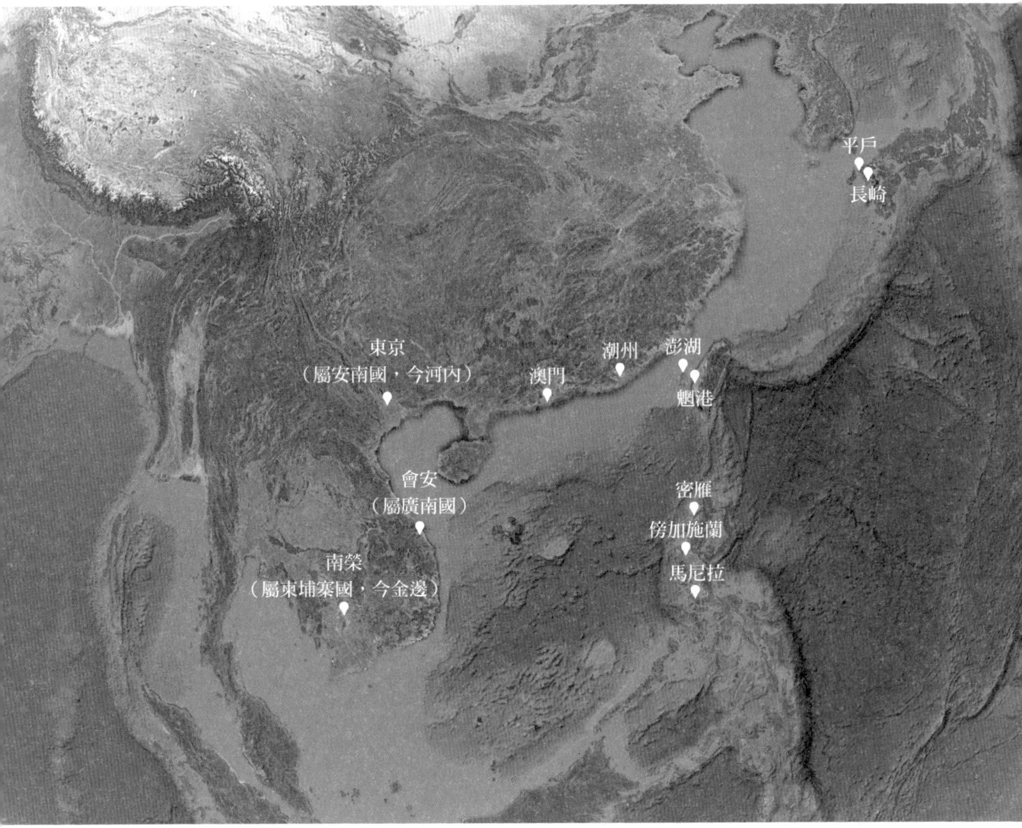

圖3.7　十六世紀晚期東亞海域港埠相關位置圖

在一五七〇年代前後，以福建海澄為中心的東西洋貿易體制與澳門葡萄牙人對日航線尚不穩定，以潮漳人為主的走私者，如曾一本、林道乾、林鳳，因此試探過在臺灣設立基地的可能。但到了一五八〇年代中期，利用安南、柬埔寨、暹羅、馬尼拉等地從事中日轉口貿易的管道（東西洋貿易體系），已相當穩定。在這些東南亞港市，四處都有唐人街與日本町比鄰發展起來，會合貿易興盛。臺灣雖然地理位置上較這些港市更適合進行中日會合貿易，卻未有唐人街與日本町出現。其根本原因，是臺灣（當時主要是指西南沿海一帶）並不具備以上東南亞港灣的優越條件。

如上一章所述，臺灣由於山高流急，降雨集中，西南沿岸河口多沉積物，並不適合深水船隻停泊。中部沿海因海埔溼地甚廣，阻絕了與外地的連繫，而西南沿海從䲁港到大員，沿岸多有潟湖，僅適合小型船隻往來，不利深水大船停泊。更不要說安南、暹羅、柬埔寨等王國，原先就有與中國合法貿易的管道（朝貢）。而馬尼拉港闊水深，比臺灣條件優越，西班牙人由墨西哥輸入白銀，更造就此地榮景。只有以下兩項條件獲得滿足時，建設臺灣為中日轉口港的企圖才能實現：（一）中國認為來自日本的威脅已徹底解除，故不在意他國人占領臺灣；（二）占領者具備相當的技術條件，得以克服臺灣天然港灣水淺的不利環境。但這兩項在林鳳等人前往臺灣的時代，都還是遠遠不能克服的問題，直到荷蘭人來到臺灣——鄭芝龍的命運轉折也跟著來了。

「傭兵」鄭芝龍落腳臺灣

前文已經提到，無論「海盜」、「倭寇」、「傭兵」、「私掠船」其實都在指稱一批自行裝備、行使武力的團體。只是各國官方會視團體與國家的關係，個別給予定義。鄭芝龍「由盜轉官」的「漂白」過程，基本上與十七世紀前期中日間貿易體制由混亂到重編的過程平行。而鄭芝龍「棄明投清」的「劣化」過程，則牽涉到十七世紀中期中國朝代更迭和東亞貿易局勢改變，也是一種平行關係。當時個別帝國、王國所控制的範圍，時有變化。所以在國家間的權力縫隙中求生的人群，其與國家的關係，也常因為東亞海域地緣政治有了變動，而不由自主地改變。在這不斷重新改寫關係定義的過程中，他們不免被官方歷史書寫視為反覆無常、不聽號令的一群人。林鳳與鄭芝龍，均被中國官方史冊視為「海盜」。不過究其實質，兩者之職志均在利用其身為濱海居民的優勢，尋求建立穩定的中日貿易管道。林鳳尋求於呂宋建立境外基地，終因不敵中日海上秩序重編的潮流而失敗。但在約六十年後，鄭芝龍做到了；他是如何獲致占有中日貿易管道的機遇呢？

這必須從一五八〇年代東亞海域的情況說起。當時中日貿易已確立有兩套間接貿易管道。

一套為容留澳門葡萄牙人，使其來回中日擔任貿易之中介者。另一套為許可福建海澄商船前往東南亞港口，利用當地唐人街與日本町的交流，在那裡與日本船隻進行會合貿易。[36]與此同時，日本內部，由於織田信長（1534-1582）、豐臣秀吉等有志一統天下的強勢領主崛起，正逐漸進行政治統合。到一五九〇年代，豐臣秀吉（1537-1598）已制服大部分本州大名，開始征服九州、四國等西南沿海大名。日本諸島的政治統合過程不斷發展的同時，中央的權威與能力亦逐步提高。一五八六年豐臣出兵攻打九州，翌年擊敗島津氏而鎮服全島。[37]為了壓制西日本大名的勢力，豐臣秀吉於一五八八年夏季發布了《海賊禁止令》，宣稱此後任何海上搶掠的行為均為非法，海上從業人員需編造名冊。倘若任何地區爆發海盜事端，主政的大名將因此受到嚴厲懲處。藉此，豐臣秀吉將過去九州大名掌握的種種海外商業活動，納入彀中，收編為其專屬事業。隨著日本戰國時代走向尾聲，沿海海盜行為又受到控制，由戰場退役下來的低階士兵，開始把眼光投向海外的日本町，尋求發展事業的第二春。[38]

一五九二年，豐臣秀吉發動征韓之役，意圖動用武力重整東亞貿易秩序，挑戰以中國明朝為核心的朝貢貿易體系。六年後，豐臣氏驟逝，由於尚未安排接班人選，日本政治秩序乃再度動搖，出征諸藩不得不由朝鮮撤兵歸國。中、日、韓三國交戰六年，韓國人目之為「壬辰倭亂」，而中國史籍則記載為「萬曆朝鮮之役」。這場大戰之後，豐臣秀吉遺留下的權力真空，使德川氏與豐臣餘黨間爭鬥不休。一六〇〇年「關原之戰」確立了德川家康（1542-1616）為實質霸主的地位，但直到一六一四至一六一五年雙方結束大阪圍城戰，豐臣氏後嗣滅絕，德川氏對於日本諸島的統治才算真正穩固。為了提升統治的正當性，德川家康於十七世紀初年即透過長崎奉行，廣泛與東南亞各國君主交換國書，頒發「御朱印狀」（海外渡航許可證）給特定船主，確立合法貿易管道，消除日人在海外的寇掠行為。[39]同樣，德川氏也試圖在不加入朝貢的前提下，重建中日間的合法直接貿易管道（所謂「勘合貿易」）。由於豐臣秀吉侵韓造成日韓兩國反日，德川氏已無法請朝鮮幫忙代為聯絡北京明廷，改為透過琉球王國，在一六〇九與一六一一年兩度試探萬曆朝廷，結果均遭到回絕。明廷顧忌十六世紀中葉倭寇造成的災難，與抵擋豐臣氏入侵朝鮮造成的財政損失，反而因此更為加緊沿海防務，堅持不與日本來往。[40]

一六一六年，以長崎為母港的商人明石道友，拿著村山等安（一六〇二至一六一六年間擔任長崎代官，主管幕府直轄地長崎之租稅等一般行政，本身因經營朱印船貿易而成巨富）所申請的朱印狀前往臺灣，以遭受風災為藉口，侵入中國閩海，將福建水軍軍官董伯起擄回日本。一年後（一六一七年），明石道友以送還官員董伯起的名義與福建官方聯繫，試圖開啟中日雙方的官方貿易。他與巡海道韓仲雍交談，獲知了明廷的底線：亦即明廷默許福建海澄船隻載運生絲前往馬尼拉等東南亞港市出售，換取白銀，而不問白銀是否來自日本；但是，若日人意圖在臺灣建立貿易基地，則明廷將視之為懷有惡意，並採取全面封鎖東南亞會合貿易的行動來反制。[41]同樣，也在一六一七年，朝鮮國王光海君李琿（1575-1641），派遣人數高達四二八人的使團，前往日本恭賀德川秀忠（家康之子，1579-1632）於大阪之戰獲得勝利。德川氏將朝鮮使團來訪一事，詮釋為前來向幕府朝貢，而壓服了日本國內的諸大名。此後德川幕府即安於與中國進行間接貿易，而無意再進入以中國為中心的朝貢貿易體系，藉中國的名義來壓服國內反抗勢力。[42]因此，儘管十七世紀初中國沿海仍有倭寇與海盜活動，但規模與組織遠小於由朱印船（日）、海澄船（中）、澳門船（葡）構成的正式貿易網絡，與曾一本、林道乾、林鳳之性質截然不同。

一六一六至一六一七年間發生的明石道友事件（日本商船入侵閩海），震驚了福建當局。此即因為如同上面所說，十七世紀初福建沿海海盜活動雖仍時而有之，但船艦規模與人員能力都與這時入侵閩海的日本船艦無法相提並論。歷經萬曆朝鮮之戰後，日本船隻規模擴大（「倭船大可丈八（寬五．六公尺），內有馬四疋（匹）」），而隨之而來的貿易商人中又有許多是歷經戰陣的退伍武士。[43]當時福建巡撫黃承玄（1564-1620），擔憂日本後續將有更大的動作，而緊急起用傭兵，以防堵再發生日本商船強行進入停泊浯嶼、銅山、澎湖水域之事：「今議再添造一十二船、增兵四百名，俱統之於欽總。而另設協總二人，一領二十舟劄守彭湖，一領十二舟往來巡哨；遇有警息，表裏應援，臂指之勢既聯，犄角之功可奏矣。」[44]這裡所說的「欽總」意指「欽依把總」，是正式通過考試（武舉）而由中央指派者。而欽總所統領的「協總」，則容許由「名色把總」擔任，即可以破格任用民間人士之意，且將以實際功績授官。[45]（明代採衛所軍制，軍人世襲，一般民間人士是不能隨意從軍的，官府也不能隨便組織軍隊。）

前面說過，約從一五七〇年代開始，福建海澄的民船在戰時可轉為軍用，澳門葡人與唐人也自願提供明廷軍事服務以換取居留通商。而福建把總王望高前往馬尼拉剿賊（林鳳），亦有當地唐人調動番兵協助。這其實清楚展現了十六世紀晚期東亞海域各地唐人街與日本町中，有不少人以出售軍事或安全服務來維生的實態。以私人武力交換酬勞，無論其表面形式是官方特許的船隻還是自願協力者，又或是軍官臨時招募的人員，本質上都是「傭兵」一類。

前述提到，豐臣秀吉自一五八八年以降，頒布管制海上武力的政策，同時日本境內的戰爭逐漸止息，使得下層武士與士兵，需前往海外另尋出路謀生。因此在漢文與歐文史籍當中，關於當時東南亞各港市日人傭兵的記載可謂拾俯皆是。最為著名的乃是山田長政，原本是出身於靜岡的最下層武士，後來卻成為暹羅國王的傭兵隊長。暹羅國王回報以特許他經營日暹貿易（見第二章）。唐人傭兵雖不如日人傭兵常見，但仍有所記載。李毓中教授曾考證一名澳門唐人培瑞資（Antonio Pérez）事蹟，指出他大約於一五八二年在澳門出生，一五九六年以傭兵的身分，參與馬尼拉當局派遣出征柬埔寨的軍隊。一五九八年，培瑞資又因船難意外，於廣東虎門一帶避難，機緣巧合下參與了西班牙使節與廣東官員的交涉。一六〇六年，培瑞資抵達西班牙南部的塞維亞，一六〇八年上呈請願書給西班牙國王，希望在馬尼拉擔任官職，並要求參與馬尼拉官方貿易。[46]如同澳門唐人、馬尼拉唐人這樣以軍事服務換取官職與貿易機會者，無論唐人或日人，在一六〇〇年前後東南亞各港市都不在少數。簡言之，當十六世紀晚期東亞海上貿易秩序恢復後，原本從事濱海走私活動的武力集團，不是遠遁、覆滅，就是被中國納入海澄與澳門貿易體系，或是遁往東南亞港市以傭兵身分加入當地政權。這些隨著東亞海上貿易秩序重建所產生的走向，即是造成林鳳與鄭芝龍兩人命運南轅北轍的第一個重要因素。

回到福建巡撫黃承玄設置的船隊協總職位。黃承玄破格任用民間人士趙炳鑒擔任協總（趙又被稱為「趙右翼」，而所謂「右翼軍」，實質上就是傭兵），[47]可以說很符合當時歷史潮流：起用傭兵來提升海防效能。⑤但在一六一七年，趙炳鑒卻利用巡航於浯嶼與澎湖間的船隊，聯絡居住在長崎的唐人海商李旦（?-1625），企圖進行中日走私貿易；除了勾結攏絡廈門與澎湖的海防軍官，他也找上藏身臺灣的李旦手下林謹吾（「東番者，在澎湖島外，去漳僅衣帶水。奸民林謹吾逋歸彼中為酋主互市，與倭奴往還」）。[48] 趙炳鑒等人此時計劃利用臺灣作為走私貿易基地的背景，則與造成林鳳與鄭芝龍命運大不同的第二個重要因素有關：荷蘭人於東亞海域現蹤。

荷蘭在十六世紀中期由於宗教與經濟因素，發動武力抗爭，脫離西班牙哈布斯堡王室的控制。由於一五八〇年後西葡王室因連姻合一，兩國對荷蘭發動禁運，制裁其經濟，荷蘭人於是不得不自尋出路前往東亞購買香料以維持經濟發展。至一五九〇年代，荷蘭人已經穩步踏入印尼諸島，開始與西葡勢力衝突。看到荷蘭人勢力在東南亞逐漸坐大，西班牙馬尼拉總督施爾瓦（Don Juan de Silva, ?-1616）決定會合西葡兩國於太平洋與印度洋的艦隊，掃滅、拔除荷蘭人；他於一六一六年率艦隊出馬尼拉港往麻六甲與葡萄牙艦隊會合，隨後這支聯合艦隊於翌年春季

⑤我觀察到，晚明衛所軍制敗壞，各處都有起用民兵以取代衛所兵的動向。一旦民兵進入軍籍後也就失去自由接案的地位，本來不再能視為傭兵，但晚明因為政府管理效能低落，軍人多有與朝廷討價還價、不完全接受朝廷指揮的情況，故此時進入軍籍的民兵，實質上仍如同傭兵。

（一六一七年）回返馬尼拉。荷蘭人探知西班牙艦隊出港消息，就趁機對馬尼拉發動了長達一季的封鎖，劫奪載運貨品前來馬尼拉的中國商船。西班牙以剩餘兵力出港反擊，荷軍才撤退。一六一七年西葡聯合艦隊返回馬尼拉後，於七月再度出航，想要大舉掃蕩荷蘭人。無奈出航後遭遇颱風，毀滅了大部分軍力。得此天助，荷蘭艦隊在東亞水域忽然居於上風，遂大舉攔截來往馬尼拉與澳門的各國商船，包括中國海澄商船。荷蘭人當時劫奪這些商船的理由，即是本章第一節所說的：歐洲各國容許交戰國間的私掠行為。由於中國官府與荷蘭之間並沒有任何國家級交涉管道，也不具備遠洋海軍，無法干預這樣的掠奪行為。反觀日本方面，因幕府接納荷蘭人於日本貿易，荷蘭人也就尊重日本船隻所持合法證書「朱印狀」，不加干擾。結果，此後前往東南亞港市交易的中國船隻完全落入了荷蘭船艦攔截的陰影之中。[49]

換言之，臺灣之所以從一六一六年開始，再度如同一五七〇年代一般受到走私者的注目，原因是荷蘭人與西葡人於香料群島的鬥爭，已擴大到馬尼拉周邊，阻礙了馬尼拉與中南半島的中日會合貿易。前述村山等安、明石道友之所以能夠取得前往臺灣的朱印狀，可能即因德川幕府眼見東南亞的中日間接貿易受阻，而有意藉他們來試探能否以臺灣為基地建立中日官方（直接）貿易管道。

一六一七年趙炳鑒想要利用臺灣進行走私活動也是基於同樣理由。他聯絡的長崎華商李旦之手下林謹吾，其真名乃是林均吾。一六一六年，英國東印度公司商館長柯克斯（Richard Cocks, 1566-1624）應李旦之邀，預計透過在臺灣的林均吾，去賄賂中國官府，打通貿易管道。後來柯克斯回顧此一投資時說：「唐商在最近的兩、三年起（一六一六至一六一七年），開始前去他們口中稱作塔加佐古（Tacca Saga）（在我們〔英國人〕地圖稱作福爾摩沙島）的地方貿易，位於中國沿岸。船隻進港的地方，則稱作澎湖群島……李旦和他的兄弟華宇船長，是在此地做最大投機生意的人。去年（一六一七年）他們送了兩艘小船去那裡，用跟廣南或萬丹比，只有半價的成本買進了絲貨。」

由此可見趙炳鑒的走私活動是真有其事，不僅是傳聞而已。不過，一六一八年福建新巡撫王士昌（1560-1626）上任，隨即找了個藉口，將趙捕獲處斬。這可能是因為明廷推斷，眼下德川幕府已放棄積極推動中日直接貿易，可以不用擔憂中國沿海遭到入侵或臺灣遭到占領，也就不再需要像趙炳鑒這樣的水軍人才，來防堵強大的日本朱印船進入其防區。[50]值得注意的是，雖然趙炳鑒濫用把總職位之便的走私事業很快就失敗了，但錄用民間人士為「名色把總」的海防制度卻沿襲下來。十多年後，鄭芝龍等人也因此有機會以民間人士的身分，取得軍職。

如前所述，馬尼拉的西班牙艦隊在一六一七年的颱風受到重創，荷蘭人便趁機開始在東亞海域劫掠所有至馬尼拉或經過澳門水域從事會合貿易的唐船，為此，李旦加碼向英國東印度公司商人購買「優遇函」，以英荷同盟的名義保障未取得朱印狀前往東南亞的船隻。荷蘭人持續封鎖馬尼拉、巡弋南中國海的結果是，日本商船要與中國船隻在東南亞港灣進行會合貿易變得困難重重。李旦盤算，手握幕府朱印狀大致便可避免英荷侵害，而臺灣這個地點因無人治理，無法確立官方貿易管道，一般認為風險較大，故少有日人投資，競爭者寥寥，於是在一六二二年順利取得了前往臺灣的朱印狀。只是他的臺灣代理人林均吾死於一六二一年，義兄弟華宇死於一六一九年，所以李旦只得自行前往臺灣組織走私網絡。[51]

一六二二年，李旦才踏上大員，同年夏季，英荷聯合艦隊便展開了攻取澳門之計畫，準備完全取代西葡人，意圖壟斷中日中介貿易（澳門）與會合貿易（馬尼拉），又在失利後占領澎湖。這導致李旦利用臺灣從事走私的計畫，受阻於明軍與荷蘭指揮官雷爾生之間的軍事對峙。澎湖把總方輿在荷蘭指揮官與福建巡撫商周祚（c. 1577-?）之間周旋，一方面讓巡撫以為荷蘭人即將撤出，另一方面讓荷蘭指揮官以為巡撫已經答應進行貿易並永久禁止福建海澄商船前往馬尼拉。由於荷蘭人並未撤出澎湖且持續阻擋福建船隻前往馬尼拉，一六二三年夏季，新任巡撫南居益（c. 1565-1644）認定方輿欺上瞞下，將之打入大牢，雙方回復軍事對峙。一六二四年，繼任雷爾生的長官宋克（Martinus Sonck, c. 1590-1625），邀請李旦前來斡旋。明荷雙方商討後，荷蘭方面暫時不再堅持福建當局必須禁航馬尼拉，明方則口頭承諾將提供貨物至大員（臺灣安平），荷蘭人遂撤退到大員。[52] 荷蘭人落腳大員後，按照李旦的規畫，等待李旦的心腹許心素（?-1628）取得澎湖把總職位，即啟動新走私網絡。[53] 鄭芝龍當時仍是李旦手下，只是個在荷蘭人、李旦與許心素之間負責溝通聯絡的小角色。但隨著李旦驟逝，鄭芝龍的地位突然重要起來。

隨著十六世紀晚期以來東亞海域中日會合交易秩序日趨穩定，人員私下流通的狀況，亦漸漸普遍起來。唐人經由海外唐人街之轉運，前往日本，亦非中國官方管轄所能及。結果是除了日本朱印船航向東南亞海港之外，東南亞諸國船隻也能航向日本進行貿易。而所有的船隻幾乎都能載運唐人前往日本，日本九州的對外港埠也都有唐人街形成。李旦即是長崎、平戶唐人街中最有勢力者。[54] 他居留於日本，遙控手下進行中日貿易。鄭芝龍也是這夥海上漂移混合人群中的一員。他在澳門受洗而取得天主教名「尼可拉斯．一官」，想必葡語有一定的基礎。一六二四年，李旦周旋於福建官府與荷蘭人之間，可能因為需要使用葡語跟荷蘭人溝通，於是推薦鄭芝龍擔任通事（翻譯人員），負責協調荷蘭人的行動。[55] 一六二五年春季，荷蘭人剛撤退到大員幾個月，宋克長官仍派遣船隊前往呂宋，一方面繼續攔截任何預備進入馬尼拉的中國船隻，一方面執行巴達維亞當局（荷蘭東印度公司亞洲總部）的命令，去菲律賓海域補給繞過南美洲火地島、由南太平洋航路前來攻擊西班牙船艦的荷蘭國家艦隊。由於荷蘭船隻吃水較深，在攔截中式帆船時，可能讓對象從淺水區域逃走，所以宋克決定僱用鄭芝龍率領唐人士兵，乘坐三艘中式帆船，協助此一任務。為了讓鄭芝龍一黨能與荷蘭艦隊齊心協力，宋克承諾所有唐人士兵可與荷蘭僱用的士兵擁有相同的薪水與撫卹待遇，並且有足夠的彈藥、武器，最後也會遵守雙方契約來瓜分擄獲品。一六二五年底李旦突然過世之後，鄭芝龍並未被李旦心腹許心素收編至走私網絡之內，而是繼續按照與荷蘭當局的約定，掃蕩臺灣海濱不服從荷蘭當局的小股走私者。56

前面說過，一六一七年西葡艦隊主力遭遇風災沉沒，荷蘭人趁勢大舉攔截前往西葡人所治理貿易城鎮的商船。距離臺灣較近者，為馬尼拉與澳門。鄭芝龍既然參與了封鎖馬尼拉的行動，理所當然也會協助封鎖澳門。由於澳門—日本之間的往來船隻均會經過南澳島，因此荷蘭人也在附近巡曳以劫掠路經南澳的貨物。一六二六年鄭芝龍便於南澳劫船，繼續他受僱於荷蘭人的傭兵事業。他們必須在此劫奪所有往來馬尼拉與澳門間的船隻，或是由福建廈門往來澳門或麻六甲的船隻。正巧漳泉兩府此時遭遇了嚴重的旱災。旱災導致饑荒，但福建巡撫為了壓制海盜，阻擋他們取得糧食，竟然發布米禁，禁止人民從海上前往廣東（主要是潮汕地區）收購米糧。但大量的饑民仍不顧禁令前往潮汕就食。鄭芝龍於南澳遇上了由泉州同安來的大批饑民，他決定出手干預，攻打廈門水師以解除米禁。

一六二七年七月，鄭芝龍率領其傭兵隊與麾下饑民，於銅山附近大敗水師船隊，乘勝追擊至廈門港。廈門副總兵俞咨皋於十一月向荷蘭的臺灣商館長德．韋特（Gerrit Fredericxzoon de Witt，當時代理長官之位）討救兵，暗示若荷蘭人與他合剿鄭芝龍一黨成功，合法的貿易地位將唾手可得。一六二七年荷蘭當局確實派出艦隊於廣東大星攻打鄭芝龍，但因顧及過往合作關係，未有激烈衝突。一六二八年初，鄭芝龍率領饑民圍攻廈門，俞咨皋改裝潛逃，此時已改投明軍擔任下級軍官的許心素則遭到殺害。泉州府的仕紳們「遣人往諭退舟海外，仍許立功贖罪，有功之日題予職銜」（派人勸鄭芝龍把船隻開到邊境以外，答應他日後可以將功折罪，等到真的立功那一天就轉正職），福建巡撫朱一馮（1572-1646）同意仕紳們的建議，最後「給一劄而受其降」（寫個公文承諾接受鄭芝龍投降）。此後，鄭芝龍就在巡撫「給予冠帶」（發放制服）授予虛銜的情況下，先提供明帝國軍事服務，藉此換取監護海上貿易管道的職位，介入貿易活動以取得經濟利益。[57]他並進而利用「名色把總」的制度管道，憑藉戰功獲得軍職「實授」，逐步成為明帝國正式的高階軍職人員。此外，許心素死後，鄭芝龍自然而然取代了其地位，成為廈門、臺灣之間貿易管道的中心人物。

一六二九至一六三三年間，鄭芝龍掃除了廈門區域的海盜，荷蘭大員當局則挺過了朱印船的強勢競爭（所謂「濱田彌兵衛事件」），廈門（鄭芝龍）與臺灣（荷蘭人）之間的合作貿易管道至此穩固下來。[58]與此同時，由於德川幕府顧忌九州天主教徒，而決定採取鎖國政策（一六三三年開始逐步進行，一六三九年徹底完成），這使得荷蘭人在商業上最大的競爭對手——澳門的葡萄牙人（天主教徒）——此後逐漸淡出中日貿易。鎖國政策一出，幕府也不再發放朱印狀，並將海外日人召回。於是，鄭芝龍與荷蘭大員當局乃於一六三四年後，成為經營中日貿易的唯二兩大勢力，雙雙邁向事業頂峰。[59]直到一六四四年清兵入關前後，中國內部戰亂，雙方合作基礎才出現動搖。

一六三三年後，為了確實經營中日轉口貿易，荷蘭大員當局投入巨大成本加固、擴建熱蘭遮城。一六三四年熱蘭遮城主堡竣工，十九世紀時仍可見殘存北邊門額上刻有「熱蘭遮城堡一六三四年落成（T' CASTEEL ZEELANDIA GEBOUWED ANNO 1634）」字樣，遙想當年荷蘭人應是雄心萬丈、意氣風發。[60]臺灣本島殖民事業多奠基於此時。一六三五年臺灣產出了第一批蔗糖樣品，並且首次被寄送到世界上其他地方。[61] 一六三六年荷蘭臺灣長官普特曼斯（Hans Putmans）召開首次將本島各地原住民村落連結起來的「地方會議」。一六四四年熱蘭遮城主要結構大致完工，在城堡對面設立的唐人市鎮已登錄產權，[62] 一六四六年則開始登錄臺灣本島其他地方的新墾土地來徵稅。[63] 這是臺灣真正開始發生巨大變化的時期，島嶼歷史從此捲入任誰也難以預期的超展開劇情之中。前文說到，想要在臺灣建設中日轉口貿易港，必須：（一）中國認為來自日本的威脅已解除，容許臺灣被占領；（二）占領者具備優越技術條件有能力使用臺灣港灣。這兩個條件都在一六三〇年代因為歷史的偶然與巧合，得到滿足。鄭芝龍也因此一歷史機遇，成為與荷蘭人一起瓜分中日貿易利潤、舉足輕重的「海上傭兵」領袖。

小結

林鳳一黨可說是十六世紀曾經侵入臺灣最大的一股勢力，然而他藉著避難試探臺灣的行動，是潮漳走私商人不得不尋求新出路的結果。林鳳的嘗試最終失敗，這也反映了臺灣因地緣政治、貿易結構與自然環境的阻礙，當時尚不適於發展會合貿易。相對的，鄭芝龍則是身處於

圖3.8　十九世紀日本浮世繪畫家筆下的鄭芝龍形象，頗符合於其「海上傭兵」的本色。

來源：〔日〕葛飾北齋，《萬物繪本大全圖》（1829）。

十七世紀以日本為基地的唐人貿易網。當唐人的貿易網絡遭受英荷／西葡衝突干擾後，他這位在日唐人藉由臺澎海防制度上的變化（開始破格任用民間人士擔任海防軍職），取得突破口，而最終占據了關鍵性的地位。甚至，在日本採取鎖國政策之後，鄭芝龍與荷蘭東印度公司更順勢獲得空前未有的高額貿易利益。地緣政治、貿易結構突然間都成為其助力，而荷蘭人拿手的西歐航海和城堡建築技術，則突破了臺灣自然環境的限制，使不可能成為可能。在鄭荷兩大勢力的影響下，臺灣成為十七世紀全球貿易網絡中的熱點，熱錢滾入，造就了唐人農業殖民的基礎。

林鳳與鄭芝龍都曾落腳臺灣，他們本身對於臺灣居民的直接影響甚為微小，但他們的行動卻反映了地緣政治、貿易結構與自然限制，是以何種方式作用於臺灣歷史發展的航程之上。六十年前後的世界變化，使遊走於國境邊緣、穿梭於東亞海域，且都身懷武藝、糾集眾人營生的兩人，有了完全不同的際遇。他們是「海盜」還是「傭兵」，其實端視他們與對手國家的互動而定。從這個角度來說，由於林鳳與鄭芝龍一開始便未決定永遠歸屬於哪一個國家，本來注定是「沒有歷史的人」。但這兩人的命運卻無獨有偶都與臺灣歷史發生了關連，足見這座島嶼在各種層面上逐漸成為時代焦點，正在悄悄發生一種世界史層級的複雜變化。

Por el Embocadero de S.n Bernardino
S.n Bernardino
Nueva España
CATANDVANES
YBABAO Ó SAMAR
LEYTE
BOJOL
TICAO
Pandan
Bagamanoc
P.ta de Montusar
Albay
Baga Rey
Biri
Tabones
Batag
C.o del Espiritu S.to
Palapag
Catubig
Mongolbongol
Diamante
Dalupiri
Gibatong
Tagapola
Limancauayan
Malagui
Maripipi
Catanguan
Panamao
Biliran
Capitancillo
Palompong
Carigara
Dagami
Dulac
Burauen
Baybay
Abuyog
Tubig
Sulat
Borongo
Pta Aguan
Tobabao
Manican
Guiguan
Omonhon
Buenas Señas
Cabusao
Candaya
Bantayan Viejo
Zebu
Mandaui
Tabisay
Limasaua
Panaon
Sogor
Gigatangan
Masbate
Capul

第四章

唐人二代目：鄭森與何斌的困境

阿拉伯古諺云：「人之肖似其時代，甚於肖似其父親。（Men resemble their times more than they do their fathers）」史家布洛克（Marc Bloch）在《史家的技藝》一書中，藉此指出對待歷史事實不應「因名害義」，為了臧否現實的需要就扭曲了整體歷史脈絡裡面人與人多樣的互動關係。[1]鄭成功（1624-1662）與何斌均為臺灣史上著名人物，儘管都是活躍於歷史舞臺的同時代人，亦有諸多相似之處，但卻幾乎沒有被人相提並論比較過。鄭成功因與荷蘭人的熱蘭遮城一戰而為人所知；何斌則因在戰前由荷營投奔鄭營而史冊留名。時至今日，兩人彷彿只是一場固定戲目的主角與配角。每當故事被重述一遍，即各自就定位，配合觀眾腦中響起的旁白敘事重複演出，善惡褒貶已盡在不言之中。「鄭成功」成為「先賢先烈」模版之一，而「何斌」則僅是鄭成功攻臺故事中的活道具而已。這樣的歷史認識當然是過去中國史書強烈的實用教化導向所造成。回到他們所處的時代來看，這兩人「與時代的相似處」恐怕比他們人品高下和出身高低的差異要來得多。本書更關心的是「人與時代」。藉由他們的故事，將世界發生重大變化時刻唐人在東亞海域碰到的機遇與局限展現出來，其實對我們當代臺灣人更有啟發。

唐人二代目

眾所周知，鄭成功是鄭芝龍在日本娶妻所生。日本淨琉璃劇目以「和唐內」稱呼鄭成功，「和唐內」即為中日混血之意。從目前史料來看，難以確知何斌是否跟鄭成功一樣有此種混血背景。但何斌家族自父輩即居住海外（推測為馬尼拉），且與日本有密切的貿易關係則為事實。如同上一章所說，一五七〇年代以後，中日間的貿易活動多發生在海外，這種特殊的間接貿易結構，使得東亞海域出現許多海外唐人社群。生長於這樣的移民社群當中，兩人都是不折不扣的「（海外）唐人二代目（第二代）」。

在中日海外會合貿易據點，唐人街往往與日本町比鄰，一個個安家落戶的海外唐人後代，自然是在跨文化的環境中成長起來。他們的一生，亦在此廣闊的唐人貿易網絡中穿梭，在複雜多元的族群之間周旋，伸展其拳腳。一些影響東亞海域世局的大變動：如中日韓壬辰戰爭、兩次馬尼拉屠殺唐人事件（一六〇三年、一六三九年）、日本禁教鎖國（一六三三至一六四一年）、中國明清鼎隔（一六四四至一六八三年），以及西荷戰爭（一五六八至一六四八年）、葡荷戰爭（一六五三至一六六二年）等等，兩家均受到不等的衝擊。在跨文化環境中生存的兩位唐人二代目，面對世界倏忽萬變的時局，只能奮力與命運相搏，構成兩個曲折又相似的故事，可說是當時東亞海域唐人網絡的世代縮影。

兩人海外生涯的轉折點，都發生於一六三九年左右。這一年，可能因為馬尼拉發生屠殺唐人的事件，何斌的父親遂決定將家族貿易轉向日本（長崎）—廣南路線，而與熱蘭遮城的荷蘭人接觸漸增，最後促使何斌投入荷蘭東印度公司旗下。同一年，因日本採取禁教鎖國政策，排除天主教國家勢力，葡萄牙人從此不得其門而入，鄭芝龍與荷蘭東印度公司的貿易收入反倒因此受惠一飛衝天。鄭芝龍也積極培養鄭成功接受中國傳統教育（時名森，年十五，補弟子員），期望他未來能從科舉競爭中脫穎而出，加官進爵守護家族事業。[2]兩個家族都由於海外事業的擴大而各自向不同國家的官方靠攏。鄭氏家族因鄭芝龍擔任南澳副總兵，成為明朝對南海各國事務性協商的總領袖，且與荷蘭東印度公司合作瓜分了中日間接貿易，聲勢如日中天。何斌之父何金定（Kimting，音譯）則因擔任荷蘭東印度公司幾任大員長官之翻譯，受到高度信任，而逐漸打入臺灣本地的貿易與開發事業。在這個歷史節點之後，兩人的命運分歧，分別和各自的政治盟友——大明朝廷及荷蘭東印度公司——緊緊拴在一起，再也無法由急轉直下的政治局勢中抽身。

在講述兩人各自的生命歷程之前，需先簡述孕育他們成長的海外唐人世界。上一章提到，十六世紀晚期東亞海域受到中日交惡的影響（倭患與朝鮮之戰使中國對日本極不信任），必須透過第三地進行會合貿易。西葡人進入東亞海域後，因中日兩方的默許，澳門葡人取得了中日貿易的中介地位，也就是直營權。西班牙國王則因不願美洲白銀大量流向中國，不欲與中國開通直接貿易，而以馬尼拉作為西班牙白銀流入中國的轉口港。與此同時，正逢「隆慶開海」（一五六七年），福建海澄商人獲得特許得以前去馬尼拉交易，海澄月港的收入因而暴增。鄭芝龍年少時投奔在澳門經商的舅舅，後來就是以澳門唐人的身分，透過當地葡人建立的合法貿易管道，開始經營中日貿易。許多居住於馬尼拉的唐人，同樣也會利用這樣的身分優勢，流轉於西葡貿易網絡諸港市——長崎、馬尼拉、澳門、麻六甲、摩鹿加——從事貿易活動。西葡兩國之間，雖然在一五八〇至一六四〇年間，因王室合併同屬一國，但雙方高層都不願分享貿易利益，而刻意不與對方的貿易城鎮進行交流。此時，身分曖昧的葡屬／西屬／日屬唐人，便成為溝通兩方貿易城鎮的最佳代理人。由於一五六七年開始，明朝官方容許福建海澄月港船隻合法前往南洋地區貿易，閩南人於海外出沒成為常態。他們之中有很多人前往澳門歸化定居，成為廣東官方難以依法管轄的對象，其貿易利潤與置產投資，也多分布於東亞海域屬於西葡兩國貿易網絡的貿易據點。可以推知，當其中有人的資產增加到一定數量，貿易週期拉長而脫離小販跑單幫式的買賣模式後，必然尋求某種法律保障來鞏固事業並繼續累積財富；如果遇到商務糾紛與海上安全，也必須找當地政府協助。於是，在一趟航程中投入較多資產的諸船主往往會組織起來，代表和他們同艘船上的大小商人出面發聲，這些船主即所謂的「船頭」（nachoda，或稱「舶主」、「舡主」）；而各個港市的當地領主或君王則任命「港主（shabandar，多為唐人）」來擔任官方與貿易商人的中介者與管理者。在澳門與馬尼拉，唐人改宗天主教或學習西葡語者（兩種語言極為相近）所在多有，唐人、日人、歐洲人、馬來人及種種混血人士間的生活交織，異常密切。

一位義大利商人卡列提（Francesco Carletti, 1573-1636），一五九六年夏季由美洲抵達馬尼拉。他親自探訪了馬尼拉的唐人、日人雜居區「澗內」，並見證了一場大火：

> 澗內是由藤木築起，並且以樹葉覆蓋屋頂的房舍跟商店所組成的。火苗竄燒起來，幾個鐘頭就燒毀了（無數）各式各樣的貨物。可憐的唐人與日人承受了無法估計的損失，因為這裡的商店太過密集了。本來這裡的商店是出售各種手工製作的高價商品跟（精巧）的工藝品。唐人與日人（供給西班牙人所需），把這樣的貨物賣給西班牙人，又在西班牙人治理下

生活。他們的西班牙護民官，也參加他們的活動並且照顧他們的需求。當我在那個城市時，我看見那個護民官用保護的〔身體〕姿勢把人逗笑，對我來說有點難以理解。一個唐人因為造偽幣被抓，而被判處逐出本市與本島。這個人，因為不想離開本市與本島，向那位護民官抱怨說：想要上訴，改變判決。結果這個悲哀的人非但沒有減輕刑罰，反而被判絞刑。他本來是敬拜偶像的人，卻在刑場表示願意受洗，以善良基督徒的身分受死。[3]

在這寥寥數語的簡短敘述中，西班牙官員與當地唐人跨文化社會生活的景象，躍然於紙上。另一位義大利人達瓦羅（Marcus d'Avalo），曾於十七世紀前期遊歷澳門，也陳述了他所目擊的唐人生活景象：

在澳門市內，有些體面的店鋪，還有許多唐人，帶著絲貨、一包包的貨物繞著房舍行走，來叫賣。當前述唐人聽聞，有外國船隻從海上抵達且載有白銀，他們當天會立刻跑來銷售他們的貨物。〔他們〕人數頗多、充滿熱忱，〔澳門〕當局必須使用武力，〔才有辦法〕把他們從商館前攆走。他們〔這些唐人〕是非常渴求金錢、白銀，又自私自利的民族。[4]

達瓦羅又提到澳門唐人經營澳門與馬尼拉間貿易的情況：

居民（按：多半是唐人）乘著季風航行到馬尼拉去，而不只是前往日本。葡萄牙人由此處出口絲織品、白生絲線、棉與麻布、瓷器、各種珠寶，還有硃砂、水銀、錫、蘆薈，以及其他的物質與礦產。他們在四月以三到四艘西洋快艇或是中式帆船，乘著向南吹的季風出發，然後通常會在十月歸返。5

圖 4.1　十六世紀晚期澳門城居生活示意圖

來源：Johann Theodore de Bry, Johann Israel de Bry, eds., *Les Petit Voyages* (Frankfurt: Johann Theodore de Bry& Johann Israel de Bry, 1607), Vol. 8: Indiae Orientalis par Octava. 取自 Wikimedia Commons。

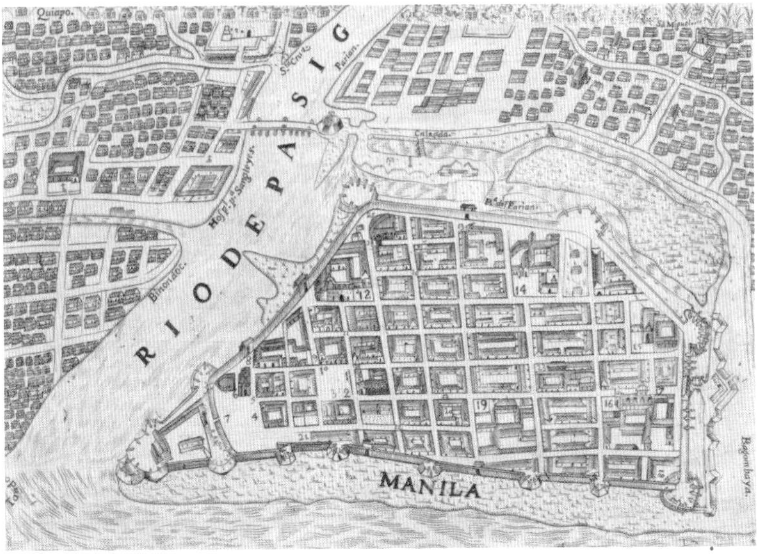

圖4.2 十八世紀初期的馬尼拉。城外河的對面處為唐人街（澗內）所在。

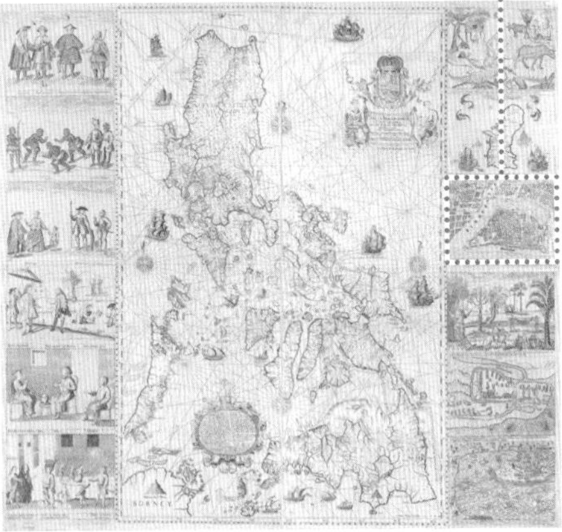

來源：Pedro Murillo Velarde, "Carta Hydrographica y Chorographica de las Yslas Filipinas Dedicada al Rey Nuestro Señor por el Mariscal d. Campo D. Fernando Valdes Tamon Cavallo del Orden de Santiago de Govor. Y Capn." 1734, Manila. 取自 Library of Congress, Geography and Map Division.

可見馬尼拉與澳門雖然分處西葡官署統治之下，但對於澳門與馬尼拉市唐人而言，根本屬於同一個語言與制度環境，很容易在兩邊流動經商。

更為重要的還有一五七一年由大村家支持建立的長崎市，設立時即成為與西葡兩國「南蠻人」貿易的港市。此一港市由信仰天主教的大名、武士管轄，主要居民則是往來於澳門、馬尼拉等地的天主教貿易商人。一五九三年，一位隸屬於水戶藩下的家臣大和田重清，曾被派往長崎購買禮物，以備藩主由名古屋歸藩賞賜之用。他的日記也提供了我們一窺當時長崎港市概況的機會。

一五九三年八月二十五日日，我們黎明由平戶出發，且在中午前抵達〔長崎〕。我把在平戶收到的信送到亞歷山大的宅邸。但是戶主不在。我在市中遊歷直到傍晚。我住的地方，戶主叫作Rinsu（按：Luis？路易？），他哥哥則叫作雅可布。後者帶了兩副鈴鐺還有三條南蠻食物叫作Pan（按：麵包）的給我。我帶了一把小刀和扇子前去向他致意，卻沒人在家。後來戶主的人來看我，我請他吃了一餐的糖拌麥片。我也僱請他來幫我跟南蠻人做生意。我買了兩軸綢緞，計一一〇匁〔銀兩〕（按：匁為日本重量單位，一匁三．七五克，約十分之一兩即一錢重），半斤麝香也是一一〇匁，但這也包含給泉先生的份在內。房租包含在這些費用之內，是一匁五分。我還買了三個壺，每個八匁。送給房主兩付扇子，一具匕首。

八月二十六日，我前去觀賞黑舟（按：葡萄牙船）和白舟（按：唐船）。前去拜訪亞歷山大，同飲清酒。我請兩位船長吃麵包，一起喝清酒。然後買了三斤的琴酒和三個壺，每壺八匁，一軸綁緞計六十八匁。另給付了三匁給中間人，是用官銀付的。後來把麝香切開分好。又買了重三三六匁的琴酒，花費三十二匁九分，這樣就給藩主買了重七二〇匁的琴酒，剩下十匁四〔銀兩〕給我自己。[6]

大和田一行人，除他本身之外，尚有兩名保鏢、兩名挑夫，五人居住於長崎共四日。他們住進葡萄牙人宅邸後，每天都由戶主中介進行交易，採購海外進口的珍異貨物、軍火武器等。雖然此例當中所說的主要是一位葡萄牙人戶主，仍可依此推知唐人戶主進行貿易的方式應該與此相仿。

長崎有一沿岸街區：船津町；這一街區以低價投宿聞名，日本商人、遊方匠人、水手都在這裡暫居。街區前方的海灘適合往來九州各地的小舟停靠，因此葡萄牙人之外的其他外國人，也都於此地投宿。一六一六年一位英國商館的業務人員威爾摩（Edward Wilmott）與其日本僕役，受到船津町附近唐館（China House）戶主歐陽華宇的招待，免費在那裡住宿了一個月。這位歐陽華宇，正是著名唐人甲必丹（即唐人僑民領袖）李旦的結拜兄弟。[7]

在海外唐人世界中穿梭的唐人海商，不但具備多語能力，也有豐富的跨文化交流經驗，更不拘要於哪個城市累積資產。但與他們相關的漢文史料記載卻相當稀少。從一五六七年福建人能夠從海澄合法出海貿易開始，到一六二四年鄭成功於日本平戶出生為止，已經超過五十年，大致足以在東亞海域孕育出一整個世代合法經營外貿的唐人海商。因此當我們提到李旦這樣的日本僑民領袖，或許不該將其興起當成是中國沿海歷來海盜勢力的延續或表現，而應當成是十六世紀晚期東亞海域各處會合貿易，所產生的跨文化社群孕育出來之碩果。這樣特別具備「普世主義（cosmopolitan）」屬性的一群人，在面對十七世紀以來急遽變化的世局時，也採取了多元紛呈、令人目不暇給的戲劇化應變方式。

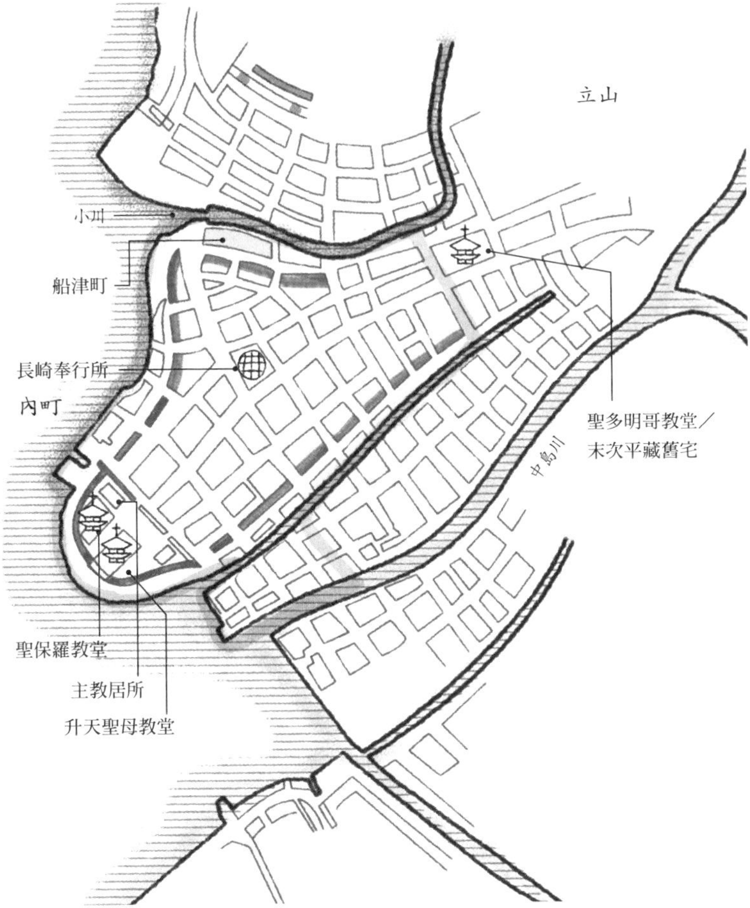

圖4.3 1614年長崎市街復原圖

來源：重製自Reinier H. Hesselink, *The Dream of Christian Negasaki: World and the Clash of Cultutes, 1560-1640* (Jefferson, NC: McFarland Publishers, 2016), p. 143, "Reconstruction of Nagasaki in 1614."

熱蘭遮市鎮與何斌

何斌的父親何金定，即是這樣通曉外語並且具備跨文化生活經驗的唐人。他早年的經驗，應該與馬尼拉頗有關係，也能流利運用西班牙語。一六四二年，荷蘭東印度公司當局發兵攻下雞籠與淡水的西班牙人駐地，隔年，何金定即開始受僱於臺灣荷蘭殖民當局擔任通事，主要協助戰爭結束之後的行政交接、設施改建等等事宜。其後他也曾向公司提起，要將赤崁所生產的砂糖出售到馬尼拉去。他在臺灣發展自己事業，與他為公司服務協助北臺灣事務，大致齊頭並進。由於荷蘭東印度公司並不需要雞籠的港灣來轉運馬尼拉的貨物，並傾向盡量阻止原住民與唐人在淡水河口多接觸，故將雞籠的城堡大部分拆除，但花費數年逐步將淡水的碉堡「安東尼堡」（即今「紅毛城」）完善化，在十年間確立了對臺北盆地原住民的統治。在此期間，往往需要由大員派遣小船前來淡水補給安東尼堡乃至於雞籠北荷蘭城的駐軍，以及聯絡雞籠、淡水兩方。同時，公司也組織了臺北盆地平埔原住民的集會：「北部地方會議」。

荷蘭人建設北臺灣的過程中，但凡燒製石灰、取得建材、尋找金礦等事項，都仰賴通事協助。何金定因此在荷蘭人心中的地位愈加穩固。根據〈一六四三年熱蘭遮市鎮地籍簿〉的記載，何金定擁有K街區一、二號的房舍，隔壁三號則住的是培德（Thomas Pedel, ?-1661）中尉，亦即後來漢文史料稱的「拔鬼仔」。[8]培德是荷蘭烏特勒支人，祖上可能來自英國，大概一六二七年左右已在臺灣，一直負責防衛臺灣的工作，直升到上尉，最後於一六六一年鄭成功攻臺時率兵抵抗而陣亡。一六四二年荷蘭東印度公司派兵攻打雞籠時，培德既已擔任中尉，可以想見他在戰後北臺灣整頓期間，應該擔當了不少任務，包括前往東部探索金礦所在。[9]培德也當過淡水紅毛城的駐地首長。[10]何金定與培德兩人，可能就是因為都有涉入北臺灣建設業務而日趨熟稔。這段期間，何金定也獲得公司的許可，將淡水的硫磺礦，直接出口到福建去，換取當地的磚塊。這些硫磺礦或許有不少進入了鄭芝龍的軍營，因為他當時正在籌集戰備物資，準備前往遼東打擊逐漸興起的女真勢力，硫磺是製造火藥的基礎原料之一。何金定也曾從大員派遣小舟，前往澎湖協助暹羅商人的船隻卸貨。

所以到了一六四五年，何金定已經被認定是熱蘭遮市鎮唐人領袖「架必沙（Cabessa）」之一。此時何金定在大員所累積的資產，足以讓他擴大經營轉口貿易的生意了。他不但取得熱蘭遮城荷蘭當局的同意，將自己的貨船派到呂宋島的傍佳施蘭，去跟當地原住民交易；在一六四六年初，他還派自己的親兒子何斌押船，從大員輸送貨物到大泥（位於馬來半島中部東側，今泰國北大年府）去交易。何斌獲得這個機會，展現出更大的雄心，他不願從大泥直接回返大員，而是繼續前往廣南與長崎交易。何金定確定自己已獲荷蘭當局信任後，開始將其存放在長崎的資本轉移到大員，甚至要求荷蘭人用公司的船隻來載送他的銀子，以免在輸送途中遭遇不測。到了一六四七年，何金定已不只將資本轉移至大員，連家眷也陸續帶來臺灣落戶。荷蘭長官歐伯瓦特（Pieter Overwater）准許何金定派船前去廣南，其子何斌也如願接下這項任務出航，甚至將船隻駛到長崎去貿易。搬眷來臺之後，荷蘭當局對何金定更為信賴，開始將開拓本島的特許事業委託給他經營。其時正逢南明唐王朝廷覆滅，一時之間，有大量人員避難，移入大員與赤崁。荷蘭當局除趕忙供給大量米糧之外，亦需供應食鹽。何金定此時獲得卡隆（François Caron, 1600-1673）長官的指派，負責徵收進口食鹽的關稅。

如同前述長崎的戶主們，在大員熱蘭遮市鎮購置房產的這些唐人海商，大多以同樣的模式來從事交易。他們接待各地來的外貿商人，提供他們安全的居所與食物補給，並且幫助他們取得必要收購的貨物。何金定便是如此招待從福建來的商人，撮合他們與荷蘭人交換商品。一六四四年荷蘭當局發現，何金定利用通事身分促成荷蘭人與客商的交易後，會抽取一筆佣金。當局認為這樣一來，仲介交易有可能造成漫天喊價的詐欺行為，必須加以規範，設立合理的佣金範圍。[11]由於何金定促成的交易數額頗高，當局認為強制他不得收取佣金亦不合理。最後荷蘭當局決定頒贈他四百摩亨（摩亨為荷蘭地積單位，每摩亨為八一二九平方公尺），並免除這筆土地應繳納之米穀什一稅，又將烏魚什一稅徵稅權撥派給他。①他們希望給他這兩項固定的好處，能補償他本來準備向客商抽取的佣金。[12]就這樣，何金定家族隨著荷蘭當局發展臺灣的各項規畫，逐步深入當地各種新興事業。

試舉一例。雖然一六三六年起荷蘭當局已於臺灣推展種蔗的事業，實際上當時大部分用來交易的糖，仍是由中國進口到臺灣後，再轉運出口。直到一六四五年之後，當局才開始將臺灣製作的糖，大量出口到波斯地區。[13]既然以臺灣為出口之起點，就必須要處理包裝問題。於是一六四六年起何金定便與其他兩名商人一同承包製作木箱的業務。此一事業需組織人員前往打狗附近採取木料、運輸木料至大員，並且設立工坊僱請木匠製作木箱，可說是當時大員相對具規模的製造業。當時所約定的木箱數量為三千個。由於此後，每年銷往波斯的臺灣砂糖都有大約

① 免除什一稅的話，業主一方面可以無顧忌地增產，另一方面可以獲得更高的競爭優勢。若獲得烏魚包稅權，在實際繳給荷蘭人的稅額之外，向納稅人徵取溢額的部分都可納入自己荷包。

三千至四千擔，可知大概每個木箱需裝載一擔（約六〇．二公斤）。[14] 到了荷治時代末期（一六六〇年），荷蘭當局曾計劃引進風車鋸，應該也是為了支撐這個逐漸擴大的產業。[15]

與何金定隔著一條街的住戶，也是一名以熱蘭遮市鎮為基地的唐人貿易商 Syamsouw（音譯為「善秀」）。善秀在熱蘭遮市鎮足足擁有十一處房產。他的綽號是「愛吃甜的 Jan」。一六四二、一六四三年時，他也得到熱蘭遮城當局的同意，由大員發船前往柬埔寨、巴達維亞進行貿易。善秀所擁有的船隻應該尺寸較大，因為在一六四六年，他足足載了一六〇名的乘客，由大員駛往巴達維亞。在這艘船上，他甚至還僱用了荷蘭人舵手。他在一六四八年時，也與何金定一同承包了製作木箱的生意。同年，他進口了五千疋麻布到熱蘭遮市，要求公司買下來。公司無法消化全部的麻布，於是他與公司合夥，利用公司船隻將這批貨運到日本去銷售。善秀前往廣南貿易時，公司還請他順道探訪那些被廣南國王監禁的荷蘭人。整個L街區在一六四三年幾乎都登記在善秀的名下。當時何金定、善秀、培德中尉所在的K與L街區，其西側都是一片廣場，接鄰著熱蘭遮城。[16]

一六四八年七月，何金定過世，八月，何斌即從海外返抵大員，繼承家族事業。一六五〇年何斌仔細清算財產後，發現何金定遺留的負債竟較資產更多，於是他向荷蘭當局請願，希望

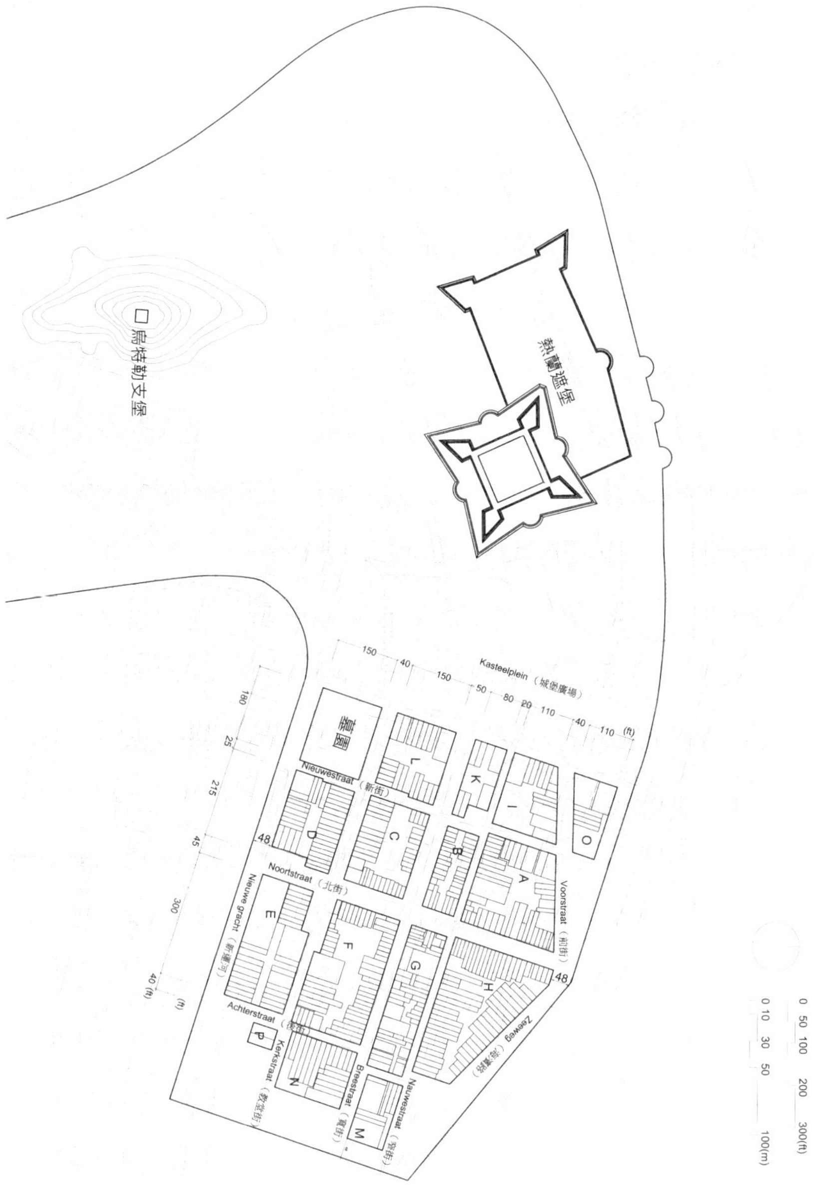

圖 4.4　熱蘭遮城堡與市鎮復原平面圖

來源：國立成功大學建築學系黃恩宇教授提供

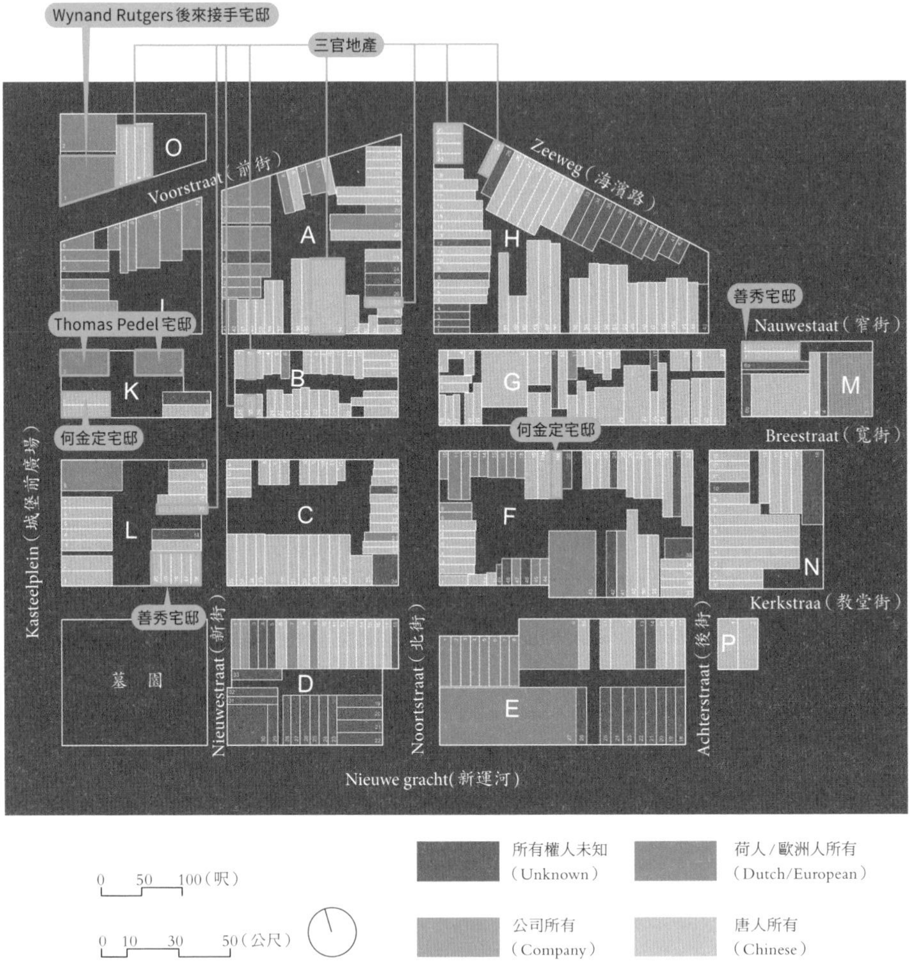

圖4.5　1640年代中期熱蘭遮市鎮各類土地所有權分布圖

來源：國立成功大學建築學系黃恩宇教授提供

除了前述烏魚、稻米的優惠之外，還能再開一項特許的財源給他。何斌認為若不是其父何金定為荷蘭人提供太多服務，顯然能賺取更多利潤。何斌提議，為了不要讓熱蘭遮市鎮的富人剋扣窮人，應該設立一具公秤，強制秤量每次交易，並由他來承包收稅之權。[17]荷蘭當局同意依何斌之見辦理，並且一次就將三年徵稅權利發標給他，好讓他能繼續安心提供溝通協調的翻譯服務。沒想到，因為明清鼎革、中國大亂，前往臺灣開墾土地的農民日漸增加，於是在熱蘭遮市鎮購買糧食、生活用品的種種交易，日趨活絡。秤重的次數，大為增加，稅收的金額也就意外可觀。[18]一六五四年，公司的徵稅官達門斯（Renier Dammans）就察覺到，當初何斌跟公司約定上繳的數額實在太低，讓何斌賺取了過多暴利。達門斯因而想要重新將公秤徵稅權轉標給別人。隨後，其他三個唐人市民，以比何斌高兩倍的數額標得了這個徵稅權。但何斌卻說服了熱蘭遮城評議會，只要他能繳得出同樣的數額，就讓他繼續承包，結果當局又收回成命。由此可見，荷蘭當局當時真的非常倚重他的翻譯才能與仲介服務。[19]

隨著何斌與荷蘭當局發展出愈來愈密切的關係，除了前述的烏魚稅、種稻、木箱製造業之外，一六五四年後他也投入了贌社活動（承包原住民村落交易稅的權利），抽取鹿皮與鹿肉，並承包了港、潭（鯽魚潭）等水域之稅賦，抽取新鮮漁獲，而後又標到某一農區徵收稻米什一稅的權利。[20]最後，他在一六五六年甚至標得了徵收人頭稅的權利。結果，原先何斌父親何金定的事業，是在東亞海域各地經營商品轉運貿易，但何斌自己卻愈來愈像是一個以經營臺灣本地事業為主的包稅商、企業主。因為相對來說，何斌海上貿易的經營流年不利、屢遭挫折。一六五四年，荷蘭大員當局派發給何斌一張許可，讓他能前往巴琳邦（Palembang，位於蘇門答臘東側，今稱巨港）去收購胡椒。這個做法引起荷蘭巴達維亞當局（大員當局的上級）嚴厲訓斥。因為巴達維亞當局推行的政策，是要求所有的唐人都前往臺灣或巴達維亞收購胡椒，而不許他們直接前往產地（價格便宜一半）。[21]這艘船的時運不濟，並未抵達巴琳邦，而先航抵了柬埔寨，隨即轉往日本，且很不幸在航行途中於廣南被逮捕。船上五名乘員被監禁，其中甚至包括何斌的岳父在內。何斌過去必然曾經與廣南的商人發生過嚴重的糾紛，才會遭此嚴重報復。[22]

與其海外的貿易活動相比，何斌所經營的島內包稅事業賺頭反倒愈來愈好。這是因為福建遭逢改朝換代、兵亂歲歉時，一方面輸出移民避難，一方面輸入糧食救災。從一六四八年起，雖然先前避難的居民陸續離開了臺灣，卻也有愈來愈多的農民移入臺灣。何斌擁有烏魚包稅權，順勢掌握了跟最大一群來臺中國船團協商的管道，進而掌握了最清楚的中國情報。他所抽取的烏魚什一稅，是以實物計算，所以他也能立即把這些抽來的烏魚，回銷到中國去。他賺取的港灣、湖泊漁撈稅權利，則使他能在大員將鮮魚出售給赤崁等地亟需肉類、新來乍到的農民。此外，他擁有嘉南平原南社（虎尾壠村落）的鹿皮、鹿肉專賣權，南社是鹿產量最豐富之地，這又使他能向中國出口鹿肉。同樣情況的還有米糧，以及蝦米、魷魚乾（有部分是東印度公司由日本進口）等海鮮。這些荷蘭人原先看不上眼的臺灣土產，都因為福建兵禍連綿，加上清軍發動海禁封鎖鄭氏，而在福建沿海銷路大開。何斌的地位在一六五六年又進一步提高。那一年，鄭成功與荷蘭東印度公司在東南亞貿易競爭發生衝突，演變成對臺灣發動禁運制裁，身為臺灣第一號中國通的何斌，便成為荷蘭大員當局倚賴、諮商的不二人選。[23]

荷鄭兩方的衝突既然來自貿易，雙方談判重點自然就是商品的價格。鄭氏方面要求荷蘭人不得阻止鄭氏商船前往胡椒產地巴琳邦收購便宜胡椒，或者即使在大員購買，也要降價到一定程度。這當然不符合巴達維亞當局的規畫，但大員當局囿於情面，則虛與委蛇一番，發出幾張不保證有效的許可給鄭氏當局。[24]鄭氏方面與大員對口的實際貿易操作者為鄭成功堂兄鄭泰（1612-1663）。很可能在鄭成功決定解除禁運、重開大員貿易之際，鄭泰便經由何斌的仲介，派人前往熱蘭遮市鎮購置一間房舍，以作為雙方交易的商館之用。如果荷鄭雙方在鄭泰的商館交易，有些權宜的安排，也能瞞著外界，低調進行。鄭泰派遣手下所購置的為盧特格斯（Wynand

Rutgers）的房宅（見圖4.5），預備銷售給荷蘭人的商品如米穀、錫等各式中國貨物，也存放於此處。[25]可以說，這間商館如同鄭氏在熱蘭遮市鎮的「地下辦事處」，何斌則是辦事處得以成立的最大功臣，不難想見何斌與鄭氏關係突然轉為密切。

一六五九年，荷蘭東印度公司的另一位通事Samsiack（音譯為「三舍」）綽號為「大頭」，告發何斌私下對由大員前往廈門的船隻徵稅。[26]經過嚴厲偵訊後，何斌坦承他從一六五七年起，即有如此犯行。他是經由鄭氏官方授權，代表鄭成功方面徵稅。他被荷蘭當局下獄審判後，最終因此被解職，不能擔任架必沙，並且需繳納三百里爾罰金。[27]因為此一判決，何斌潛逃到廈門，身後留下大量的未付款呆帳。此後，他成為鄭成功手下的商人，直到鄭成功攻臺圍城不順，歸咎於他，才使他一蹶不振，不再因官方偏愛而財運亨通。[28]

由於何斌是漢文史料中唯一提及姓名的熱蘭遮市鎮居民，常給人何氏家族興衰是熱蘭遮市鎮起落之代表縮影的錯覺。但這並非事實。首先，如前所述，何氏家族來臺設點，可能與一六三九年馬尼拉發生屠殺唐人的事件有關。再者，何氏父子之貿易網絡，從未與巴達維亞連結。而熱蘭遮城與熱蘭遮市鎮急速發展的黃金時代，大約為一六三四至一六四四年左右，這段期間跟荷蘭大員當局密切合作者，多為與巴達維亞唐人甲必丹蘇鳴崗（1580-1644）、林六哥有關連的家族。在熱蘭遮設市後（一六四四年）成立的自治組織「市政法庭」裡面，何斌父子也從未占有一席之地。甚至市內唐人病院、唐人孤寡遺產管理委員會也與兩父子無關。

前面說過，當何金定選擇以大員為主要置產地時，其實大員中介的中日絲銀貿易已經成為夕陽產業。何斌投資取財，主要是依賴臺灣本地的農、漁、手工業之發展，而這樣的生意，無論就原料生產所需求的勞動力（移民）、還是本地物產銷售市場（福建沿海人口）而言，都與鄭成功所控制的地區更為密切相關。何氏父子在熱蘭遮市鎮領導階層眼中，比較像是一支突然發跡的「中國概念股」，在貿易蕭條的時代裡，是少數還能賺錢的一筆新興投資，而非跟他們胼手胝足一同發展市鎮的同伴。

身為唐人二代目，在十七世紀中晚期，因為東亞各地烽火並起，從事貿易活動愈來愈仰賴相關各方領主的庇護。而當各方領主發生利益衝突時，本身不具備武裝力量的商人，也只有投靠一方的選擇，以免玉石俱焚、身家盡毀。何斌因其父功績受到荷蘭官員信賴，本身則因新事業發展與鄭氏商人日益密切，遂在一六五〇年之後因鄭成功與荷蘭大員當局合作而乘勢發跡，於一六五六年奉西薩爾（Cornelis Caesar, 1609-1657）長官之命聯繫鄭成功時，聲望更是達到最高。但隨著荷鄭關係於一六五八年後急轉直下，決裂態勢明顯無可挽回後，何氏家族既已於

stell
er

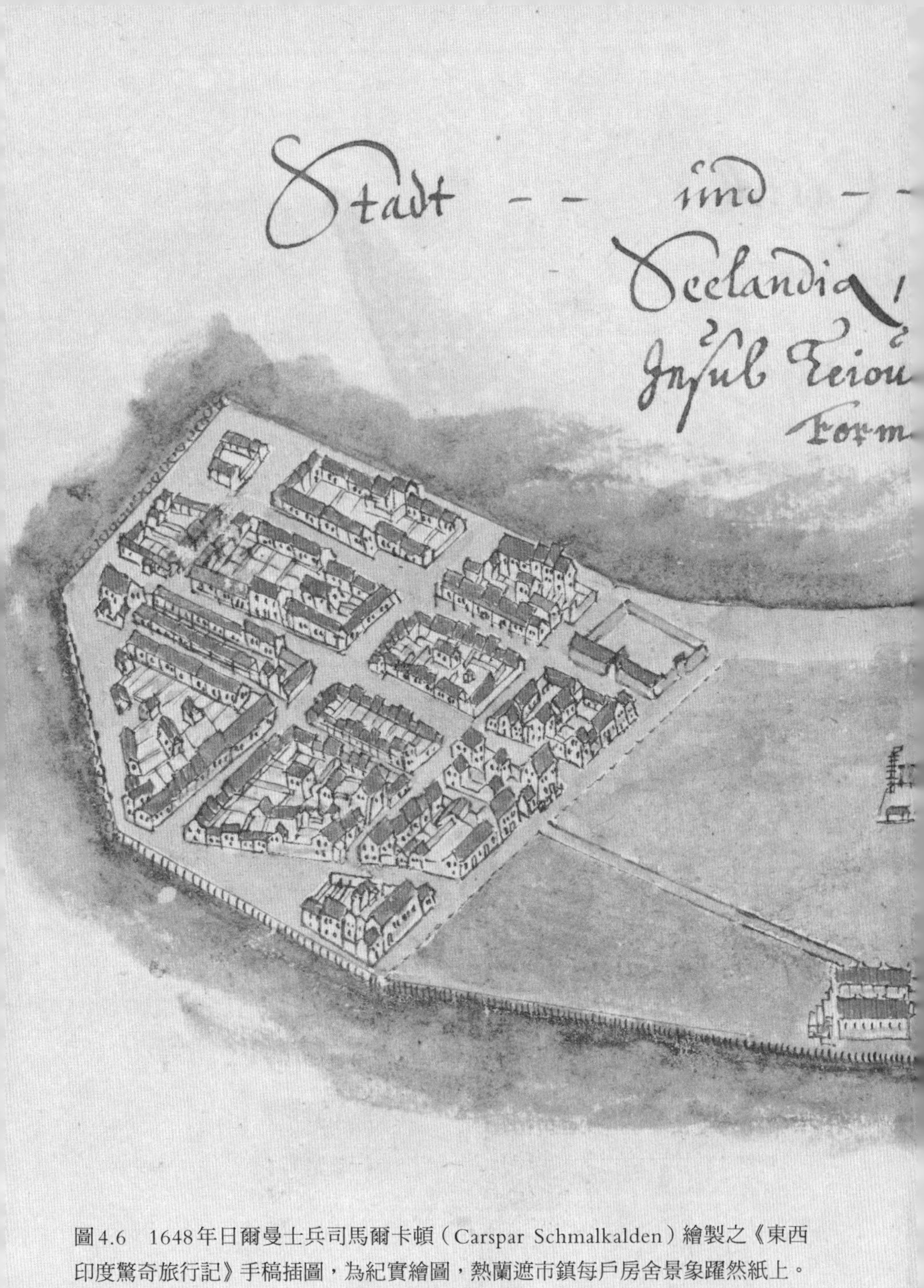

圖4.6　1648年日爾曼士兵司馬爾卡頓（Carspar Schmalkalden）繪製之《東西印度驚奇旅行記》手稿插圖，為紀實繪圖，熱蘭遮市鎮每戶房舍景象躍然紙上。

來源：Caspar Schmalkalden, "Reise von Amsterdam nach Pharnambuco in Brasil, 1642-1652," Forschungsbibliothek Gotha, University of Erfurt, Chart B 533, fol. 282v-283r. 取自 Forschungsbibliothek Gotha, University of Erfurt, https://nbn-resolving.org/urn:nbn:de:urmel-ufb-155634.

馬尼拉、廣南、長崎均無法立足，對於巴達維亞又不熟悉，若要一賭家族事業未來發展的優勢，投奔廈門乃是不得不然的決定。這種轉移與何斌個人忠奸賢愚無關，而是東亞海域各處烽火並起，使得唐人海商自由活動的空間大為限縮的困境所致。這樣的時代變化，也促使唐人二代目鄭成功，要採取以私人武力來保衛貿易的大動作。

安海市鎮（附廈門）與鄭森

前面提到，由於一五六七年隆慶開海的政策，允許漳州海澄開放對外貿易，漳州於是成為十六世紀晚期前往海域唐人世界的始發地。義大利耶穌會士衛匡國（Martino Martini, 1614-1661）曾到訪此處，他說：

> 漳州城南側，漳江流過之處，上有橋梁一座，是建築在石磚橋拱之上，橋面如此的寬敞，所以兩側都有小小的房舍與攤位，成為一處無時無刻都開放的市場。人們可以在此出售那些中國人願出高價、或是其他人從海外帶回來的東西。因為這些貨物都是從商業城鎮廈門，

源源不絕供給過來的，也跟在那裡的貨物同樣好。……在這城內，處處可見基督教的標誌與痕跡，牆壁內側則有許多石碑刻著浮雕，其上可見神聖的十字架，還有聖母瑪麗亞與聖靈，一起跪在兩座高懸燈籠一旁地上的樣子。在一個官員的大宅院裡，也可以見到一座精緻的大理石十字架。這是本地基督徒獲得他的許可後，輸入到那裡去的，並且相當虔敬地在這城裡被我們的天主教會，樹立起來。[29]

可見十六世紀晚期以來，由海澄—廈門前往東南亞各地與日本商人進行會合貿易的漳州人，也將海外的習氣帶回漳州，許多器物顯然受到天主教會風格的薰染。既然居住在澳門成為天主教徒後，可以合法進行中日之間的貿易，那麼藉由這個管道從事貿易的漳州人，回鄉後成立天主教徒據點也是自然之事。

但隨著鄭芝龍在十七世紀崛起，漳州的中心地位有了競爭對手。鄭芝龍於一六三〇年代於福建安海—廈門周遭與海盜周旋，展開一連串的混戰。隨後取得正式官職。鄭芝龍手下黃獻臣所刊行的武舉教科書《武經開宗》，如此細數鄭芝龍的功績：

我閩之有鄭飛虹也，胸羅數萬甲兵，氣吞八九雲夢。東南半壁，倚為長城。念楚、廣、閩、浙煙水之區，乃鯨、鯢、蛟、鱷潛蹤之藪。散家貲巨萬，鍊精卒數千。依水作營，鼓聲偕潮聲而夜發；臨淵布陳，旌影合帆影以星馳；剪紅夷群兇，褫天驕之魄於風霾，千里魚蝦收浪；殲大帽洞寇，犁夜郎之庭於雷擊，五路草木飛rs。出不意而擒魁奇，驅水深火熱之慘；因敵謀而誅鍾進，得隨機應變之神；置死地而滅劉香，紗亡地能存之用……十餘年養兵，不費公家一粒；四五郡凋弊，全資搬運諸艘。30

鄭飛虹即鄭芝龍。引文所謂「散家貲數萬，練精卒是數千」、「十餘年養兵、不費公家一粒」，所指的便是鄭芝龍由「給予冠帶」這種「試用」身分（詳見第三章），到列籍於五軍都督府、擔任南澳副總兵，被納入明軍體制的整個過程中，鄭芝龍在官方默許下利用海外貿易利潤養兵的實情。鄭芝龍的崛起，乃是因為原先明軍管領廈門的泉南游擊，以及控制閩粵貿易的潮漳總兵之職所得非人，在一六三〇年代閩南饑荒、荷蘭人武力求市的衝擊下，難以解決結構性問題之故。鄭芝龍以傭兵之姿，建構了一支有效的海軍武力，整頓了金廈海域的海上秩序，掃滅游移閩廣之間的海盜，也確保了由廣東潮州輸運米糧至漳泉地區的海路安全。由於他過去曾受僱於荷蘭人，雙方有一定互信，因此得以利用大員作為將物產輸出到日本的合法管道。而漳泉商人在海外貿易上，並不抵制鄭芝龍的新勢力，反倒配合鄭芝龍與荷蘭人之間的安排，順勢利用了廈門與大員這條新建的貿易管道。漳泉商人並非預知到德川幕府反天主教鎖國政策即將帶來的變化，只是懂得善加掌握千載難逢的貿易機遇，以藉此取代澳門的貿易地位。

在與海盜李魁奇和鐘斌的混戰中，各方爭奪的焦點均為廈門。因廈門港、鼓浪嶼乃是天然的深水港口，航向海外貿易的尖底福船（即前面所說的「白舟」）必須在這裡停泊上下貨物。鄭芝龍並未像其他海盜那樣追求大艦巨炮，他的慣用戰法是以小搏大，以奇擊正。他運用小型舟楫駛進敵方大船的死角、靠近其船體後引火自焚的火船戰術，獲得成功。鄭芝龍很清楚大船的缺點：必須在水深之處活動。因此，他將基地設立於泉州安海。安海位於石井江畔，距離出海口有一〇．六公里左右。貨物要接近安海，必須換乘淺水小舟。安海因此脫離了艦炮所能及的距離，又能隨時掣肘廈門，乃天賜的戰略要地。鄭芝龍以安海牽制廈門，加上以貿易收入償付軍隊並建立完善撫卹制度，故能用可控制的軍隊來護衛商人船隊，橫掃海上諸盜造成的安全阻礙。這也導致安海商人的地位在這段時間日益超越漳州商人。

一六五二年，耶穌會士衛匡國為了天主教在華宣教的爭端，即所謂容不容許教徒祭祖這一

「禮儀之爭」，必須由杭州前往梵諦岡一趟。當時他便是由安海出發。他將安海與廈門都稱之為「要塞（Krijghs-vestigen）」。他是這樣描述的：

這兩處因為建築良好、居民眾多，其商業活動的聲譽超越了許多大城市。當我啟程要回返歐洲時，我從安海要塞搭乘一艘唐人船隻前往菲律賓。此處的貨物流量非常龐大，船隻非常眾多。因為這是一個相當便捷的港口，對船隻來說有實用的碼頭。它在河流〔石井江〕岸邊，河水隨海潮漲退。在要塞城堡的東邊，有一座壯觀的橋梁，有二五〇步長，是在沉重的石頭基座跟橋拱上蓋起來的。

廈門幾乎與安海齊名，位於一座島上，距離大陸不遠。但安海則是與大陸相連。貨物由此向整個東亞出口，然後在各地換取新的其他貨物回來，這兩處先前是由偉大出名的海盜一官〔鄭芝龍〕所擁有，為外國人，特別是西班牙人、葡萄牙人與荷蘭人所熟知。一般常說他曾握有高達三千艘中國大船的艦隊。最後，荷蘭人他們因為自己曾經到這兩個地方來過，到處宣揚說這兩個地方有多了不起，來增加這兩個地方的名聲。雖然其實在中國人眼裡，這兩個地方並不像他們說的那樣。31

在衛匡國眼裡，安海與廈門的崛起並不如同中國另一座城市漳州。漳州等一般中國行政城市，通常是因應當地官府徵收米糧稅賦的需求，且為驛道所經之地，才附帶容納商業發展，興起為商業中心。廈門與安海則是受惠於海上貿易興盛，因兼具海港與邊關軍事要塞的雙重功能，而吸引到許多外貿商人前來居住開業，造就出富庶的商業城區。就此而言，這兩座城市可說是廣義的「城下町」，又與熱蘭遮市鎮、澳門、馬尼拉的規模大致相同。②

鄭成功一六二四年出生於日本平戶（原名鄭森），但一六三〇年才由鄭芝龍接回泉州，此時大約定居於安海。平戶一直是唐人流寓之地，其人文景致大體上與長崎接近。作為混血後代，

②日本城下町形成的原因，主要是日本戰國時代各藩國政治經濟上競爭的結果。藩主居守於城堡之內，外面數層城廓則依序居住家臣與武士，城外附近的街道則召集商人與工匠來居住。其發達與戰國末期日本列島內自由市場的擴大亦有所關連。參見：石井進著、千田嘉博監修，《城と城下町》（東京都：山川，一九九九），頁一〇六、一一〇。

可以想像鄭成功也如同何金定、何斌父子一樣熟悉中外混居的跨文化社會。不過，在海外生活的何家，與德川氏推行的官方貿易「朱印船」系統幾乎沒有什麼牽連。而鄭芝龍的前老闆李旦，因其庇護者平戶藩主松浦氏，積極與新興日本霸主德川氏結盟，成為極少數能取得朱印狀的唐人。十六世紀晚期以來，九州天主教大名興起，他們在豐臣秀吉發動征韓戰爭的數年間（一五九二至一五九八年），與豐臣家的利益逐漸結合。天主教大名們與豐臣家親近的政治傾向，以及因信仰天主教受到葡萄牙勢力支持的現實，都使得新興的德川家有所忌憚。平戶松浦氏卻與其他九州大名不同。在葡萄牙貿易商人與日本佛教僧侶的爭端中，松浦氏偏袒佛教僧侶，使得平戶在十六世紀晚期被排除於葡萄牙人的貿易網絡之外。[32]但機緣湊巧之下，平戶在十七世紀初期即因英荷商人的青睞有了重振旗鼓的機會。[33]

英荷兩國採取的國家貿易型態，偏向官營管道，不若葡萄牙人容許私人各自貿易。所以，雖然都是唐人第二代，鄭成功所生長的平戶（若與何斌成長的西葡都市相比），一開始就是以官方貿易為主、私人貿易為副的型態。[34]同樣，鄭芝龍所庇護的安海、廈門商人之所以能夠迅速成長，也是因為鄭芝龍與荷蘭人達成一定程度的官營貿易默契所致。這樣的默契於一六三〇年代起，造就熱蘭遮市鎮與安海市鎮的飛速擴張。由於朝廷依賴鄭芝龍維持海上秩序，因此不得不對其壟斷海上利益的手段加以默許。這樣容許地方勢力自治的制度安排，在中國歷史上多屬於例外。鄭芝龍亦不認為能夠永遠採取巧門，使制度符合其欲望，而在一六四〇年代起，即開始安排退休後路（像是安排子弟投入科舉事業）。但此時滿洲人的崛起，使朝廷也無力繼續其馴服鄭芝龍的計畫。一六一九年薩爾滸一戰，明軍慘敗。此後有滿洲人攻入朝鮮的丁卯胡亂（一六二七年）、丙子胡亂（一六三六年）。以朝鮮為後盾，滿人終於趁流賊之亂，於一六四四年入關，開啟明亡清興的數十年征戰時期。

前面說過，漳州在十六世紀晚期即屬於東亞海域唐人商業網絡的重鎮，安海與廈門在十七世紀前期則因為鄭芝龍的庇護而迅速崛起，吸納了活躍於西葡網絡的漳州海商。與此同時，統一日本的德川氏，以禁止天主教之名義，對於九州大名勢力逐步壓制，一六三七年甚至發生「島原—天草之亂」這樣血腥的大叛亂；同樣因為禁教，從一六三四年開始，德川幕府已逐步中止日本與澳門葡萄牙人之貿易。這勢必讓那些原本依附於澳門葡人的漳州海商，另覓新管道進行貿易。[35]而新興的安海與廈門，顯然是他們移居的最佳選項之一。鄭成功的姊妹烏蘇拉（Ursola de Bargas）原先嫁給澳門的葡萄牙人，鄭芝龍為了將她迎接回安海，還特別興建了一座天主教小教堂，以為彌撒之用。[36]一六三〇年鄭成功回到安海，在他由兒童成長為青年的過程中，目睹了安海、廈門兩城鎮因國際關係時勢轉移，迅猛發展竄起的過程。在耳濡目染之下，他不可能對這些突如其來的改變，無所感觸。身為鄭芝龍部署於海外的資產之一，鄭成功更不可能不知道，鄭氏集團正是此複雜貿易環境變化最大的得利者。

何斌的人生與鄭成功恰成一對照組。在日本「島原—天草之亂」後不久的一六三九年，馬尼拉也發生屠殺唐人的慘案。[37]隨著禁教鎖國政策確立，日本天主教徒若不棄教，則須逃亡海外。澳門與日本的直接貿易終止。原先活躍於西班牙人、葡萄牙人所治理的各個港市中從事轉運獲利的何金定、何斌父子，在日本排除天主教徒（因此也驅逐不少唐人）、馬尼拉對唐人不友善、澳門貿易已無前景的情況下，才選擇逐步投入雞籠、廣南與日本間的貿易，以求取新的出路。[38]稍後於一六四三年左右，鄭芝龍因中國內亂被調派到南京附近協防時，鄭成功也曾短暫進入南京國子監為太學生。[39]可以說，當何金定在培養其子何斌累積更多海洋貿易的實務經驗、尋找更新的貿易機會時，鄭芝龍則在與幾任福建巡撫的周旋中，體會到政治體制的奧妙，而決意培養鄭成功更純熟地運用中國朝廷的政治語彙與手腕。當一六四六年何金定選定熱蘭遮市鎮為家族未來發展的基地時，鄭芝龍也確立擁護隆武帝（1602-1646），在福州設置大明朝廷，以保障其海上貿易正當性（代表官方進行貿易），甚至讓隆武帝為自己的兒子賜姓改名（「鄭森」

改名「朱成功」，「鄭成功」為後世俗稱）。兩位父親都很清楚，時代發生巨變，個人與家族的興衰榮辱，端視此時此刻能否洞燭機先。

回到前述所說熱蘭遮市鎮與安海市鎮，這兩座城市能夠在一六三〇年代迅速崛起是因為：（一）明朝只允許海澄船隻出海（但不能往日本）；（二）日本只允許荷蘭及中國船隻入港（因是非天主教國家船隻）；因此（三）鄭荷雙方合作，以大員為轉口港取代澳門對日貿易。但此現狀亦從一六四三年起逐漸發生改變。鄭荷兩方合作瓜分中日貿易的默契，因為荷蘭人開展印度貿易需要更多白銀，與鄭芝龍需要籌集更多防衛資本相衝突而破裂。[40]由於西葡兩國王室之結合於一六四〇年結束，葡萄牙與荷蘭在一六四二年單獨媾和停火，結果使得此後巴達維亞當局可以放手攻擊馬尼拉西班牙人。荷蘭東印度公司當局既與鄭芝龍相爭利益，遂一改一六三四年以來停止攻擊由安海派往馬尼拉之商船的政策，重新劫奪福建商船，打擊鄭氏的收入。這使得（三）開始逐步鬆動。另一方面，一六四四年北京明廷覆滅，海禁形同具文，這使得（一）之限制不再有效，江浙商人開始自行前往日本，打破了鄭芝龍的壟斷。為了恢復（一），一六四六年鄭芝龍於是利用支持隆武帝即位的方式，希望以皇帝權威重建明朝規制的貿易特權（只允許海澄船隻出海），並期待藉此重新壟斷中國貿易後，能說服荷蘭方面放棄封鎖馬尼拉，回復鄭荷合作模式。無奈隆武帝並非容易操縱的魁儡，加上荷蘭人持續嚴密封鎖馬尼拉，鄭芝龍的如意算盤落空。在一六四七年眼見情勢明顯不利，鄭芝龍只好嘗試投靠清方，試圖提供新朝廷以相同的服務，以換取（一）條件重新成立。這個危機處理終歸失敗，因為鄭芝龍意外被擄北上，還沒來得及確立繼承人。

此後鄭芝龍手下的海軍勢力分崩離析，各自為政。但沒多久，一六五〇年代初清軍的戰線已推進至廣東，一方面放鬆了對福建的控制，另一方面又禁止江浙商人出海貿易，因安海—廈門仍處於鄭氏舊勢力控制的曖昧狀態，而意外恢復了（一）。[41]並且，西荷之間的戰爭，由荷蘭取得勝利，一六四八年雙方簽訂《西發里亞條約》締結和平，荷蘭東印度公司終止截奪安海前往馬尼拉的商船。結果到了一六五二年，如同上述耶穌會士衛匡國所目擊一般，安海與廈門的商業，再度恢復原本盛況。鄭荷雙方也在一六五三年恢復合作（此時鄭氏已確定由鄭成功當家），只不過這時兩方合作的基礎，不再是絲與銀的交換，而是趁廣東貿易受阻於兵災，順勢承接廣州與南洋的貿易，轉變成鄭氏提供黃金而荷蘭提供胡椒的新合作模式。

先前鄭芝龍在崇禎朝廷覆滅之際，已趁著海禁失效的空擋，私自派遣船隻直接前往日本貿易。而從隆武帝在福州即位至鄭芝龍被擄北上數年間（約一六四五至一六四七年），鄭氏集團不斷以代隆武帝請兵求援的名義與日本接觸，事實上是利用奉隆武帝欽命出使前往日本的機會，取得開放日明官方直接貿易的正當性。[42]而荷蘭東印度公司當局於一六四二年取得麻六甲後，不斷推進、擴大東亞與印度的貿易，需要支付給印度商人大量黃金。同時，他們在越南、印度都能取得絲貨，不需仰賴中國供給。[43]而鄭氏集團所控制的海軍，在一六四七至一六五三年間歷經內部混戰，最後逐漸統合在鄭成功的手中。而如前所述，一六五三年，鄭成功與大員荷蘭東印度公司當局雙方開啟新的合作關係（鄭氏提供黃金，荷蘭提供胡椒）。這也是熱蘭遮市鎮的唐人失去了中日絲銀貿易，而必須轉向投入臺灣本地事業，何斌受到荷蘭當局重用的時刻。

鑑於鄭芝龍的失敗經驗，鄭氏集團放棄直接依附在魁儡朝廷下的做法，而是「遙奉」永曆帝，利用「忠孝伯招討大將軍」的名義集中軍權，以及「延平王」的名義組織一個影子政府。對於商船與商人，則不再退居幕後控制，而成立「五商十行」，採取今日所謂「托拉斯」的方式集中商業力量，賤買貴賣，將利潤擴大到極限。對於其他不服氣的中國貿易船商，還可抬出「國姓」的名義來壓制。正如同何斌花費數年清點何金定的資產後才發現負債一樣，鄭成功擴大蒐羅海外商品之時，發現原先福建船隻可在蘇門答臘的胡椒產地自由交易，但在鄭氏集團內部混戰期間，荷蘭東印度公司以麻六甲為據點發揮影響力，已經與蘇門答臘各地領主簽訂了獨占胡椒的貿易條約。而且荷蘭人不但阻止鄭氏商船前往胡椒產地，還將大員與巴達維亞的胡椒銷售價格都抬升了一倍左右，香料群島的丁香、肉豆蔻等等，也都逐漸落入荷蘭東印度公司的壟斷之中。荷蘭戰艦以執行條約為由，多次截堵鄭氏商船。經過兩年和平溝通無效，鄭成功只得於一六五六年發布禁止與臺灣交易的禁運命令。這也是何斌被派往廈門與鄭成功溝通的原因。

鄭成功要求荷蘭東印度公司賠償被劫商船損失，並希望壓低商品價格，同時試圖打破荷蘭人在蘇門答臘造成的壟斷局勢。一六五七年鄭成功解除對臺灣的禁運命令時，其實並未取得荷蘭方面的實質讓步。但大員當局確實不惜違逆上級，私下發行四張通行證給鄭泰讓鄭氏商船前往荷蘭人獨占的地區貿易。這又使鄭成功產生談判勝利的錯覺。[44]

在兩方的國際外交競爭中，鄭氏集團也有贏過東印度公司的時候。一六四〇年代鄭芝龍違反與荷蘭人的合作默契，趁北京明廷自顧不暇、海禁形同虛文時，曾經直接派船前往日本進行貿易，荷蘭東印度公司想在長崎之外截堵這些船隻，卻被長崎奉行（「奉行」是幕府任命管理其直轄領地的官員，因鎖國政策之故，長崎奉行也管理由荷蘭人和唐人壟斷的貿易活動）明令禁止。[45]一六五三年鄭氏商船與荷蘭商船於暹羅競爭收購鹿皮，荷蘭人同樣失利，被與之關係惡化的暹羅國王阻止執行獨占條約。[46]由於荷蘭東印度公司在一六五六年前後，將大部分的戰艦都投入斯里蘭卡周圍的戰事，兵力不在東亞。荷蘭人希望將斯里蘭卡拿下，使印度東岸的葡萄牙勢力潰滅，所以他們並不願意在此刻直接與鄭成功翻臉。

此外，如同前面提到的，耶穌會士衛匡國在一六五二年離開安海，遭遇荷蘭人截堵，將大量最新的中國情報透露給荷蘭東印度公司，這些情報鼓勵了荷蘭人與清廷接觸。在大員當局的試探與鋪陳之下，由巴達維亞派出荷蘭東印度公司人員在一六五五年成功抵達北京朝貢，荷蘭人從一六二二年以來夢寐以求的對中貿易「合法地位」，終於算是取得。如此，便不必仰賴鄭氏集團中介與中國之貿易。一六五六年貢使團回返巴達維亞，一六五八年巴達維亞總督瑪以綏克（Joan Maetsuycker, 1606-1678）正式致函鄭成功，信中拒絕鄭方一切要求，並且威脅倘若鄭氏再敢發布禁運命令，將對所有鄭氏海外船隻發動截堵攻勢。此信一出，雙方關係已到崩潰邊緣。

鄭成功在一六五三至一六五七年間，大肆搜刮海外商品後，便亟思擴大江南貿易以取得絲貨。此時清軍已深入川、貴、黔地區，後方空虛，於是鄭成功利用此一機會大舉北伐，沿路取得絲貨，送交日本出售換取白銀。同時也展示其海軍的快速移動實力，以利和談時獲得更佳條件。當他於一六五八年接近長江口之際，接到了前述巴達維亞總督所寄函件。而後一六五九年攻取南京失敗，鄭成功撤回廈門，一六六〇年迎擊清軍以自保。這些情勢發展，使鄭成功不得不對瑪以綏克的最後通牒，予以強硬回應。在一六五七至一六五九年間，亦即鄭成功北伐之時，其與日本的貿易量達到前所未有的高峰。想要繼續發展此一貿易，就必須（一）繼續取得低價南洋貨物；（二）保持對日航道暢通；（三）攔阻荷蘭東印度公司與清廷直接貿易。若將日本與暹羅的支持納入考量，要實現以上三個目標，以武力取得臺灣，為合理的戰略抉擇。相反的，一旦荷蘭東印度公司以臺灣為據點，與清方結成同盟，以金廈兩島為基地的鄭成功勢力，將不可避免地被清荷兩方夾殺。

一六六〇年，因斯里蘭卡戰事告一段落，荷蘭東印度公司終於派出艦隊前來臺灣，但主要目的是要攻取澳門，以進一步確保合法直接貿易的優勢地位。倘若荷軍取得澳門，臺灣的重要性將大為降低。但荷蘭東印度公司臺灣長官揆一（Frederick Coyett, c. 1615-1687）深信，鄭成功必將攻打臺灣，希望艦隊以協防臺灣為優先，阻止了艦隊奪取澳門的攻勢。當時鄭成功俯首貼耳，佯裝未有謀奪臺灣的軍事野心。隨後荷蘭當局考量艦隊船隻滯留臺灣虛耗軍費而無實績，便將艦隊解散，繼續從事商業勤務，從長計議以待上級決策。鄭成功卻在一六六一年發動偷襲，攻取臺灣。[47]

如果荷蘭東印度公司當時已奪取澳門，或許不會再花費力氣與鄭氏集團周旋。然而事與願違。一六六二年鄭成功順利奪取臺灣後，巴達維亞當局揮軍北上，盤算先與清軍結盟共同攻打臺灣鄭氏集團，再利用戰勝功績開啟與中國直接貿易的機會，故繞過澳門不打。一六六三年荷蘭東印度公司一切安排布置妥當，又想要奪取澳門，實行原本計畫，但此時葡萄牙與荷蘭一六六二年已在歐洲締結和平條約的消息傳來，導致他們不宜再攻打葡萄牙據點澳門，而陰錯陽差喪失良機。一六六三至一六六八年間，為了爭取直接貿易，荷蘭東印度公司不得不處處與鄭氏集團對抗。鄭氏集團方面，鄭成功於一六六二年取得臺灣後，同年即猝死於臺灣，集團內部再度發生繼承人紛爭，削弱了集團的力量。而一六六三年暹王懼於荷蘭人的威脅，不再保護鄭氏商船，也出乎鄭氏集團當時意料之外。以上都不是鄭成功在出兵攻臺時前能夠預想到的變化。

鄭成功在隆武朝廷覆滅後一連串的行動，常被認定是抗清民族氣節的赤忱表現。然而日本學者岸本美緒從經濟史的角度來看，認為這是明末以來中國邊境地由於白銀流通造成勢力集團興起的現象之一。[48]在釐清鄭氏集團貿易活動與其合作者、競爭者的關係後，可以發現，鄭成功作為「唐人二代目」的特質，清楚地表現在他對於官營貿易操作方式的認知上。他的日本、暹羅外交活動，表面上是軍事結盟，實質上卻是官方經濟交流。他也很瞭解國際關係的變動基於實力的原則，選擇攻打臺灣才能延續以海外貿易養兵的路線。為了正當地運用武力，傳統的權威不可偏廢，況且想要爭取日本、暹羅等國的支持，使用朝貢貿易之類外交辭令必不可免，這些都是他始終高舉大明旗號的現實原因。

跟何斌一樣，鄭成功也必須面對他個人能力限度之外、更複雜的國際政治經濟結構變動。所不同的是，何斌手中的籌碼甚少，僅能仰賴一時如簧之舌；而鄭成功手握兵權，得以在貿易條件不利時，以武力為後盾，利用外交管道從事強力協商。何斌的困境是國際形勢的正面衝突並非語言溝通得以撫平；而鄭成功的困境則是武力的運用，終將使其落入辯護正當性的無盡追求當中，從而減損進行國際貿易活動之自由度。在這東亞海域的唐人世界，時值明清鼎革、葡荷爭霸之際，十六世紀中期以來因為海上活動形成的唐人自由空間，正在劇烈地縮減之中。兩位唐人二代目與生俱來或自幼浸潤的跨文化優勢，雖然在此刻發揮得淋漓盡致，並各自以不同的方式開花結果、百尺竿頭，卻仍不敵地緣政治局勢的快速翻轉。儘管他們的父輩，都是因為與荷蘭人交好而發跡，但在事情發展到熱蘭遮城圍城一戰之前，何斌與鄭成功都各自與荷蘭人發生種種矛盾。此殊異個人的同步發展，或許反映這一代受到混合文化深刻影響的唐人二代目，終於不得不面對西洋文明黑暗面的尷尬立場吧。

小結

何斌與鄭成功最後都埋骨於臺灣。由於何斌的事業，主要依附於本地工商農漁事業的發展，自然無法跟其他唐人海商與荷蘭東印度公司一樣，另覓他處東山再起。結果他為了鼓動鄭成功，誇大了臺灣當時農墾開發的程度，造成鄭軍承受糧荒的慘痛代價。鄭成功為了發展官營貿易，攻取臺灣乃是最為理性的選擇。他曾公開宣稱要在臺灣「立萬世不拔之基業」，顯然他對此一地點極為看好。在圍城戰當中，鄭軍發生嚴重糧荒，甚至有「脫巾之變（脫下官帽、軍服叛變）」的虞慮，可知鄭軍士兵絕非大部分認同鄭成功的計畫。鄭氏士兵甚至抱怨鄭成功對於荷蘭俘虜的待遇，比對於自己麾下部屬更為重視。這大概是鄭成功在他的部隊之前，少數流露出「唐人二代目」真情的時刻。

說到底，鄭氏集團即使以臺灣為基地，其貿易船隊在技術水平上，遠航能力仍遠遜於荷蘭東印度公司船隊；但是與背向海洋的中國內陸政權相比，鄭氏與東亞海域諸國交往的手腕，更符合唐人海商的需求。他們有能力直接服務唐人海外商業貿易的需要，作為代表與各種海外官私商業團體協商。鄭氏集團官營商業組織的合理性與靈活度，實為中國史上少有的異數。

本章的兩位海上唐人主角因為追求自主，陷入了與歐洲人為敵的立場，最終只得在中國海外尋求一處非屬中國人亦非屬歐洲人的地點發展。從結局來看，鄭成功也罷，何斌也罷，他們都領悟到，海外唐人如果要世世代代維持著自己的生活方式，最終都必須定著在一塊能夠由自己作主經營、加以保衛的土地上。而這塊土地，既不能是中國人可視內陸王朝的利益向背隨意犧牲剝削之處，也不能是歐洲人可按世界市場的行情漲跌起落隨意出賣之所。臺灣是海外唐人「剜肉還骨」藉以取得「蓮花化身」的應許之地。攻打熱蘭遮城這種孤注一擲的作為，鄭成功麾下文武官員與大隊士兵無從理解，卻是如同何斌這樣的唐人二代目，瞭然於胸的決定。對於他們兩人而言，在世界局勢全般改變之後，最後的容身之所，都只能是臺灣了。與那些選擇屈服清朝治理和跟隨荷蘭人搬遷到巴達維亞的其他唐人相比，他們的意志頗為決絕，因而不受到後世那些站在勝利者立場史家的青睞。③

③何斌並不受到史家重視固不待言，鄭成功被神格化為民族英雄則是一九三〇年代之後的事。參見：陳芳明，〈鄭成功與施琅：臺灣歷史人物評價的反思〉，收入陳鴻圖主編，《課綱中的臺灣史：跟著專家學者探索歷史新視野》（臺北：臺灣商務印書館，二〇二〇），頁一二—三二。

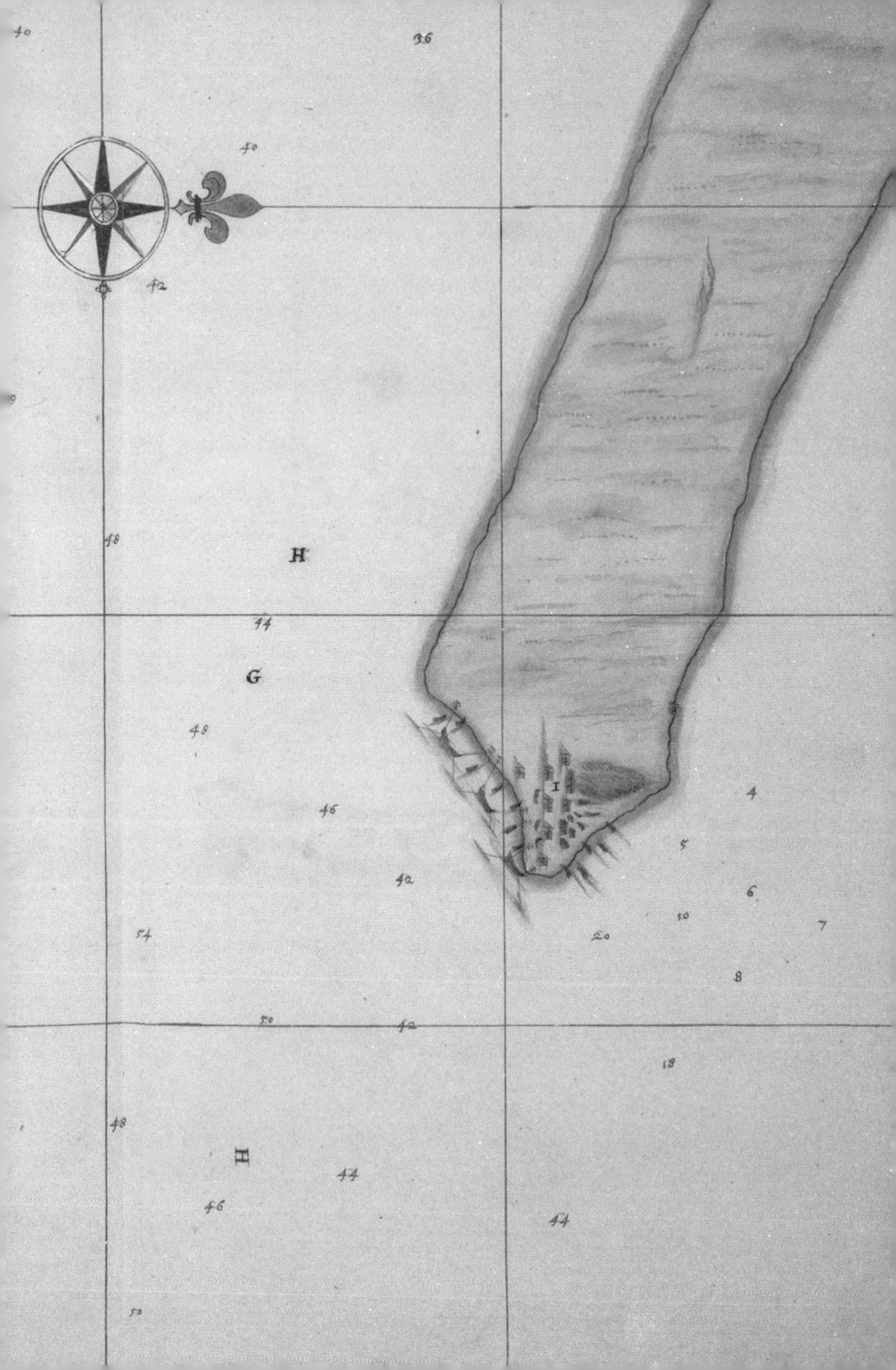
40
36
40
42
48
H
44
G
48
I
4
46
5
42
6
10
7
54
20
8
50
42
18
48
H
44
46
44
50

第五章

討海還是作田：早期臺灣唐人

本章探討十七世紀前五百年來中國沿岸居民與臺灣原住民少有接觸的原因，並說明十七世紀中期忽有大量唐人移住臺灣的契機。宋元以後中國沿岸居民出海貿易、沿岸捕魚活動日漸興盛，然而唐人並未大量跨海移居臺灣。其原因是地球進入中世紀溫暖期時，臺灣沿岸漁場偏北，落入西岸泥灘海岸的範圍。此一情況從十六世紀末小冰期起逆轉，造成唐人漁民開始進入高屏沿岸潟湖地帶，與原住民之間的接觸與衝突驟然擴大。而荷蘭人創設市鎮，隨後引進農業移民，致使定住唐人增加。市鎮人口消費又回頭支持了漁民來臺定住。結果，雖然熱蘭遮港市興起，是出於東亞海域的地緣政治與白銀流通之偶然際遇，但附隨此一港市發展而帶入臺灣的唐人農民與漁民，卻意外成為下一階段改變臺灣人口組成的主要誘因。

臺灣原住民與中國沿岸居民的早期接觸

考古學的成果顯示，大約在中國宋代，已有唐人商船途經臺灣西南沿海。[1] 至於文字史料方面，則有宋代趙汝适關於「毗舍耶」之記載：

> 毗舍耶，語言不通、商販不及；袒裸盱睢，殆畜類也。泉有海島曰澎湖，隸晉江縣；與其國密邇，煙火相望。時至寇掠，其來不測，多罹生噉之害；居民苦之。淳熙間（按：一一七四至一一八九年），國之酋豪常率數百輩猝至泉之水澳、圍頭等村，恣行凶暴，戕人無數；淫其婦女，已而殺之。喜鐵器及匙箸。人閉戶則免；但刓其門圈而去。擲以匙箸，則俯拾之，可緩數步。官軍擒捕，見鐵騎則競刓其甲，駢首就戮而不知悔。臨敵用標槍，繫繩十餘丈為操縱；蓋愛其鐵不忍棄也。不駕舟楫，惟以竹筏從事，可折疊如屏風；急則群舁之泅水而遁。[2]

「毗舍耶」所指的到底是臺灣原住民還是菲律賓原住民，目前仍無確論。根據目前學界研究進展，僅能做些推論，揣測他們可能是往來於南臺灣與呂宋島之間的海上民族。

再者，考古研究顯示，同時期在淡水河出口居住的十三行文化人，仍保有相當的煉鐵能力，且能夠經由貿易取得從南中國海輾轉運銷至臺灣的琉璃珠。琉璃珠貿易路線可能與古代的「南島玉路」相同，由花東連接至巴丹島、呂宋乃至菲律賓諸島。[3]而南宋之後，寧波與日本博多間的海上交往逐漸熱絡。中日之間交流的擴大，促使琉球島民也投入了海上貿易的活動。[4]此時琉球主要由中日進口陶瓷器、鐵器，並輸出硫磺等原料。[5]琉球在這個時代海上交換網絡發展，已獲得考古學界的證實。學者多認為北臺灣的原住民應該也以某種形式，透過琉球群島，被納入中、琉、日、韓間的交換網絡之中。根據上述事實推論，十三行人自行發展出的煉鐵、燒陶等自製技術，則可能由於能夠以硫磺等土產換取中國鐵製品輸入，不再具備必要性，而逐漸被遺忘。[①]按照此一設想繼續推演下去的話，或許能說，由北臺灣十三行人製造輸出、經花東海上路線外銷到呂宋島的鐵器交換網絡（所謂「南島玉路」），也會因貿易局勢轉變而衰退。於是，原本鐵器來源為北臺灣的各個海上民族，如菲律賓班乃（Panay）島上的Visaya人，將逐漸無法取得臺灣所供應的鐵器。因此，為了尋求換取鐵器，他們或許一路北上摸索著前往臺灣，而在這個過程中抵達澎湖，掠奪唐人居民的鐵器。但以上僅是我個人在此提出的推論，學界尚無明確研究成果可證實。

約一百年後，進入元代，根據日本考古學者中村淳的研究，在檢測十三世紀（一二八一年）因應忽必烈汗命令，在泉州製作、預備載運軍隊進攻日本的海船殘骸後，確認其中木料也有來自臺灣者。[6]這可說是中國沿海居民曾前往臺灣採取物資的實證。

這部分在文字上亦有模糊的記載。元代汪大淵（1311-1350）曾經搭乘阿拉伯商人的海船，由泉州前往南中國海貿易。根據其在《島夷誌略》（一三四九年）中的記載，商船曾停泊探訪澎湖與呂宋之間的某些島嶼，推測應為臺灣島、小琉球島、蘭嶼、巴丹群島當中一二。[7]

> 地勢盤穹，林木合抱。山曰翠麓，曰重曼，曰斧頭，曰大崎。其峙山極高峻，自彭湖望之甚近。余登此山，則觀海潮之消長，夜半則望暘谷之日出，紅光燭天，山頂為之俱明。土潤田沃，宜稼穡。氣候漸暖，俗與彭湖差異。水無舟楫，以筏濟之。男子、婦人拳髮，以花布為衫。煮海水為鹽，釀蔗漿為酒。知番主酋長之尊，有父子骨肉之義，他國之人倘有所犯，則生割其肉以啖之，取其頭懸木竿。地產沙金、黃荳、黍子、硫黃、黃蠟、鹿、豹、麂皮。貿易之貨，用土珠、瑪瑙、金珠、粗碗、處州瓷器之屬。[8]

---

① 大約在一一〇〇年左右，石垣島附近的竹富島突然發展出種植小米、畜養牛豬的農業定住人群。這是琉球史上稱為Gusuku（城）的時代。由於中國南宋與日本發展貿易，路線途經琉球，加上日本十二世紀晚期戰亂引發難民潮，難民多有至琉球避難者，因此促成了琉球的發展。參見：Richard Pearson, *Ancient Ryukyu* (Honolulu: University of Hawai'i, 2013), p. 100, 149.

雖然學界對於文中諸山為今日何地並無確切證據可以指明，但若根據荷治時期史料從旁推敲的話，由澎湖航向南臺灣，作為航標者，經常是今屏東大武山。[9]另從文中的銷售物質來看，沙金、硫磺乃是北臺灣的物產。而當代考古證據顯示，大約從十世紀左右開始，流通於臺灣的琉璃珠，其來源逐漸由印度—太平洋轉向中國。[10]上面引文中提到與臺灣原住民交易所需之「土珠」、「金珠」，可能即是指中國製造的琉璃珠。因此無論從物質還是從文字史料上來看，那些早期的接觸與交換都有頗為可信的佐證。只是上述記載過於概括，難以辨認是指哪個特定的原住民聚落。

然而，如同第一章所說，臺灣西海岸水下沙洲綿延，因此河口平淺，不利於吃水較深的大海船停泊。因為難以整批登陸，並由海上補給殖民所需物資，唐人大規模登陸移居的活動，勢必難以進行。除非在地緣政治演變的背景下，局勢促動某些技術能力充分的海上人群來此發展（如荷蘭人、西班牙人），不然此一天然環境相當有礙於海上人群進入島上開墾耕地，發展定住居地。一直到晚明因為中日之間地緣政治、會合貿易的發展，才擴大了中國居民與臺灣原住民的接觸。然而接觸增加，不代表關係融洽。十七世紀初期的筆記書《露書》當中記載：「北港……中國十人以下至其地，則彼殺之。五十人以上，則彼閉戶而避我。」[11]由此可見，雙方即使有了更多接觸，仍未發展出文化混融的密切關係。

福建漁民發展異地漁業

前述元初汪大淵從泉州出發、經海路前往呂宋的記載，也說明宋元時期福建沿海居民對於澎湖海域已經有相當程度的認識。早在宋代，福建市場已開始販售鯔魚（或子魚，即烏魚）。《塵史》一書記載：「閩中鮮食最珍者，所謂子魚者也。長七八寸，闊二三寸許，剖之子滿腹，冬月正其佳時，莆田迎仙鎮乃其出處。」[12]

烏魚本來是溫帶沿海海水中上層頗為普遍的魚類。但從十六世紀起，福建沿海漁民集中在冬季追捕循中國沿岸寒流南下的烏魚群，並非隨性撈捕。此一漁法是為了緊隨洄游的魚群，從而提高撈捕效率。此時撈捕烏魚，還能製作烏魚子，商業價值較高。又因為隆冬時節，烏魚群由江浙沿海隨沿岸寒流南下產卵，此股寒流於臺灣海峽與溫暖的黑潮支流交會；而寒暖流交會之處，即澎湖與臺灣之間海域，烏魚群在此集中洄游。此一特定水域因此成為撈捕肥美烏魚與採集烏魚卵的重要漁場。

正如第二章所說，澎湖與臺灣之間由於水下地形呈漏斗狀緊縮，使得進入此處的黑潮支流力道特別強。烏魚的洄游活動也與這個特殊海底地形有很密切的關係。在江浙、福建沿海成長的烏魚，在冬季時會洄游至南方較為溫暖的海域產卵。烏魚喜好洄游的水域位於二十一至二十三度等溫線內。[13]澎湖水道（黑水溝）使溫暖的黑潮能強勁地延伸到澎湖東北方向，但冬季因黑潮力道較弱，被海底的彰雲隆起所阻擋，因此在彰雲隆起到澎湖附近海域形成了所謂的「潮境」（寒暖流交會等溫區，參見圖5.1），位置大致正好就在二十一至二十三度等溫線之間。大量魚群被吸引到兩等溫線夾構而成的這片水牆（潮境）中，極有利於漁民集中撈捕。此一潮境順著海底地形如同一倒U字型（參見圖5.2）。漁民於澎湖撈捕烏魚時，船隊位於倒U型的西側；潮境東側則需跨過黑水溝才能企及。而雖然烏魚會在臺灣海岸附近洄游約兩個月，但實際上豐漁期只有冬至前後約十天而已。[14]

由於每年冬季北方冷氣團南下強度不同，因此潮境亦將隨著天候而南北移動。近年來因為氣候變異，冬季曾有黑潮前緣越過彰雲隆起的情況，如此則無法因特殊海水地形造就吸引烏魚集中洄游的潮境。烏魚群分散，就不利撈捕。[15]

根據全球氣象史的研究成果，有所謂的「中世紀溫暖期」（九五〇至一二五〇年）之說，即

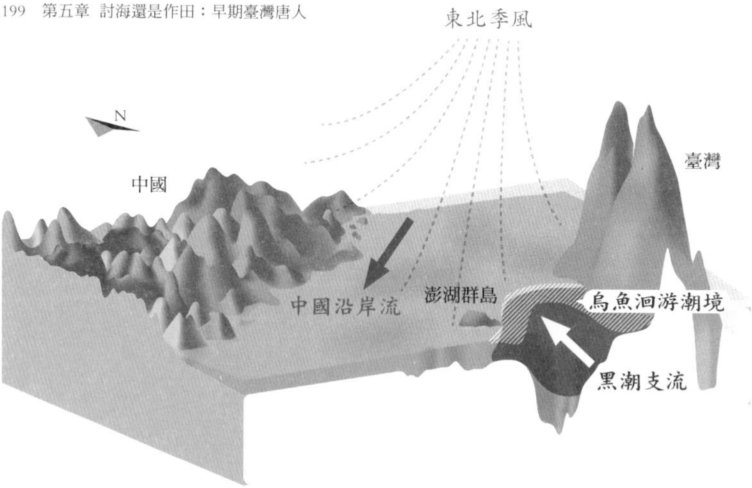

圖5.1　臺灣海峽冬季寒暖流交會立體圖。暖流前緣即為烏魚南下迴游的潮境所在。

來源：重製自 Yu-hsin Cheng, Ming-huei Chang, "Exceptional cold water days in the southern Taiwan Strait: their predictability and relation to la Niña," *Natural Hazards and Earth System Sciences* 18: 7 (2018), pp. 1999-2010, figure 1.

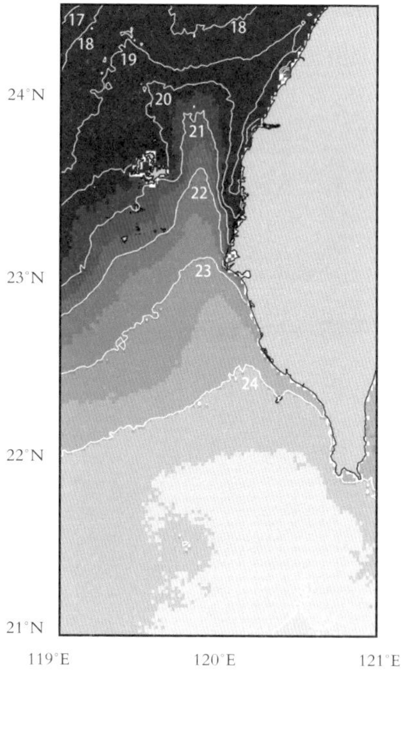

圖5.2　澎湖水道附近海水表面溫度冬季平均等溫線圖。本圖是利用2015-2021年間衛星遙測所取得的資料繪製出的澎湖水道冬季等溫線圖。大致上表現出黑潮支流與中國沿岸留交會處，水溫21至23度等溫線之間呈倒U字型的潮境區域。此即為烏魚迴游產卵之區域，且會因潮流、季風、年均溫等因素南北稍做移動。

來源：重製自 Po-Chun Hsu, "Surface Current Variations and Hydrological Characteristics of the Penghu Channel in the Southeastern Taiwan Strait," *Remote Sensing* 14: 8 (2022), 1816, figure 11. https://doi.org/10.3390/rs14081816.

（感謝中央大學太空及遙測中心許伯駿教授授權應用）

大約在十到十三世紀，全球氣候變得較為溫暖。[16]東亞在中世紀溫暖期時最暖的兩個三十年，分別為一〇八〇至一一一〇年與一二三〇至一二六〇年，其氣溫大約與一九七〇至二〇〇〇年相當。[17]如此似乎可以推測，十二到十三世紀，即南宋到元初這段期間，潮境所在的位置，可能如同今日，稍微偏北，在彰雲隆起附近，而不會南進至高雄（詳下）。[18]

到了十六世紀晚期與十七世紀中期，則正值「小冰期」氣候，海面溫度略為下降。②因此可以推論，十六世紀中晚期臺海冬季海面的等溫線，應該也會南移。根據一九二一年（當時年均溫約較二十世紀百年均溫低〇．五度）日本生物學者大島正滿的觀察，當時捕捉烏魚的豐漁漁場主要在臺南與高雄、東港，這與戰後相當不同，可以視作漁場曾隨著地球年均溫變化南北移動的科學實證。[19]而當代學者在研究海南島珊瑚的成分後推估，一五六〇至一六三〇年間（小冰期）的氣溫較一八五〇至一九五〇年間均溫要低約一．五度。既然小冰期的氣溫較當代低不少，我據此推測，十六世紀中晚期至十七世紀早期的烏魚豐漁漁場，可能會更偏南方一點，甚至移到高雄、東港海域一帶。[20]當代環境史研究指出，中國普遍的氣溫在九至十二世紀（中世紀溫暖期）平均較當代（二十一世紀）還高約〇．三度。[21]已知當代氣溫已較漁場在臺南、高屏沿海的十七世紀為高，故追逐烏魚的中國宋元時代漁民，其撈捕活動主要應當在偏北的嘉義沿海發生，距離臺南、高屏沿海潟湖地形較遠。冬季潮境的移動情況，還可參考按照一九七八至二〇〇九年間所測量的海上等溫線之移動加以推想（圖5.3）。[22]

前述元代汪大淵從泉州被載運到臺灣南部某一地點（既然大船可停泊，應該不在嘉義沿海）並目擊臺灣原住民生活時，並未提及任何中國人在當地長期居留的情況。也就是說，儘管從宋代開始漁民已因追逐烏魚群而到澎湖，卻顯然並未進一步移居臺灣；其原因可能正是因為宋元時候是中世紀溫暖期，烏魚的漁場在雲林、嘉義沿海，這片漁場與原住民的居所中間有大片寬廣的水下潮坪、水面沙洲地形阻隔。天然地形的阻礙使得宋元漁民登岸與原住民接觸的機會稀少。汪大淵本身並非船員，而且很可能是附搭在載運了多國商人的馬來船隻上，水手、船長屬於馬來語系的南島族群。這就解釋了為何船商、水手與臺灣原住民能夠和平溝通，卻沒有表露移民臺灣的傾向，因為實際熟悉此一貿易航線的航海者，大概根本不是中國人而是馬來人。汪大淵在臺灣的停留、交易等等安排，也大概完全是透過這些馬來人的中介，因此他才對地方僅

---

② 一五五〇至一六〇〇年之間氣候較冷，一六〇〇至一六五〇年氣候曾回暖，但一六五〇至一七一〇年又變冷。這些變化跟臺灣高山樹木年輪的紀錄可以相互對應。

止於概括描述，且少有針對特定人、地、語言、航行方式的記載。③

相對於宋元時代氣候處於中世紀溫暖期，晚明（約一五七〇年後）所面臨的卻是小冰期使得全球氣溫突然下降。這也導致烏魚洄游的潮境移動到臺南、高屏沿海的機會大增。漁民航行到臺灣西南沿海的河口、潟湖地帶，一方面能取得飲水，一方面能與原住民保持距離，並守望等待烏魚群洄游南下。船隊集體出現時，唐人的勢力足以與原住民抗衡。尤其是在高屏沿海海岸附近，或許由於捕烏船隊規模較大，而且是全體進入潟湖、河

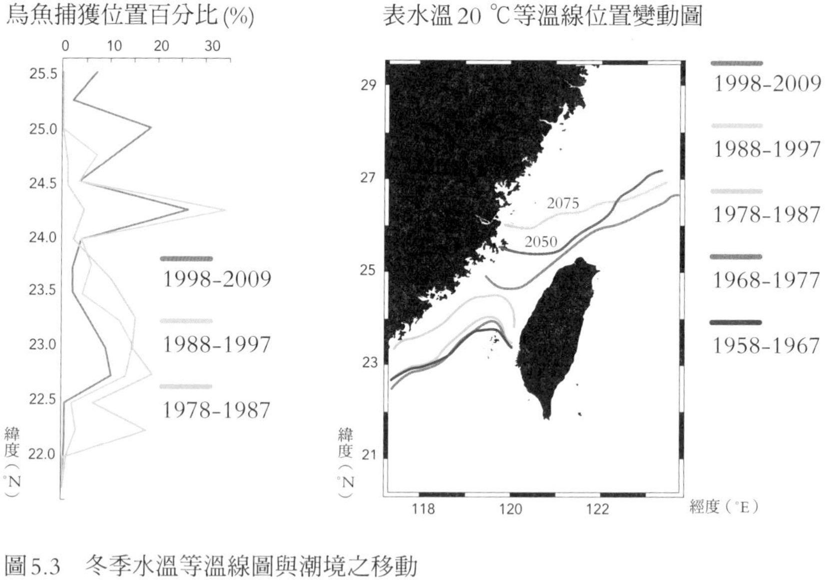

圖5.3　冬季水溫等溫線圖與潮境之移動

來源：重製自藍國瑋、龔國慶，〈全球變遷對海洋漁業資源的衝擊〉，《科技報導—焦點話題》402（2015），pp. 4-7，圖3.2。

（感謝國立臺灣海洋大學環境生物與漁業科學學系藍國瑋教授授權應用）

口停泊過夜，自我防禦能力大增，引起了原住民的不安，而逐漸向內陸移居。因此在十七世紀前期荷蘭人抵達時，由臺南至高雄沿岸的潟湖附近，幾乎都沒有原住民的聚落存在。

捕烏船隊由臺灣西南沿岸駛回福建時，因不需追蹤烏魚聚集之潮境，也就不需以船隊形式集體活動。不過一旦集體行動的人數減少，停留於臺灣海岸的風險便大增。即使迅速回到福建海岸求援，大隊人馬來援仍須在澎湖等待每月大潮時機以利逆著黑潮渡海，無法即刻來救，這造成個別墾殖活動的困難。總之，若沒有軍隊為後盾，個別漁民想在不考慮原住民的意願下登陸墾殖，將冒非常大的風險。

陳第的〈東番記〉（一六〇三年）記載了漁民前往臺灣撈捕烏魚所見：

> 居島中，不能舟；酷畏海，捕魚則於溪澗，故老死不與他夷相往來。永樂初，鄭內監航海

③汪大淵本身並未記載所搭乘的船隻是否為中國所製，或船主是否為中國人。當時從單一港口出航的船隻和商人可能來自各地，馬來人的大型船艦尤其常見，參見：菲力浦·鮑靈（Philip Bowring）著、馮奕達譯，《風之帝國：全球貿易的關鍵地帶，海洋亞洲的盛世繁華》（臺北：聯經，二〇二二），頁一七三、一九九—二〇三。

> 諭諸夷，東番獨遠竄，不聽約，於是家貽一銅鈴，使頸之，蓋狗之也。至今猶傳為寶。始皆聚居濱海，嘉靖末，遭倭焚掠，迺避居山。倭鳥銃長技，東番獨恃鏢，故弗格。居山後，始通中國，今則日盛。漳、泉之惠民、充龍、烈嶼諸澳，往往譯其語，與貿易；以瑪瑙、磁器、布、鹽、銅簪環之類，易其鹿脯、皮角。[23]

也就是說，臺灣西南岸原住民不具備可脫離沿海航行的技術，沒有近海漁業，當時也與東南亞其他地區的航海民族全無常態性往來。陳第根據原住民所擁有的器物（銅鈴），推測十五世紀永樂初時，明帝國雖未與臺灣原住民發展出官方關係，但中國物品已輾轉傳入島內。但事實上，除了陳第在這裡所採取的漁民口傳說法外，官書中並未有任何鄭和船隊探訪臺灣的記載。不過，明代鄭和船隊大舉出航（「鄭內監航海諭諸夷」），顯示此時唐人船隻在此一海域已取代宋元時代的馬來船隻。

至於「始皆聚居濱海，嘉靖末，遭倭焚掠，迺避居山。倭鳥銃長技，東番獨恃鏢，故弗格」，是因十六世紀晚期（嘉靖〔一五二二至一五六六年〕末年），一來全球氣候降溫導致漁場南移，誘使捕烏船隊進入臺南、高屏沿海，二來由於日本（與稍後菲律賓之）白銀，此時正透過種種正當與不正當的管道經閩南流入中國，使得華南沿岸的社會秩序受到擾動，引發了「倭」這樣的私人武裝勢力頻頻與官軍對抗，雙方不斷衝突，波及濱海原住民的生活。為了避免受害，這些原住民逐漸遷入內陸。等到潟湖地帶的原住民村落都遷移到潟湖內側海岸，距離捕烏船隊落腳的沙洲地區夠遠，令船隊產生足夠安全感後，有些零星唐人受到原住民的接納，得以「譯其語」，溝通雙方，兩者接觸與交易的範圍這才開始擴大。但以上是我的推論，學界目前仍在爭議，尚無定論。

此外，陳第發現此地所耕種的稻米與福建並不相類：「禾熟，拔其穗，粒米比中華稍長，且甘香。」[24]這句話很值得注意，可見當時並無任何福建農民在此耕種水田與引進當時中國稻種，由此反證即知當時並無大規模唐人移民到臺灣的跡象。不過，原住民的農耕活動，那時卻已受到外界的影響，因為陳第記載了「蔬有蔥、有薑、有番薯」。[25]番薯為十五世紀以來由美洲向世界擴展之作物，西班牙人至十六世紀中後期才於菲律賓落腳，因此番薯在陳第一六〇三年來訪臺灣前就已成為原住民種植的作物，很可能是前述福建漁民進入西南沿海潟湖所帶來的。

本地漁業的發展

一六二四年荷蘭東印度公司落腳大員後，也注意到臺灣本地的漁撈活動，特別是每年冬季福建船團為了撈捕烏魚，跨過黑水溝前來大員停泊的情況。後來，由於鯤鯓沙洲上有荷蘭人城堡提供保護，又有熱蘭遮市鎮日漸擴大的消費市場支持，因此逐漸有不少漁戶聚集到一鯤鯓與北線尾沙洲居留。此外，當一六三四年荷蘭東印度公司於魍港起建芙列辛根城時，也在城堡附近設立居住區域。在城堡監視的範圍之內，也容許漁民登岸休憩，搭蓋漁寮。

圖5.4是一六三四年荷蘭東印度公司臺灣長官普特曼斯為重新規劃大員港市所命人繪製的示意圖，其中描繪了北線尾沙洲上面的漁寮、漁舍和漁舟。較大的三艘船隻則是公司擁有的快艇，長約十五至二十公尺。這些漁民有固定的交易市場，專門供應鮮魚給當時已在熱蘭遮市鎮定居下來的唐人海商和城堡內的荷蘭駐軍，並且受到公司的保護。

圖5.5為一六四四年大員當局因芙列辛根堡倒塌，需派員實地調查以籌備新的瞭望所時，所繪製的魍港周邊示意圖。圖中可見設立在蔴荳溪口沙洲上的芙列辛根堡（A），還有城堡所監視的三處漁寮（B、F、M）。當捕烏魚船隊過黑水溝後，將首先停泊在城堡附近標示為G的兩處

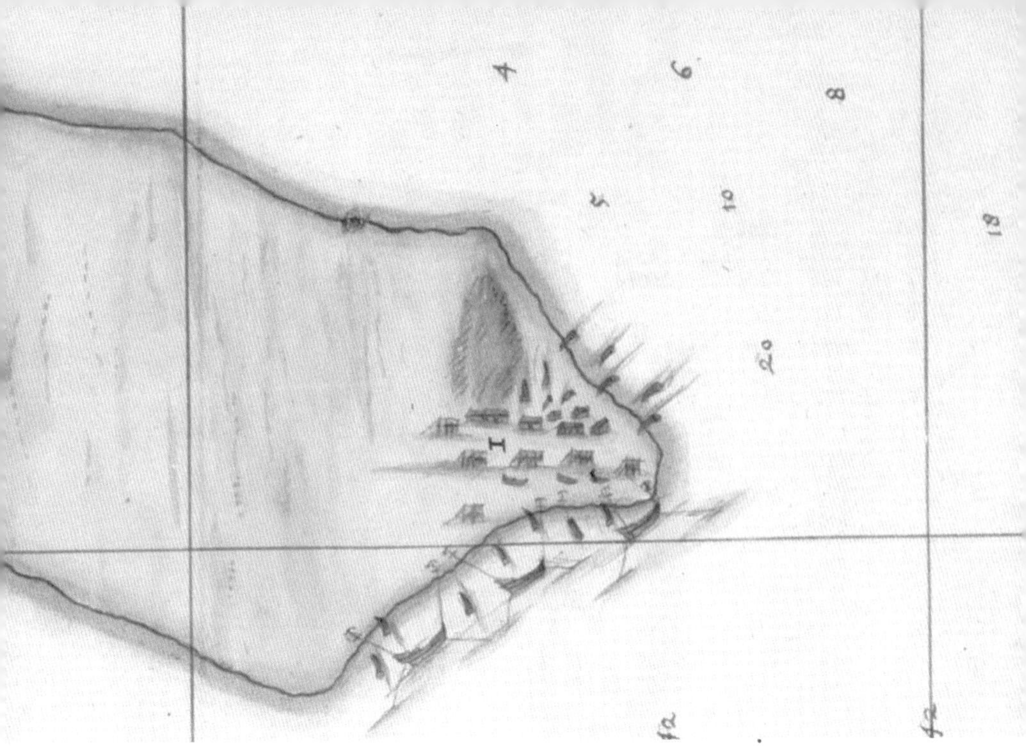

圖5.4　荷蘭地圖中北線尾沙洲上的漁寮
（此放大區域為原圖向左翻轉90度）

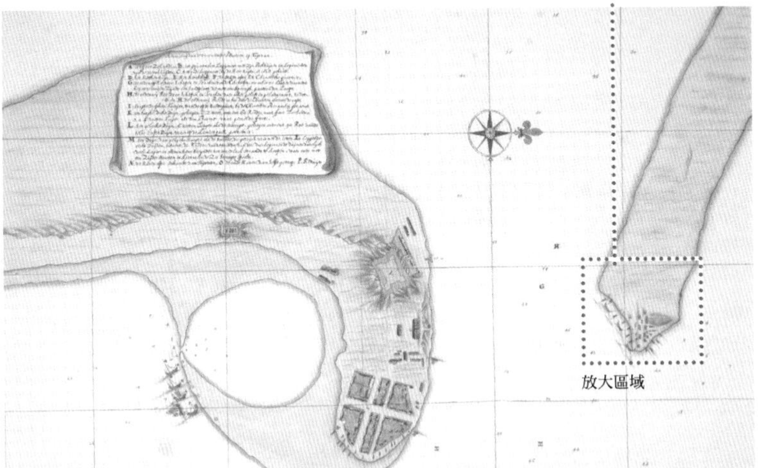

來源：Österreichische Nationalbibliothek/Vienna, Atalas Blaeu-Van der Hem, Bd. 41: 04, fol. 41-42, (3). Johannes Vingboons, "Plan von Taoyuan und dem Fort Zeelandia. Anno 1670."

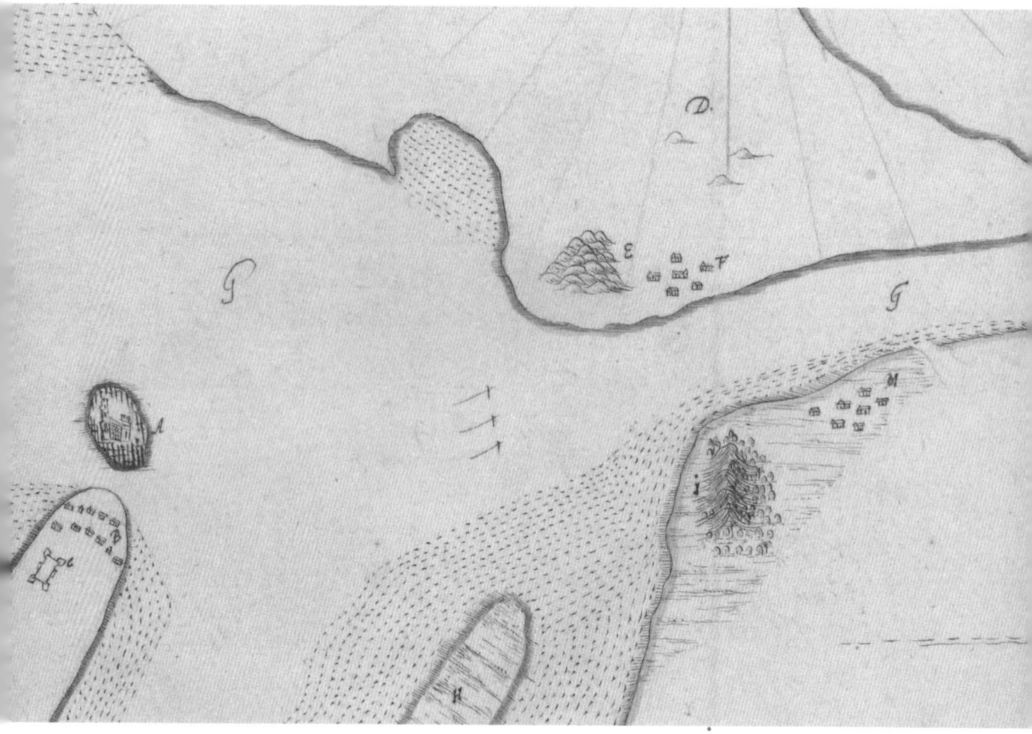

圖5.5　魍港形勢圖局部。圖中可見魍港附近有漁寮。

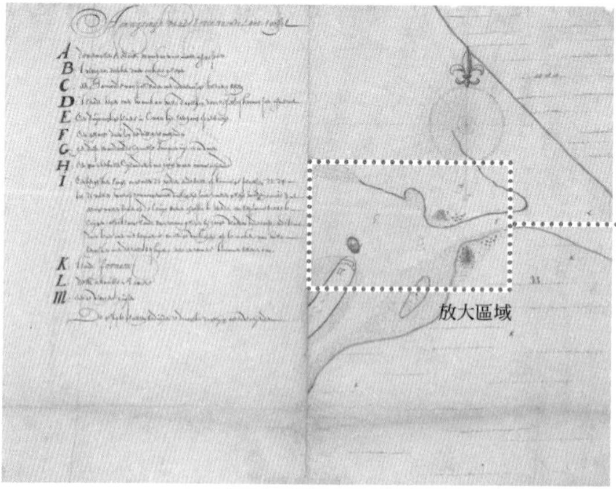

來源：Österreichische Nationalbibliothek/Vienna, Atalas Blaeu-Van der Hem, Bd. 41: 04, fol. 41-42, (3). Johannes Vingboons, "Plan von Taoyuan und dem Fort Zeelandia. Anno 1670."

水下沙溝較深的水道，漁民則可上岸在B、F、M三處休息。

魍港芙列辛根堡於一六三四年動土，一六三六年完工。一六三三年夏季的幾個颱風，帶來豐沛降雨，導致魍港停泊區的水道（潮線下沙溝〔subtidal channel〕）被沖刷得比較深，可容許吃水約十三荷呎（阿姆斯特丹呎約當二八．三公分）的日本大船入港。荷蘭人因此決定建造芙列辛根堡，堵住這個有可能不受荷蘭人控制即進行出口與轉運的水道。[26]芙列辛根堡的保護功能還不只如此。首先，如同第二章所說，日本當時對臺灣鹿皮的需求旺盛，荷蘭人急需擴大獵場，獲取更多鹿皮；而在此一碉堡建立後，荷蘭軍隊由大員登船，前往北港溪口以進入嘉南平原征伐虎尾壠村（清領時稱「南社」，Favorlang），就有了一處安全的中繼站。[27]隨著荷蘭人兵力觸及中部原住民獵場，其鹿皮出口數字也在一六三八至一六四〇年間達到最高峰。此外，學者韓家寶（Pol Heyns）指出，當時正逢熱蘭遮城擴大修建，需要灰泥（紅毛土）作為建材，④而魍港可以提供唐人工匠許多燒製灰泥的原料，有了芙列辛根堡的保護，他們便更能放心就地生產

---

④灰泥是燒製牡蠣殼而成，後來俗稱「紅毛土」，當時史料稱為「蠣房灰」。魍港周邊廣大的潮間帶泥灘地當時遍布大量牡蠣，因此能用來燒製大量的灰泥。

灰泥。[28]

一六二七至一六三三年間，荷蘭東印度公司人員陷入與鄭芝龍、明帝國官方勢力、日本朱印船商、諸海盜的纏鬥中，加上忙於籌設貿易管道，無暇管控魍港。在這亂局逐漸收束，而漁民再度來訪後，可能有零星漁民在上述北線尾沙洲（大員）和麻荳溪口沙洲（魍港）兩地，於公司城堡的監視與保護之下，得以短暫上岸居留。這些漁民的數目，應該比當時居住於熱蘭遮城的商人及辦事人員要少許多。一六三六年起，公司正式開始推動臺灣的農業墾殖活動，因此熱蘭遮市鎮的商人投資者也著手進行土地開發，招募閩南農民前來工作。比起這些季節性往來的農工，此時定居在熱蘭遮城周遭的漁民，數量上更顯微不足道，但從歷史發展的眼光來看，卻很有意義。因為這是十六世紀以來，全球氣候因小冰期日益降溫後，對岸漁民不斷前來臺灣臺南沿岸從事「異地漁業」，最終在熱蘭遮市鎮發展出來的「本地漁業」。這樣的漁業存在的前提是足夠的城鎮消費人口。而隨著熱蘭遮市鎮人口的增加，定住下來的漁業人口，自然也會跟著增加。

而在芙列辛根堡完工的一六三六年前後，因為有了巴達維亞派來的軍力增援，荷蘭人也對小琉球的原住民採取武力行動，將之幾乎滅族。在進軍同時，荷蘭人一面拉攏小琉球對面屏東放縤村社的原住民，一面建立「大員—打狗—小琉球」海上巡迴路線，因此可以完全監控福建捕烏船團沿臺南、高屏海岸所進行的撈捕烏魚活動。

但此後不久，大員當局意識到一旦阻止原住民任意殺害唐人，可能會造成唐人迅速擴展移民活動，而決定將唐人與原住民的生活領域隔絕開來。荷蘭人在一六四〇年代中期設計了贌港、贌社的稅收承包制度，將原先必須親自前去從納稅人身上課稅的手續，拍賣給願意從事這項服務的稅收承包商。與此相應，承包了某個港（漁場，產出鮮魚）、某個社（原住民村落，鹿場，產出皮與肉），等於也被賦予壟斷此處生意的權利。承包商替漁民與原住民繳納稅款，這些稅款即是從他與漁民和原住民收購物產賣出所得的利潤中撥出來的。承包商（即港商、社商）得自行保護其壟斷權利。港商不讓其他漁民進入漁場，社商也不讓其他唐人商人進入村社。在承包商為維護自身利益的積極監管下，荷蘭人因此確保了不會有更多唐人進入原住民村社，另外他們又規定唐人不許於沿岸一荷哩（七．四公里）的範圍內居住，阻礙前來沿岸撈捕的唐人漁民於海岸定居形成漁村。[29]

再加上在荷治時期，隨著人口規模擴大，本地漁業即使也不斷擴大，但位於北線尾沙洲與鯤港沙洲上的那些漁寮，仍因為頻繁受到颱風洪水的侵襲，沒有真正形成累世居住的定住漁村。

然而當時發展出來的臺灣本地漁業，因在供應熱蘭遮市鎮的漁獲上，需配合唐人市民與荷蘭人官員的偏好，而有了一些特別的發展，至今猶存，例如臺灣「土魠魚」之名的由來。土魠魚學名為「康氏馬鮫鰆（*Scomberomorus Commersoni*）」，是熱帶、亞熱帶海域常見的肉食性魚類。在歐洲，主要是法國漁民在西非外海的大西洋漁場撈捕。另外也常見於加勒比海、東非馬達加斯加周遭印度洋海域，以及爪哇海、澳洲北部海域等。此種魚類在荷語中有名字，叫「Konigvis」（Konig為「國王」，vis為「魚」，故直譯為國王魚），但在海上航行的各國歐洲水手們，多習慣用十五世紀以來即縱橫以上多個海域的葡萄牙人的稱法，以「Dorado」稱呼之。[30]康氏馬鮫鰆在十七世紀中國東南沿海，也是漳泉漁民經常食用的魚類，方志上稱為「馬鮫」或「馬加」，視為春季的美食。時至今日，在泰國與大馬諸國，仍將大部分的鰆魚（康氏馬鮫鰆是鰆魚的一種）稱為「馬鮫」，這是源自閩廣兩地的稱法。[31]在臺灣，「土魠」這個名稱，則因為荷蘭人在日常生活中與唐人交往使用的語言為葡萄牙語（在海上生活的荷蘭人，除荷蘭語外，也會大量借用西班牙語或葡萄牙語等「外來語」），而將康氏馬鮫鰆稱之為「Dorado」，隨後在以漢字記音的過程中，中間音節「ra」脫漏，而成為「Do-do」。在十八世紀初期日本博物學者平澤元愷的記載中，也說明「土魠」原先正確的名字應為「土鱣」（Do-〔ra〕-tu），正是葡萄牙語

Dorado的發音方式。[32]曾於一六七二年訪臺的英國水手巴洛（Edward Barlow），為他在中國周邊海域撈捕食用的Boneta繪製了圖像，正是我們熟知的土魠魚（鰆魚）。葡語Boneta脫漏Bo後成為Neta，即為當時唐人所說「土魠」的漢籍記載名稱「泥鱝」，因此確證了這樣的生活史軌跡（參見圖5.6）。

荷蘭人所發布沿岸一荷哩範圍內不許唐人定居的規定，實際施行在高屏沿岸的潟湖地帶後，會產生意想不到的漏洞。臺南到高屏沿海，由堯港經打狗到放縤一帶的潟湖群，其內側海岸，並無原住民的村落存在，因此成為荷蘭當局規劃為預備頒授給唐人移民土地之區域。而所規定的一荷哩淨空區，若將潟湖的寬度納入考慮之後，潟湖內側陸地容許授田居住的區域，距離潟湖內水域其實不遠。如此一來，把唐人與海岸隔絕開來的效果將大減。這個區域沒有原住民村落的原因可能同前所述，十六世紀晚期因漁場南移，潟湖地帶原住民因受到漁民、海盜擾害而退往更為深入內陸的地區。當臺灣西南部潟湖群內側陸地，在荷治末期（一六五六年後），因為有溪流通過（所以才會有瀉湖），自然條件滿足灌溉需求，逐漸被開墾為水田後，居於此地（如「礁巴斯（Poespas）」區，推測約今橋頭；「觀音山（Quanimswa）」區，推測約今楠梓）的農民，可想而知會開始需求潟湖內水域與高屏沿海的漁產。

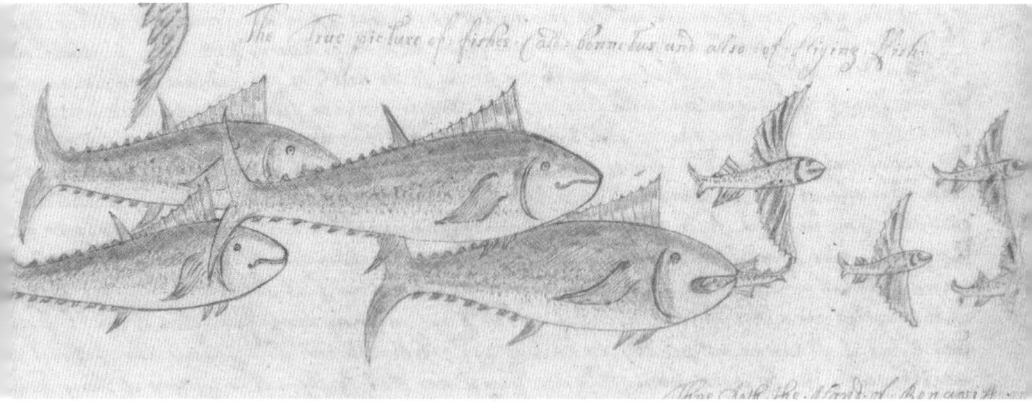

圖5.6　英國水手巴洛（Edward Barlow）於1672年所繪製的鰆魚，被稱之為Boneta，即土魠魚於漢籍記載名稱「泥鱝」的對音。

來源：Journal of Edward Barlow, 1656-1703. (Manuscript) (JOD/4). L4309-007, National Maritime Museum, Greenwich, London.

由於打狗一帶距離大員較遠，潟湖上又經常有大量捕烏小舟暫泊，漁民可在沙灘上進行烏魚加工（曬烏魚子，醃烏魚乾）。當這些漁民在沙灘、潟湖或往內陸去銷售漁產給農民，或者農民閒暇時到潟湖內水域撈捕採集，乃至於登船參與近海漁業，農漁混合的情況於是自然發生。如此將很難阻止唐人利用漁船，避開熱蘭遮城直接輸運移民。這樣的進展引發了荷蘭當局的危機感。揆一長官與評議會在一六六〇年考慮在打狗設立碉堡或崗哨，正是荷蘭官方警覺後欲採取亡羊補牢的手段。[33]只是既然一六六一年鄭成功率軍登陸，此一未施行的方案也就失去意義。

根據中研院GIS中心所做的調查，臺灣祀奉「天上聖母」（媽祖）且創立於一六二四至一六八三年間的寺廟，其分布的緯度區間正好對應於臺灣海峽彰雲隆起（三十公尺等深線）以南、大陸棚邊緣（二百公尺等深線）以北（圖5.7）。後者大約就是冬季海面二十四度等溫線，亦即大陸沿岸寒流往南移動的最末端；也就是說，就算某一年的冬天再冷，烏魚洄游的潮境也不太可能超過這條線太多。倘若媽祖廟創立年代可以反映臺灣沿岸漁民建立定居聚落的時代，那在荷蘭人離開臺灣之後，清政府許可並推動移民墾殖政策（一七三二年廢止渡臺禁令）之前，鄭氏時期所設立的移民漁村，大抵也在烏魚漁場的南北界之間，位於有潟湖或開放河口地形之處。

在目前漢文文獻中可見最早的漁民定居臺灣記載，為捐建旗津天后宮的十餘戶人家（一六

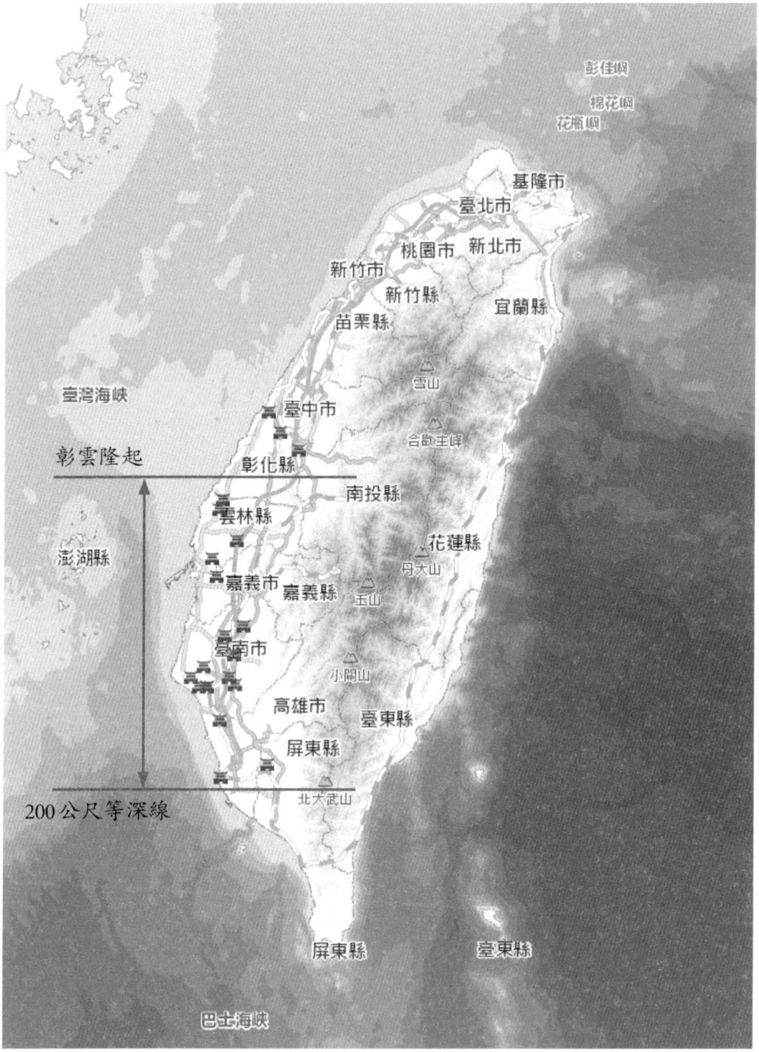

圖5.7　據稱於1624-1683年期間創立且奉祀媽祖的寺廟位置分布圖。大部分位於烏魚迴游潮境移動南北限內。

來源：中研院文化資源地理資訊系統，文化資源檢索，主祀神明天上聖母，創立年代1624-1683。

七三年因避風來臺）。[34]考慮到一六五〇年代後適逢小冰期氣溫再度下降、冬季潮境向南移動的情況，當時撈捕烏魚的船隊應該經常停留於高雄潟湖；[35]再加上荷治後期高雄平原迅速開墾的事實，除了安平之外，率先出現漁民供應定居農民食物的地點，確實就可能在打狗潟湖地區。[36]在旗津天后宮成立前後，鄭經詩作〈詠東寧勝境〉「兩岸人煙迎曉日，滿江漁棹乘朝風」兩句，頗為生動地描寫了台江內海周邊安平、赤崁漁民的出海盛況。亦即日出前後，漁船會趁著陸地還沒曬熱，陸風仍持續的時候，由台江內海向近海水域出發。這首詩也反映了東寧時期（一六六一至一六八三年），隨著於內陸開墾定居的農民人口漸次擴張，臺灣近海漁業也逐漸發達的情況。此後漁民開始在臺灣沿岸定居下來，不再如同荷治時期，以從福建前來漁撈後即返國的異地漁業為主。

由農業移工到唐人移民

荷蘭官方於臺灣種植甘蔗，約始於一六三六年，占領大員港的十多年後。這是因為荷蘭東印度公司占領大員港的首要目標，是從事轉口貿易（中—日／絲—銀）之交換，而非種植與出口作物。而中日轉口貿易直到一六三四後半年，荷蘭東印度公司與鄭芝龍兩方達成了合作貿易的默契後，才開始穩定運轉。一六三六年時，公司因迫切取得臺灣鹿皮，以奪占因暹羅政變無法供應鹿皮給日本市場的空缺，而大舉北進鎮壓中部原住民。武力壓服原住民之後，公司得以保護唐人獵戶進入原住民獵場追捕鹿群（見第二章）。試想，一旦殺害唐人成為禁忌後，因種種理由寄居原住民村落的唐人，開始發展小規模的農業，幾乎不可避免。可以說荷蘭官方後來主動冒著虧本的風險投入推動農業墾殖，也是登陸臺灣後十多年間，與唐人和原住民累積了相當的接觸經驗，最後決定因應其習性、順勢而為的結果。

荷蘭人之所以有意在東亞取得蔗糖，主要是為供應阿姆斯特丹的歐洲分銷市場。十六世紀以來歐洲人的海上擴張，使得葡萄牙人先後在大西洋的幾個島嶼、乃至現在巴西的伯南布哥（Pernambuco）生產蔗糖供應歐洲市場。[37]荷蘭人與西葡兩國人敵對，當然也難以向他們收購蔗糖。一六二三年，荷蘭西印度公司開始大舉進攻巴西，並於一六三〇年攻下了伯南布哥。但與荷蘭人的設想相反，巴西成為戰場的這幾年（一六二四至一六三七年），蔗糖價格因為戰爭，反而抬升了一倍。[38]為了取得廉價的蔗糖，荷蘭東印度公司先是從臺灣向中國大量收購蔗糖。隨著中國蔗糖價格上漲，荷蘭當局很自然地從一六三三年起嘗試利用臺灣的土地與人力自行生產蔗糖。成功後，一六三六年荷蘭當局從巴達維亞邀請唐人僑民領袖蘇鳴崗前來臺灣，協助招請唐人農工來開墾土地種植甘蔗，並且於一六三九年發放土地給特定商人，讓他們分頭僱用農工種植作物。[39] 一六四〇年後大約有三千多名唐人定居於臺灣（荷蘭人控制的區域內）。[40]

公司在臺灣推動農業開墾，必須在具備充分水源、土地肥沃、公司可派人監控的範圍內。再加上為了避免唐人在原住民村落開墾田園，日久造成兩者混居，可能結合反抗公司，荷蘭當局在一六四二至一六四四年間，宣布所有原先已在原住民村落墾殖的唐人，都需撤出，遷徙到赤崁的範圍內，另行開墾田園。[41]

與此同時，為了開墾田園，耕牛也被輸入臺灣。一六三二年，由於荷蘭東印度公司臺灣長官普特曼斯與鄭芝龍合力擊敗海盜鍾斌，荷蘭人一度獲准可至福建沿海購物，當時即曾派船前去收購牛馬等牲口，以為建設城堡及島內交通之用。[42] 此外，一六三三年普特曼斯長官與鄭芝龍發生衝突，荷蘭艦隊也在中國沿岸掠奪了二一四頭牛。[43] 因為巴西戰事的影響，巴西蔗糖要到一六四二年左右才恢復供應歐洲，在一六三七至一六四二年間，荷蘭當局因此在臺灣大舉推動植蔗事業。除了如前述招募農工之外，也鼓勵收購、繁殖耕牛。至一六四〇年臺灣本地已有一千二百至一千三百頭牛。一六四六年起，已有餘力由臺灣送交牲口運補停留菲律賓海域的荷蘭艦隊。[44]荷蘭當局引進獸力，當對開墾臺灣土地有所助益。

一六四七至一六四八年間，由於清軍進入福建，同時鄭芝龍迅速被擄北上，福建一時之間戰雲密布，大量人口暫時遷入沿海島嶼避難。隨後數年臺灣的唐人人口由五千人上升到約一萬五千人。[45]荷蘭東印度公司迅速由日本、泰國調動米糧，在臺銷售，餵養遷避人口。[46]大量漳泉難民遷避到臺灣後，應當有不少人注意到赤崁耕地已開墾出種植稻米的水田。儘管荷蘭當局所重視的是甘蔗，一六四五年時水田耕地的面積卻約為蔗園的三倍。一六五〇年代中期前降到約兩倍，但之後又拉大到約三倍的差距。[47]水田持續開墾生產，也代表移民定居的情況愈來愈穩定。

普羅文遮（赤崁）市鎮興起於台江潟湖最靠近岸邊的水源「大井頭」之處。向東為一緩緩升起的臺地地形。荷蘭當局所策劃的街道即由大井頭起向東延伸，預計作為收集、堆放農產品的碼頭倉庫和交易地帶。

臺南臺地南北分別有二層行溪（今二仁溪）和曾文溪，東側邊緣地形下陷處，過去為鯽魚潭所在。故適合興建水利工程以灌溉水田的地方，大致位於臺南臺地南北兩側地勢較低之處，如中樓仔；或是位於臺地東緣二層行溪附近的中港崗和下港崗、可接引鯽魚潭灌溉的香洋仔，以及臺地南緣和二層行溪下游的桶盤淺與瀨口。這些可能是最早開始開闢水田，種植稻米的地方。

一六五六年之後，鄭成功率軍逐步北征，閩南、潮州地區遂受到清軍壓迫，更多唐人移居臺灣種植水稻。根據韓家寶的研究，從一六四七到一六五七年，稻米種植的耕地總面積在一四五八至四一七五摩亭（morgen）間變動，若以每摩亭八一二九平方公尺計，可換算為一一八五公頃到三三九三公頃。[48]這些水田應該多位於上述地帶。與此同時，荷蘭當局也因中國戰亂以致倚賴中國貨物所進行的中日轉口貿易日益走下坡，於是更加鼓勵唐人移民與開墾農地。在這種情況下，二層行溪以南的土地，則沿著海路向南，大致上也由堯港周邊開墾起，並由海濱往內陸延伸，形成新興開墾區域（推測為今路竹一帶）。[49]根據荷蘭地圖學者冉福立（Kees Zandvliet）的研究，鄭成功於占領臺灣同年，推行了如下屯墾計畫：

> 一六六一年夏季，鄭成功將島嶼按照軍事編制劃分成許多獨立的農墾單位（按：即「營盤田」），每單位沿海岸線分配到四十五公里長的土地，至於土地向內陸延伸多遠，則無規定。每一單位正中央盡可能接近海濱的地方，指定為聚落的中心而已經開墾的赤崁地區，即由普羅文遮城向南延伸七十公里的地域，則劃為鄭成功及其朝廷的領地（按：即「文武官田」）。荷蘭測量師被派去測量單位間的界線，沿海岸設立界標。被劃分的的海岸由赤崁

地區向北延伸出一四〇公里，向南則有七十公里。整個一六六一年夏季，他們測量了二六〇公里的海岸線。[50]

《諸羅雜識》記載：「及鄭氏攻取其地，向之王田，皆為官田」、「鄭氏宗黨及文武偽官與士庶有力者，招佃耕墾……名曰私田」、「其餘鎮營之兵，就所駐之地，自耕自給，名曰營盤」，比較上述兩種記載可知，原先荷蘭東印度公司在一六五六年後授與高階商務員、牧師還有各地政務員如揆一、西薩者以使用權的公司所有土地，在鄭氏占領後轉作為官員俸錄所用，稱為「官田」。那些隨鄭氏前來的那些「有力者」，很可能會繼續在原有的荷蘭官方授與高階人員土地附近加大開發範圍，擴大荷治時期的計畫開墾區域。其他劃分給士兵屯田的土地，則是隨著各營鎮在軍船可登陸之要地鎮守並開墾。鄭成功下屬戶官楊英的《從征實錄》一書，也約略提到營盤田一開始的劃分為：「左先鋒札北路新港仔、竹塹」（即今日後壠、新竹一帶），「以中衝、義武、左衛、前衝、游兵等鎮札南路鳳山、觀音山屯墾」（即今日岡山、鳳山一帶）。北界有竹塹港能由海上補給，南界則有打狗港能由水運接濟，可見營盤的設立與港口的關連較陸地路線為強。如今日的燕巢原稱「援勦」，即為鄭氏南界屯墾區鳳山、觀音山之間平原，位置大約是在荷治晚期礁巴斯與觀音山開墾區再往內陸延伸一些。[51]

如同前述，原先荷蘭當局並不允許漁民在臺灣西側沿岸地區定居（規定沿岸一荷哩範圍內不許唐人定居）。至鄭氏統治的時代，雖然仍將灣澳漁場出贌收稅，但已無限制移居的禁令。於是沿海地區漁港所在處，陸續有漁民定居下來。此外，由於鄭氏時期已撤除荷治時期對濱海溼地的管制，加上不斷擴大的食用魚消費需求，促使鹹水養殖漁業開始發展，推測此即鄭經時期將虱目魚養殖事業引進臺灣的大背景。[52]

小結

十二世紀起，臺灣島上的原住民已受到唐人貿易網絡的影響，而福建沿海漁民亦經常於臺灣沿岸活動。唯因時值中世紀溫暖期，烏魚洄游潮境偏北，接近今嘉義一帶潮坪、濱外沙洲，遠離嘉義以南沿海潟湖區域，故唐人漁民始終未曾建立可在臺灣本島自給自足的居地。十六世紀晚期後，小冰期使氣溫開始下降，潮境因此南移。福建漁民為追逐烏魚潮境洄游漁場，而集體前往臺灣西南沿海，進入臺南、高屏沿海。他們短暫留宿這片潟湖海岸，迅速擴大了與原住民的接觸（對原住民來說則是侵擾），加上海盜猖獗肆虐，導致澎湖地區原住民走避，撤離海濱。然而烏魚漁期甚短，唐人漁民亦無久留建立居地的必要。

十七世紀荷蘭人因尋求與日本貿易，兜兜轉轉最終於大員設立殖民地。荷蘭人的殖民政策針對原住民的土地運用範圍設立規定，又劃出農業用地，引進唐人投資與生產。一六三〇年代唐人海商與農工被引入赤崁耕地，應荷蘭東印度公司需求，種植甘蔗、稻米等作物。荷蘭人並引進牛隻作為開墾耕地之用。一六五〇年代後，中國陷入混亂，難民流入，正合鼓勵生產蔗糖的荷蘭當局心意，臺灣農地開墾也因人力湧入而漸入佳境。移民主動開墾的水田增加後，陸續有唐人農工前來定居本島。窮苦農民非常需要廉價的魚肉，這又使得大員周邊開始有愈來愈多漁民定居下來。但由於荷蘭人提防唐人由海上滲透，故仍嚴格控管海岸地區，阻礙漁民定居。

一六六二年鄭成功攻取臺灣後，仍依荷蘭東印度公司所確立之土地私有原則來分配土地資源。除將公司遺留財產劃歸國有外，荷蘭當局原先計劃開墾的赤崁區域，則放領給私人有力者招佃開墾。而為了防守海岸並實施軍糧自給，另外創立「營盤田」制度，即使在原本荷蘭人劃歸給原住民的海濱處，也劃設營盤田，由各軍隊單位經營。沿海有設立營盤田之地區，漁民的活動不受原住民的干擾，乃逐步定居於沿岸城鎮，形成漁村。簡言之，要至十七世紀晚期，唐人才有能力在臺灣西南海岸擁有自給自足的居地。清領初期，王士禛（1634-1711）在《居易錄》當中記載：「臺灣多番民，呼中國人曰唐人，亦如荷蘭、暹羅之謂唐人也。」這就表示當時臺灣原住民已明確認知到，唐人不再是定期來訪的漁民、商人，而是在臺灣本地長期居留的一種人群了。而臺灣最早的古墓「曾振暘墓」立於一六四二年，為荷蘭東印度公司確立土地私有制度前後，可說是唐人真正開始在臺灣定居的起始年代。[53]

唐人社會在臺灣之確立，其基礎仍是仰賴國家武力造就的土地私有產權。這也是雖然漁民早於農民在臺灣活動，卻無法形成連續不斷殖民活動的根本原因。隨著農墾殖民地持續擴展，本地漁業也持續擴大，但漁民在臺灣近海能夠自由活動，西岸漁村與港口愈趨開放，其結果是反而造成一片難以管制的偷渡地帶。在內陸原住民已被禁止殺害唐人後，臺灣西海岸開始面臨十八世紀前期中國因內部長期和平以致人口暴增而帶來的移民潮壓力，更何況那些原有的自然阻礙如黑水溝、潮灘溼地，已先由荷蘭人建造的大員港設施化解，後又透過沿岸漁村漁民的接引，讓偷渡者安全穿越廣闊溼地的機會大增，使地理因素不再能夠攔阻跨海滲透的人潮。這並非荷鄭統治集團的初衷，卻成為改變臺灣歷史走向的巨大力量。

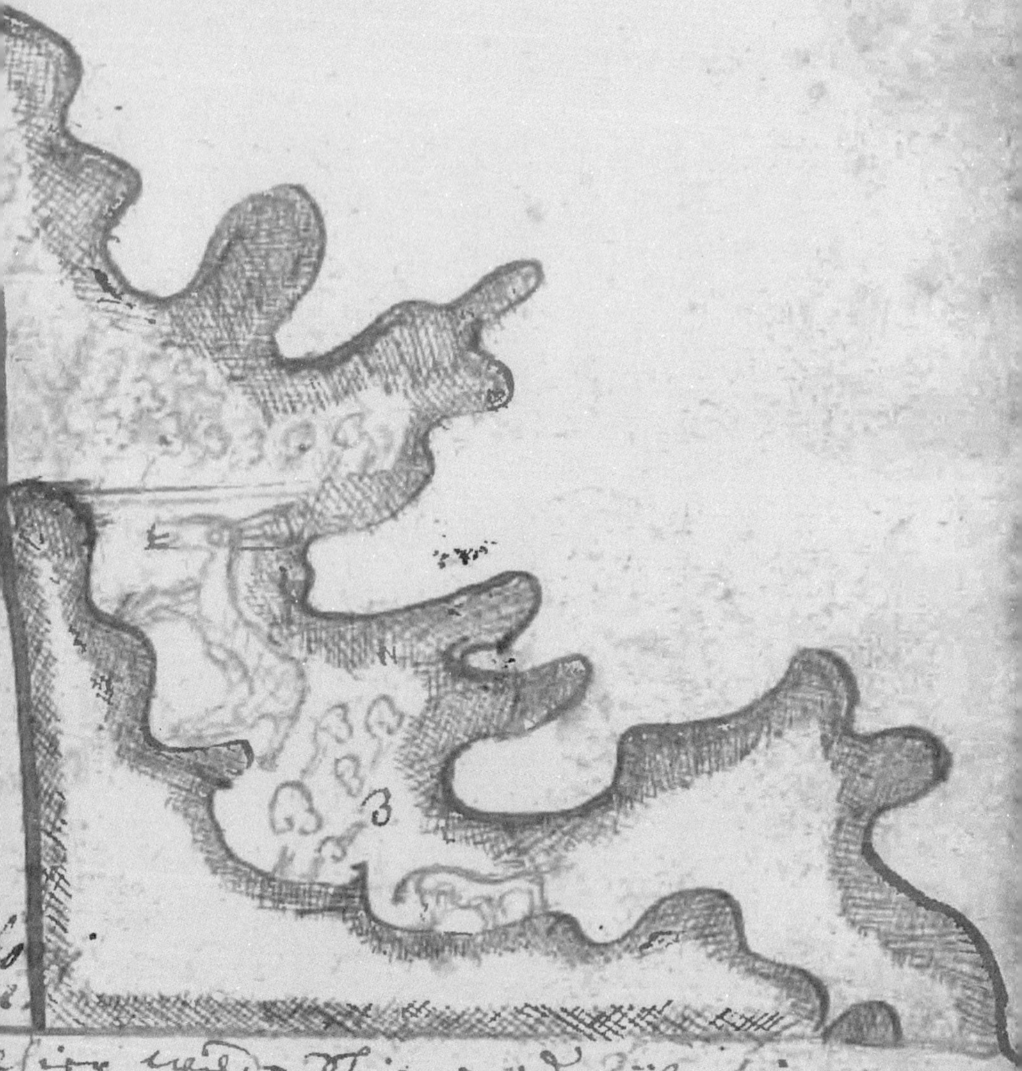

ssen wilde Thiere vd Lüchs kein falle
ten, auch wachsen alhier viele große
und alzeit an der Jacht nachgeiagt
et: 2. ünderliche schöne Vögel, welche
sprechen, wie er, al was oben in dießer
verschriben vierwegs weise so viele
wie wir sahen, welche, und wir würden
und vnd gebahnet. E..

第六章

逆風而行：鄭經、小培德與范霍根虎克的憂鬱

唐人與臺灣原住民在十七世紀之前已有七、八百年漫長的文化接觸，卻只在十七世紀急驟地緣政治變化衝擊臺灣後，才引動了此後數百年的唐人移民浪潮，原漢交錯的生活於焉開展。簡言之，唐人真正落腳臺灣，是由荷蘭東印度公司的治理所促發，而在這波十七世紀前期的地緣政治衝擊平息後，持續擴大墾殖田園的唐人農民，則進一步將臺灣原住民也拖入帝國邊疆治理之中。

一六六二年起取代荷蘭東印度公司治理大員港市的鄭氏集團，在面對近代早期的廣闊貿易網絡，仍必須透過政治上的安排進行。只是，東亞地緣政治的衝突在一六六二至一六六八年間，已大幅緩和。此一地緣政治從衝突到緩和的進程，導致十七世紀前期各種以港市為核心的政治體，退出歷史舞臺。活躍於東亞海域的那些商業菁英們，也因此失去用武之地。本章即旨在略述這樣的時代轉變，以及受此變局影響以致有志難伸的三個時代縮影人物：鄭經、小培德、范霍根虎克。以下先說明十七世紀中期臺灣周邊的地緣政治變化。

環繞臺灣的國際關係變化（一六五六至一六六四年）

臺灣最初會與中國朝貢體系發生關連，跟荷蘭東印度公司的占領有關。荷蘭東印度公司成立前後，與中國通商的原始計畫，是希望透過朝貢的管道，和平、合法地進行。一六〇四年麻韋郎（Wijbrant van Warwijck, 1569-1615）突入澎湖，此一魯莽行動其實並不符合當時公司上層的想法。[1]但其後一六二二年，公司高階商務員雷爾生領艦隊赴澎湖時，已宣稱這是代表國家發動的政治行為。公司並以荷蘭正與西葡兩國交戰的政治理由，武力脅迫中國斷絕與西葡兩國商人之交易，甚至攻擊前往西葡屬地交易的中國商船。荷蘭人在歐洲所抵抗的西班牙人、葡萄牙人，早在六、七十年前已抵達中國。天主教耶穌會士於北京大明朝廷當中，地位牢不可破。在這個宗教戰爭的時代，新舊教處處針鋒相對，耶穌會自然不會坐視荷蘭人順利與中國通商。而明帝國亦忌憚外夷難以治理，也不願積極發展與歐洲人的關係。經過一六二〇年代一連串磨合、談判的過程，一六二四年已在臺灣落腳的荷蘭人，從一六三四年起才真正被接受可於臺灣停留，讓福建商人前來貿易。而這個管道的暢通，還有賴鄭芝龍運用私人影響力加以確保。雖然荷蘭人退出中國沿海，也未被承認為有進貢資格（即直接貿易的資格）的屬國，但尚能利用隆慶開海（一五六七年）以後閩南船隻可以合法出洋通商的制度，在臺灣的港口與閩南船隻進行間接貿易。既然福建船隻前往巴達維亞本來就合法，當地沿海商人辯稱臺灣為巴達維亞的延伸口岸，盡力使之合法化，亦不能說是強詞奪理。[2]就這樣，閩南商人稍微擴展對於法律的詮釋，成功地讓官府放行高價商品，源源不絕輸運到臺灣。

一六二四年荷蘭人於臺灣建立商館，經歷一六四〇年代大舉出征原住民、一六五〇年代大舉擴張農業開墾的過程，已將臺灣打造成一個生產殖民地。臺灣住民被捲入國家型態的治理，而因此不得不受到周邊地緣政治局勢的牽連影響。這要從這幾十年當中，歐洲列國間令人目不暇給的政治分合演變說起。葡萄牙與西班牙自一五八〇年起同屬一個聯姻王室的情況，於一六四〇年因葡萄牙叛離西班牙政府而終止。原先西葡兩國聯合壓制荷蘭，阻止荷蘭獨立，但葡萄牙既已不受西班牙王室控制，於是單方面與荷蘭展開和平談判。結果，葡荷兩國確定於一六四二至一六五二年，雙方先行停火十年，之後再議和戰問題。此一停戰協定也適用於東亞海域，荷蘭人在奪取了原來屬於葡萄牙人的麻六甲後（一六四二年），兩國即行停火，中止任何可能造成「領土範圍變動」的戰事。這十年內，葡屬澳門暫時擺脫了荷蘭人入侵的陰影。[3]不過，就在停火期即將進入尾聲，荷蘭人蠢蠢欲動之際，他們突然取得了關於中國改朝換代的內幕消息，甚至因此擱置攻打澳門的計畫。

第四章曾提到，一六五二年耶穌會神父衛匡國因天主教會在華傳教時，發生是否容許中國教徒祭祖的爭議（「禮儀之爭」），必須前往梵諦岡說明。他所搭乘的葡萄牙船艦，在路經巽他海峽時，遭到荷蘭東印度公司船艦扣押，因而被巴達維亞當局納入帳下，交出了關於中國的第一手政情資料。衛匡國透露中國內部明亡清興的態勢，並鼓勵荷蘭人與清方接觸，利用新朝代即將建立的契機，開啟合法貿易管道。[4]巴達維亞當局隨即將此事轉告臺灣長官費爾堡（Nicolaes Verburch, c. 1620-1676），交由他來找熱蘭遮市鎮的唐人居民諮詢，並要求協助。一六五三年春季，費爾堡派遣船隻前往廣州與占領軍將領平南王、靖南王接觸。[5]費爾堡回報巴達維亞當局後，同年夏季，改由巴達維亞當局再度派人正式與兩王接洽，請示朝貢事宜。雙方安排妥當之後，隔年一六五五年，巴達維亞方面派遣朝貢使團前往廣州，並且成功於翌年至北京向清廷朝貢。此行使荷蘭正式取得了清帝國的承認，獲准每八年前往中國朝貢一次。

回顧一六五三年春季，於廣州收受臺灣長官費爾堡書信的，乃是平南王尚可喜（1604-1676）。他回覆臺灣當局之公函標題如下：「平南王諭荷蘭國臺灣虞文礁律管理北港地方等處事，尼高勞氏攀直武祿知道」。所謂「荷蘭國」自無疑問，「臺灣虞文礁律」其實就是「臺灣長官」的荷蘭語「Taijouan Gouverneur」音譯。而其官銜的一部分之所以是「管理北港地方等處事」，乃因為當時的「臺灣（大員）」僅指一鯤鯓處的熱蘭遮城與熱蘭遮市鎮，「北港」指的才是臺灣島（時稱「福爾摩沙」）。「尼高勞氏．攀直武祿」則是費爾堡長官名字「Nicolaes Verburch」的粵語音譯。[6]平南王此一回覆，再加上荷蘭人後續前往北京完成朝貢，皆表示當時清帝國已經承認了臺灣屬於荷蘭統治。荷蘭東印度公司可以說終於完成一六〇四年麻韋郎來訪以來的心願，受到中國皇帝承認，成功加入了朝貢體系。

只是，八年一貢的待遇，還不如繼續在臺灣與在巴達維亞和福建前來的唐人交易來得方便。所以此後，荷蘭東印度公司人員又努力了多年，希望取得不需假借朝貢名義即可隨時直航中國進行貿易的地位。直到一六八九年後，才完全放棄此一想法。[7]在此需特別指出，既然荷蘭（巴達維亞）已是向清廷朝貢的藩屬國之一，清廷也承認臺灣為荷蘭屬地，當時部分臺灣住民因此被捲入清朝的朝貢體系視野之內。這便是荷蘭人前往中國朝貢所造成的附帶結果。

在荷蘭人成功加入朝貢體系的前夕，西葡荷之間在東亞海域的競逐較為平息。首先，葡荷簽訂了十年停火協議（一六四二至一六五二年）。其次，葡荷停火六年後，一六四八年，西歐列國結束三十年戰爭，簽訂了《西發里亞條約》，其中承認荷蘭共和國獨立；荷蘭人與西班牙交戰的理由（爭取獨立），也就不復存在，西荷在全球各地不停爆發的鏖戰烽火，於是戛然而止。可是一六五二年後，葡荷之間和戰與否，則因為先前簽訂十年停火到期，雙方在尚未確立下一個和平條約的情況下，處於懸而未決的曖昧狀態。由於停火期結束之際，荷蘭東印度公司在亞洲各地已站穩腳步、位居上風，十分不願縮手放棄奪取葡人屬地。雙方談判期間，荷蘭人在印度東岸科羅曼德爾（Coromandel）與斯里蘭卡島，對葡萄牙人發起攻擊，並且在一六五六年攻下了斯里蘭卡的葡萄牙根據地可倫坡。一六五七年又封鎖印度果亞，一六五八年乘勝掃蕩科羅曼德爾海岸葡人勢力。[8]荷軍主力在印度洋大獲全勝，因此巴達維亞當局也順勢開始規劃攻取澳門。他們盤算，在占領澳門後，憑藉清朝已承認的荷蘭合法藩屬國地位，必定能「無縫接軌」，接替葡萄牙人與清帝國進行直接貿易。

但荷蘭人的敵手還有鄭氏集團。以金廈兩島為基地的鄭氏政權這一方，因一六五〇至一六五二年清軍攻打廣州，澳門對外出口受阻，趁機利用福建位於清軍南侵戰線後方這一點，積極以廈門為據點經營乃至壟斷對外出口（清軍留守兵力其實不多，鄭氏占有局部優勢）。一六五三年，鄭成功開始分頭與清廷、荷蘭東印度公司展開雙線談判。一六五八至一六五九年間，鄭成功進一步趁著清軍戰線後方空虛，劍指舟山島與南京，以擴大對日貿易。鄭成功正欲藉機大賺江南貿易財時，荷蘭當局卻利用與東南亞各港口簽訂壟斷條約的手段，強制收購當地物產，導致鄭氏商船陷入買不到東西的窘境。[9]

隨後，一六六〇年荷軍順利掃除印度洋東岸葡人勢力，巴達維亞當局終於能由印度洋抽調艦隊，發兵攻取澳門。此次出征，因臺灣長官揆一力持艦隊應以防守臺灣為優先，而貽誤了戰機，於一六六一年空手南返。固守金廈抗清的鄭成功，則在同年春季，利用這個荷軍南返的間隙，發動偷襲，登陸臺灣。他一方面藉此向荷蘭東印度公司強制取償，彌補麾下商船在東南亞遭到荷船攔截所受損失，另一方面將所轄兵員撤出中國沿岸，防止手中大軍因潰敗而解體。

一六六二年夏季，巴達維亞當局再度準備派艦隊前往攻取澳門，卻因耗費太多時間與福建靖南王耿繼茂（?-1671）進行事先溝通，又一次延誤出兵時機。翌年（一六六三年）荷軍艦隊再度北上意欲征討澳門，葡荷兩國簽訂和平條約生效的消息卻於此時傳抵東亞。此後荷軍永遠失去了攻打澳門的機會。[10]另一邊，占領臺灣不久的鄭成功於一六六二年驟逝，引發政權內部繼承危機。一六六二年底鄭經登陸臺灣，以武力鎮壓反對勢力後取得鄭氏政權領袖的地位，隨後率軍與清荷聯軍在金廈水域交戰駁火，最後於一六六三年由金廈撤出。

一六六四年，荷蘭東印度公司藉由所取得八年一貢的資格，再度遣使赴北京與清廷談判開放直接貿易事宜。同時，鄭經轄下水軍繼續與福建施琅（1621-1696）所率領之水軍交戰、騷擾廣東沿海，更利用東京（今河內）作為口岸，經營中日貿易。一六六五年後，因施琅水師遭遇風暴損失慘重，且清廷察覺其走私活動，作戰時可能陽奉陰違，遂下令終止攻臺計畫，轉而貫徹實施海禁遷界。[11]

在此，可以如此來總結一六五六到一六六四年，臺灣周邊的地緣政治變化：一方面是原先活躍於東亞海域、競爭激烈的西葡荷諸國，因三十年戰爭（一六一八至一六四八年）的平息，日益脫離衝突的軌道；另一方面是明清王朝交替的塵埃漸趨落定，清廷於東亞海域重新恢復朝貢秩序，在這個過程中，原先不被明朝接受的荷蘭，被納入了清朝的朝貢體系中；至於代理覆滅的明朝持續與西葡荷諸國交手的鄭氏政權，則因清朝的海禁遷界政策，被「擱置」在清朝的朝貢體系之外。臺灣島則先是因荷人的領有，被納入清廷朝貢秩序的視野之內，後又因鄭氏的占領，而被清廷的朝貢秩序排除在外。此時，統治臺灣的鄭氏政權第二代領袖鄭經，該如何面對這個新的局勢呢？

一六六四年「明亡第一代」鄭經倉促登場

鄭經（1642-1681）大致上在一六六三年底，成為鄭氏政權（東寧政權）的公認領導者，時年二十。他於一六四二年，降生於其祖父鄭芝龍勢力如日中天、繁華多元的泉州府境內（很可能在安海）。數年後，一六四六年清軍攻打福建時，鄭經尚是人事懵懂的四歲幼童。他的少年時期，在鄭成功以金廈兩島為基地、展開大規模海上貿易的一六五〇年代度過。若要想像明帝國對鄭經的意義，需先謹記在他兩歲時，大明朝廷已不存在。而且，既然鄭經的青少年時代，是在抗清的軍事體制下度過，很難想像他曾經有在中國內陸各省遊歷、拜見冠冕巨族的經驗。即便隨軍而行，他一般可能的活動範圍，應該也僅限於中國沿海。即使鄭經的生活與十六世紀以來海外唐人的文化背景密切相關（鄭經與道明會士、荷蘭俘虜、日本貿易夥伴都有密切接觸），但受限於「明亡第一代」這種強調中國經驗的身分標籤，使得他的傳世文字之內涵在很大程度上，因強調文化正統而遮蔽了鄭氏家族在鄭芝龍、鄭成功兩代所積累的海外經驗。

鄭經於一六六三年繼任鄭氏集團的領袖時，原在鄭成功手下負責管理海上貿易的戶官鄭泰（1612-1663）已有五十一歲，被鄭經視為政敵，於同年自殺。鄭成功手下大將兵官洪旭（1605-

1670）這時則年屆五十八歲。可以推測，那些在一六五〇年代為鄭成功立下汗馬功勞的軍事將領，恐怕也都上了年紀，無法繼續兵馬倥傯的生活。鄭成功所權宜設置、輔佐民政的六官制度，是鄭經一生當中僅能接觸到的「明朝」機關，但此一機關的組成與治理範圍，實在無法代表控制全中國的朝廷。鄭經手下的鄭氏集團統治階層，大致與他一同成長，都是北京崇禎朝廷覆滅前後，所誕生的一代人。簡言之，他們可以說是生於明末、長於抗清，卻不曾真正具備「明朝體驗」的一群遺民。

回顧鄭成功之所以能夠壟斷東亞海域海上貿易，第一個基礎是他繼承了鄭芝龍所控制的廈門港，從而成為福建海商的正當保護者。鄭成功曾表示「東西洋餉，我所自生自殖者也」，即意味由廈門前往東西洋貿易的船隻，皆在其保護控制之下。其二，鄭芝龍曾經利用南明隆武朝廷的名義，掌握朝貢貿易的管道。鄭成功同樣藉由南明永曆朝廷的名義成立六官，並在廈門運作朝貢貿易。[12]所以即使後來鄭氏政權已移出中國領土、落腳臺灣，為了繼續在朝貢秩序下進行海外貿易，鄭經必須維繫鄭成功打造的制度架構。事實上，鄭經所運用的朝貢修辭語言，在清帝國實施海禁遷界的期間，仍能有效調節與各個貿易夥伴的關係。畢竟在歷史的當下，觀望明清之變的東亞與歐洲諸國，也無法評估中國內亂的終點究竟將止於何時。在各國顯露觀望態度且清政府禁止商船出航的情況下，以臺灣為基地的鄭氏政權遂得以藉由在中國沿岸地帶走私的方式，持續進行海上貿易獲利。

然而，由於中國經濟受戰禍損傷，對白銀與香料的需求量降低。與此同時，日本幕府對出口白銀的態度也漸趨保守。而西班牙王室為了支應鎮壓葡萄牙叛亂所需軍費，自一六四〇年起需要抽調更多美洲白銀，也造成運至馬尼拉的白銀減少。甚至不久後，自一六五〇年代起，連美洲開採出來的白銀數量也節節下降。[13]所以到了一六六〇年代後，流入東亞海域的白銀總量日益減少，不復十七世紀前期的盛況。在這種時代潮流下，東寧政權賴以維繫的海上貿易，也逐漸受到此白銀流量減少的影響，如同「水退船擱」一般，遭受不景氣之害。

面對逐步完善化的清朝朝貢體制，一六六四年鄭經所領導的東寧政權，跟一六二四年登陸臺灣時被明朝朝貢體制排除的荷蘭人一樣，必須採取武力與談判並用的兩手策略來打開僵局。而且從一六二四至一六六四年，不只中國改朝換代，荷、鄭的地位也對調了，由原本的鄭氏集團代表明廷抗擊荷蘭，轉變為荷蘭與清廷聯手打擊東寧政權。

鄭氏集團在一六六二年後數年仍能銷售占領熱蘭遮城所沒收的熱帶商品，到了一六六五年後，逐漸感受到供貨不足的壓力，必須繼續前往南洋收購。鄭經數度派遣使者前往荷蘭人再度占領的雞籠城談判，希望在面對中國海禁的情況下，雙方能如之前一樣展開合作：中國各省船隻不能出海，但東寧有能力在海上走私，荷蘭人可以南洋貨物換取東寧提供的走私中國貨。[14]荷蘭方面在已取得清朝承認、又於福州設立商館開展貿易的情況下，當然不願意接受鄭經的提案。既然荷蘭人不願撤出也不願合作，一六六六年鄭經遂發兵圍攻荷軍基地雞籠北荷蘭城。鄭軍的數波攻勢均占不到上風，只能撤退。不過，鄭經於一六六七年派遣到柬埔寨的遠征軍，則燒毀了荷蘭人商館，殺死並俘虜數名人員。此舉大有利於鄭氏商船隊取得柬埔寨的鹿皮及收購熱帶商品，乃至冒險更向南突進，前往馬來半島交易。[15]如此一來，鄭氏集團便跟荷蘭東印度公司一樣，掌握了中日中介貿易管道並有能力供應南洋商品。

在鄭經派軍遠征柬埔寨的同一年，康熙皇帝遣使來臺招降。鄭經開誠布公地回應：「況今東寧（臺灣西南部分）遠在海外，非屬版圖之中；東連日本，南蹴呂宋，人民輻輳，商賈流通。王侯之貴，固吾所自有，萬世之基已立於不拔……倘麾下以濱海為慮，蒼生為念，則息兵安民，誠不佞之素志。或命一介之使，通互市之好。」文中敘明了其要求與清廷互不侵犯、開放互市的期望。這是基於鄭成功早在一六五六年已提出的構想，亦即鄭成功（或者明朝宗室）願意以前朝遺裔的身分，接受大清皇帝冊封為藩屬國之王，此後雙方便以宗主與藩屬國互相定位並交往。鄭經再次嘗試實現鄭成功的想法，也是希望「非屬版圖之中」的東寧進入新的清朝朝貢體系，從而清朝的中國商人就能前來臺灣買賣（互市）。[16]康熙皇帝對此一提案不置可否，但亦無法干涉東寧與周邊各國的交往，只能暫時擱置不管。

一年之後（一六六八年），日本幕府因促進國內經濟發展的考量，禁止荷蘭東印度公司再出口任何日本白銀。[17]相對的，由於價格高漲，一六四一年起一度禁止出口的日本黃金，則於一六六八年正式開放輸出。[18]既然荷蘭東印度公司已無法取得日本白銀，自然也就無法在中日貿易中牟利。加上荷蘭貢使向清廷爭取縮短朝貢週期失敗，荷蘭東印度公司遂決定取消營運中日貿易的規畫，炸毀位於雞籠的城堡，撤出東亞海域。而東寧鄭氏雖不免也受到禁令影響，但至少日本官方容許他們以出口銀器的方式，來規避此一禁令。

一六六九年世藩（嗣封世子）鄭經與康熙帝談判，要求清廷冊封他為藩屬國國王再度碰壁後，大約在同時即廣發國書至東南亞各國。之後萬丹蘇丹與英國東印度公司人員都應此國書前往臺灣貿易。[19]可以推測，英國檔案當中所載的「King of Taywan」其實指的就是「臺灣的明延平王嗣封世子」（日方則稱為「東寧國主」）鄭經。清政府選擇維持海禁，又不願冊封鄭經為藩屬國國王，鄭經只好繼續保留「嗣封世子」的稱號，以此名義繼續「代行」明帝國之朝貢貿易，並且打著永曆帝的舊旗號，順應日本出口黃金與棹銅的政策變革，前往東南亞重啟往昔朝貢貿易制度下的正式關係，尋找買家。

一六七二年英國船隻實驗號（Experiment）前來臺灣。一位船員巴洛（Edward Barlow）是這樣描述臺灣的生活狀況：

> 男人穿著長袍，直至腳踝。裡面穿著長筒內褲。袍子上的袖子幾乎跟袍子一樣長。他們的袍、褲都是由黑色、白色或藍色的平織棉布（calico）所做成，也有絲的，很少見到毛料。他們不穿襯衫，而是穿兩、三件這樣的袍子。女性的衣著與男性相差不多。所有人都蓄長髮，一輩子不剪短，男女都將背後頭髮編起來盤在頭上，像英國女人一樣。[20]
>
> 福爾摩沙島的糧食，有非常好的牛肉、大量的豬肉、羊跟雞、鴨、鵝。有許多鹿，他們將之獵殺、鹽漬並風乾，可長期保存，是相當不錯的口糧。種植有少量的麥子，大量的稻米，那「稻米」是他們的主食。

水果有鳳梨跟芭樂，還有很美味的橘子、很酸的檸檬，以及其他一些水果與根莖類，像是馬鈴薯（按：應是番薯）、西瓜、蘿蔔跟南瓜。他們也大量製造砂糖，這是最大宗的商品，銷售到日本，是很受歡迎的商品。[21]

從這些片段紀錄來看，東寧鄭氏臣民已然安居於臺灣。表面上看起來，鄭經與清帝國之談判，仍屬明清改朝換代的延續，似乎雙方對於王朝正統性看法的分歧，是造成數度談判失敗的原因。但從東亞海域的角度來看，造成雙方談判失敗的主因，在於海上商業勢力普遍衰落，以致清帝國籠絡海上勢力的動機日漸消退。而海上商業勢力的普遍衰落，則又導因於前述西葡荷間的衝突進入休眠狀態，以及日本、美洲白銀進入東亞海域數量減少的世界趨勢。

對於作為「明亡第一代」而必須在海外維持明代衣冠文物制度的鄭經而言，他遭逢的是其父祖輩不曾面對的世界史變化。他自述「昔日先朝一漢臣」的自我認同，不只表達他對父祖輩創造的鄭氏集團運轉體系，不得不概括承受的心情，也表達了身為明清（先朝與當朝）夾縫間的「嗣封世子」，對於未來方向茫然不確定的感覺。[22]鄭經詩作當中顯露這樣的不耐與憂鬱。例如〈登樓〉一詩：

登樓倚碧檻，仰首問青天。
滄海無窮際，故園何處邊。
寸心同水遠，幽夢與雲連。
世事時更改，人情日遞遷。
消愁書史外，寄興山河前。
明月隨孤影，清風入五絃。
登樓懷遠望，望遠豈徒然。[23]

鄭經詩作題為《東壁樓集》，東壁樓大概是在熱蘭遮城東側最高的建築。〈登樓〉很可能是鄭經於百無聊賴中登上安平熱蘭遮城樓頂望遠，在天地蒼茫中發抒不確定感的感懷之作。「世事時更改，人情日遞遷」表達了他已感知到世界局勢無情轉變的情況；「登樓懷遠望，望遠豈徒然」則說明了他對於不可知的未來感到徬徨的煩悶感。這種煩悶感實是勢所必然。在一六六二年鄭成功去世之前，鄭經半輩子都在為扮演一位（中國傳統儒家式的）領袖做準備。結果，在他尚未準備完全時，就得倉促粉墨登臺，成為鄭氏集團的當家。隨著他真正開始主持臺灣政務，世局卻朝向全新的方向演變。在一六六七年鄭經攤牌，提出要保留王爵但願與清國互市的構想，雙方旋即談判破裂之後，對於東寧的未來，中國歷史上已經沒有其他經驗可以當作參考，為他指引方向了。[①]除了「消愁書史外，寄興山河前」，又能夠有何實際作為呢？

「第一代灣生」小培德的中斷人生

在一六七〇年代左右感到前途徬徨，甚至不惜鋌而走險的人，還有一位「灣生」威廉・培德（Willem Pedel，以下簡稱小培德 c. 1635-1672）。這位自由市民小培德，即是曾在臺灣熱蘭遮城擔任上尉之湯瑪士・培德（Thomas Pedel，漢籍記載為「拔鬼仔」，c. 1610-1661）的次子（上有二姊一兄，下有三個妹妹、四個弟弟）。小培德的母親，有一半暹羅血統、一半蘇格蘭血統，所以他也算是一位歐亞混血兒。[24]小培德生於大員，一六四五年以海軍見習生的身分加入荷蘭東印度公司。一六五四年升任助理。因為生長於大員，他能嫻熟地使用閩南語與唐人交談。

一六六一年五月，鄭成功發兵攻打臺灣後，小培德身為歐亞混血的多語人，便被臺灣長官揆一調遣前去協助與鄭方交涉。在圍城期間，他晉升為下級商務員，擔任諾貝爾（Constantin Nobel，一六五〇年抵東亞，約一六七八年過世，漢文資料載為「老磨軍士丹鎮」）的翻譯員，與卡烏（Jacob Cauw，一六二六年生，當時由巴達維亞當局派遣為指揮官，率領支援艦隊前來）一同前去福建沿岸，向清軍求援（因荷蘭已朝貢過中國）。從後見之明可知，卡烏並未完成此一任務，而是逕行返回巴達維亞。隨船而行的小培德，因此也就順勢脫離了戰火綿延的包圍圈。[25]

當一六六二年二月熱蘭遮城守軍投降，揆一率守軍返回巴達維亞後，同年六月，巴達維亞當局派出「出海王（漢籍中的稱號）」博特（Balthasar Bort, 1626-1684）率艦隊北上，預備與清

①本書封面主圖即與鄭經有關。該圖為一六七二年英國水手隨英國東印度公司前來臺灣時所繪製的臺澎示意圖。當時臺灣在鄭經統治之下，稱為「東寧」。圖中顯示彼時重要的海港設施如澎湖群島、鹿耳門、安平港，除了繪出鄭經居所坐落的安平城外，也將鄭經朝廷文武官員居住的赤崁區域繪製得相當清晰。位於畫面中心的中式船隻即為東寧的貿易船，頂上的三色旗則為東寧商船的旗號，可見當時臺灣商人是以代表一獨立王國的姿態於東亞往來貿易。在中日文史料中幾乎完全沒有東寧及鄭氏商船的圖像，更罕見描景狀物的寫實彩繪。因此這張地圖極為稀有，也極具代表性。完整清晰全圖請見封底摺口，在此也要感謝國立陽明交通大學盧正恒教授賜知此圖。

圖6.1 培德家五男雅可布·培德（Jacobus Pedel，1653年出生於大員）之第二任妻子喬安娜·西思（Joanna Six，1656年出生於大員）之墓石。目前保留於麻六甲。

來源：eGGSA Gravestone Project, https://www.graves-at-eggsa.org/main.php?g2_itemId=43.

軍聯合攻打鄭氏，希望藉此襄助功績謀求與中國直接貿易（同時也計劃直接攻取澳門）。當時，小培德亦在博特率領的艦隊供職。艦隊於一六六二年九月底抵達福州海域後，由諾貝爾與范坎奮（Jan van Kampen）率少數人為代表登陸，小培德為此代表團的一員，繼續負責翻譯。隨後，代表團獲知，必須前往泉州會見靖南王耿繼茂。小培德則被委託遞送禮物到泉州府城門前。[26] 當年冬季艦隊南返時，小培德沒有同去，而是與諾貝爾、梅氏（Philips Mey）兩人，加上其他六位庶務人員，留守福州。[27] 康熙皇帝御賜、簽署於一六六三年六月十四日的聖旨抵達福州後，也由小培德負責翻譯為荷文，可見他在代表團中的重要性。[28]

一六六三年夏季，博特再度率艦隊北上，並且於秋季與清軍聯合攻打金門和廈門。冬季艦隊南返後，諾貝爾與小培德仍繼續在福州留守，與清方繼續溝通協商貿易事宜。[29] 沒想到，在一六六四年年初，清方忽轉強硬，政策朝向禁止所有貿易發展。二月，福建總督李率泰（c. 1608-1666）表示，朝廷決定只容許荷蘭人在長則八年一貢、短則三年一貢的條件下進行貿易。[30] 諾貝爾數年功夫毀於一旦，悻悻然負氣南返，同時命商務員范霍根虎克（Ernst van Hogenhoek）繼續留守福州（此人故事詳後）。由於范霍根虎克認定唐人通事（通譯）不夠可靠，所以主動要求小培德續留福州辦事。[31]

一六六四年夏季，博特率艦隊第三度北上，此次則占領雞籠（基隆），重建基地。至於諾貝爾，則隨艦隊至福州與小培德等人會合後，繼續交涉商務。[32] 一六六五年二月二十八日，小培德終於得以離開福州，短暫回返巴達維亞。[33] 當年夏季，他又被派去福州，直到冬季才獲得上級許可，結束他在福州一年左右的翻譯員生活，返回巴達維亞與家人相聚。[34]

後來於一六六八年，也就是荷蘭東印度公司炸毀雞籠城、撤出東亞海域的同年，小培德改以自由市民的身分，由峇里島載運貨物到巴達維亞，研判此時應已脫離了公司。[35] 翌年（一六六九年），根據教會史學者華倫坦（François Valentijn, 1666-1727）牧師的記載，小培德獲選為巴達維亞城教會小會執事。由此可見他在巴達維亞荷蘭人社群中頗受敬重，或許也累積了不少財富。[36]

但後來在一六七二年，小培德又重返東亞海域，前往澳門與廣州從事走私貿易。當時，澳門與廣州依清廷之命施行海禁，廣州城內亦無任何荷蘭使節或商務人員駐紮。根據一位瑞典士兵波令（Frederik Bolling）的記載，他曾在一六七二年六月，以自由市民的身分，搭上小培德的船隻，前往廣州與澳門。

他們於二十一日抵達澳門周邊群島。由於對這裡的水道不熟，他們不小心駛入了淺水區，船體陷入泥淖，只得下錨，等待漲潮撐起船體。隔天，小培德在群島中某個島的岸邊海灘上，搭起帳篷休息。波令則與其他幾個水手登陸察看。他們與島上漁民遭遇後，由於語言不通，便領了其中一位漁民，前去會見小培德。小培德與他交談後，委託這位漁民，帶信到廣州，給那裡據稱屬於荷蘭東印度公司的人員（當時公司並沒有派駐人員在廣州，或許是某個與公司關係密切的人）。小培德一群人也嘗試派人駛近澳門，去試探能否與葡萄牙人貿易。結果一如所料，對方閉城不納。他們一行人只得返回原本的停泊點。小培德於八月三日，忽然陷入病危，並迅速於四天後（八月七日）過世。一位精通多語、年少有為（猜測約三十七歲）的青年才俊就這麼隕落。水手們為他的遺體舉辦塗油禮後，將大體停放在岸邊，派人看守。之後他們將船隻駛向珠江上游，等待唐人商人前來進行走私交易。剩下一同前來從商的乘員，又合議另派了一位通事前去廣州招商。這樣往返周折，終於在十月七日迎來了一位走私商人。雙方完成交易後，波令等人便於十一月三日啟程返航，十二月三日，抵達巴達維亞。[37]推測小培德的遺體也隨同運返了。

小培德約出生於一六三〇年代中期，大概比鄭經略年長一些。他成長於熱蘭遮市鎮最繁榮多元的一六四〇年代，並且在鄭成功攻取臺灣時邁入成年，可謂是少有的「第一代灣生」。他的姊妹們，多與公司駐臺牧師或軍官結婚。老培德身為高階軍官，應該對他也有很深的期望，想必希望培養他進入荷蘭東印度公司領導階層，成為高薪的商務員。小培德在一六五四年，被公司任用為助理，六年後，幾乎是預備就要升任商務員時，其父卻在鄭成功登陸當天，就為國捐軀。小培德則從此擔任第一線的翻譯人員，為公司重用，參與荷清聯盟與之後的商務談判。一六六二年荷蘭人撤離大員，於是他全家也搬遷到巴達維亞。

小培德雖不像鄭經生於官宦富貴人家，但他的人生，直到荷軍一六六八年完全由臺灣與中國沿岸撤出為止，其實都在為拓展荷蘭東印度公司與中國的貿易做準備。如同鄭經因為東亞海域的局勢大變，與清廷談判逐漸落入僵局一般，荷蘭東印度公司在一六六四年後，也不受到清廷的青睞。小培德一生到此刻所擁有或培養的技能、人脈，如閩南語能力、歐亞混血身分、公司內的親族網絡等，也失去了用處。兩人命運的轉折點，都在一六六一至一六六二年荷鄭於大員的戰爭前後。因為鄭成功攻臺及後來一連串的演變，導致一六六八年後，荷蘭東印度公司從中國沿岸撤離。小培德不只職業展望黯淡，在喪父之際，還要協助流亡至巴達維亞的眾多家人維持生活。這種困局在他心中激起的煩悶感，可能與同時刻的鄭經不相上下。

如前所述，小培德最後決定脫離公司，放棄原本的職涯規畫（亦即協助公司經營與中國的貿易），轉而重新學習並開始摸索東爪哇與巴達維亞間的貿易事業。可是在一六七二年，他大概仍心有未甘，於是鋌而走險，前往澳門、廣州走私。小培德最終猝死於珠江口外某一小島，這樣的人生結局，想必是他始料未及的。

在一六六二年戰爭所扭轉的命運軸線兩邊，「明亡第一代」與「第一代灣生」，都同樣品嘗到命運的苦澀。說到底，這是因為東亞海域的海上貿易已經無法如同十七世紀中期那樣獲利了。鄭經也好、小培德也好，都在經濟暢旺的年代受到極佳的栽培，也在經濟下行的時代被迫手足無措地應變。事實上，同代中比他們更不甘心的，應該還大有人在。

三藩之亂（一六七三至一六八一年）的爆發，源於駐紥在福建、兩廣、雲南的靖南王耿精忠（1644-1682）、平南王尚可喜（1604-1676）、平西王吳三桂（1612-1678），因無法忍受清政府的撤藩命令，而發起的抗命行動。一六七三年三藩發動叛亂後，隨即各自迅速派遣旗下商人出海前往各國，特別是日本與巴達維亞，從事貿易。三藩手下的商人，應該多與鄭經、小培德成長於同樣年代，共同嚮往著海上貿易的繁華年代。三藩位於大陸，靖南王與平南王自然容易取得物美廉價的商品外銷。可是這樣一來，在清廷實施海禁遷界情況下，卻能成功進行走私形同壟斷貿易的鄭經，可就沒辦法不與華南商人競爭。38

結果，表面上是三藩聯手出兵並邀請鄭經助陣，實際上卻是三藩在廣州、廈門、福州各自進行海外貿易且激烈競爭，鄭經也趁機擴張至廈門南北原屬鄭成功勢力的地域，即泉、漳、潮、惠各府。一六七五年，鄭經更宣布免除廈門的進出口稅，藉此增加競爭力，以與仍抽取關稅的廣州、福州兩大口岸分庭抗禮。[39]

對於荷蘭東印度公司來說，既然此時福州與廣州都開放貿易，自不應該放過這個獲利機會。結果三藩商人、鄭經的臺灣船隊、荷蘭東印度公司的商人，在三藩之亂期間，一齊湧入華南的各口岸進行貿易。相互間惡性競爭的結果，僧多粥少，沒有任何一方得以賺取大量的利益。[40]更何況如前面所說，東亞海域流通的白銀從一六六〇年代已開始走下坡，利潤空間本就大幅縮減。此外，靖南王在閩北—浙江一帶與清軍開戰，阻斷了江南生絲運往閩廣出海口的道路，實際上也無法提供日本更多的生絲。靖南王除了開放福州通商之外，還派人向英國、荷蘭東印度公司招商，這樣的做法一旦成功，鄭經所控制的廈門將無法與之匹敵。兩者競爭日趨白熱化的結果是最後在一六七六年走上兵戎相見的結局。[41]

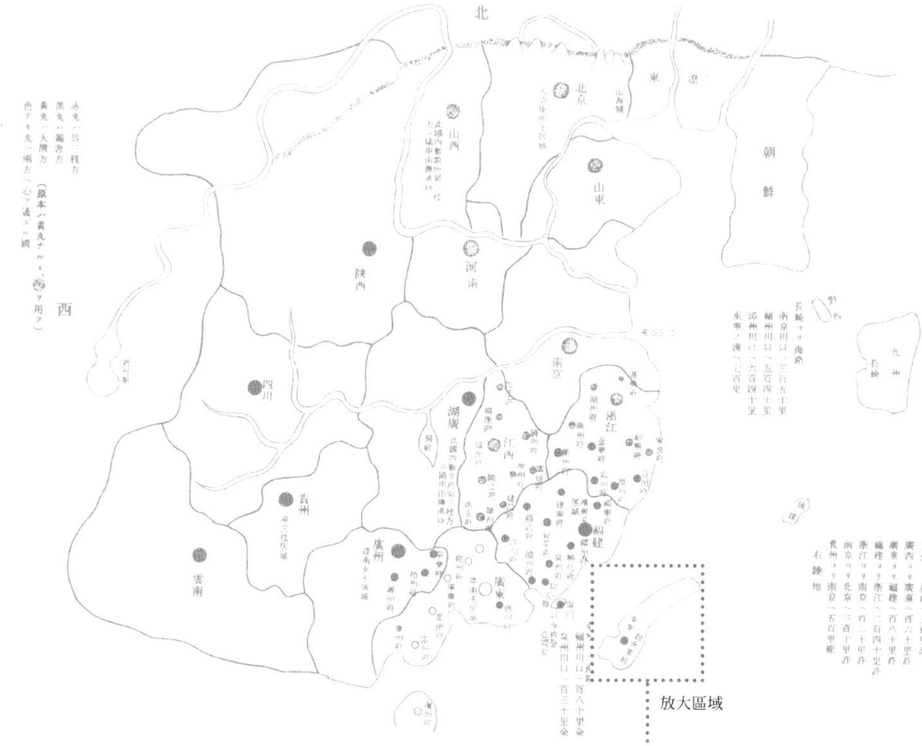

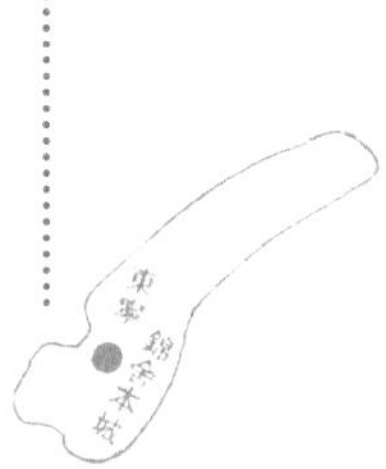

圖6.2 《華夷變態》中記載三藩之亂的示意圖，將臺灣標示為「東寧：錦舍（鄭經）本城」。《華夷變態》乃是日本長崎唐通事記載海外消息之官方文件集成，為一種實錄資料。

來源：〔日〕林春勝、林信篤輯錄，《華夷變態》（1732）

懷才不遇的「海牙日本通」范霍根虎克

想像能恢復十七世紀前期榮景的，還不只有原本在東亞海域活動的商人。當時有艘丹麥東印度公司的船隻，也令人意外地在戰火中抵達了閩江，試圖經由福州進入中國市場。這個突兀的景象，與另一位前荷蘭東印度公司商務員有很大關係。他跟生長於臺灣的小培德一樣，本來的似錦前程，受到了鄭氏攻臺後一連串世局變化的衝擊。

此人即是前面提到曾留駐於福州的荷蘭商務員范霍根虎克。他早在一六四八年就進公司任職，在日本商館擔任助理，後來於一六五三年升任下級商務員。但在一六六二年，因為被發現利用公職從事私人貿易，所以公司將他由日本召回巴達維亞。一六六三年，范霍根虎克擔任博特艦隊中的後衛指揮官（schout-bij-nacht），並且直到一六六四年，都被派駐在福州擔任商務員，負責說服清政府開放與荷蘭東印度公司直接貿易。次年（一六六五年）回返巴達維亞後，即行解職脫離公司。此時看來他與東亞的緣分已盡，諷刺的是，最終卻於十年後（一六七五年）死於爪哇萬丹海域，時為丹麥東印度公司人員，也是親自設計並推行丹麥東印度公司東亞海域商務的要角。[42]

范霍根虎克何以變成了丹麥東印度公司的人員？在此必須簡短陳述丹麥東印度公司的發展。丹麥於一六六三年和法國簽訂了二十年的聯盟條約，兩國在亞洲展開合作。有大國為靠山，丹麥能保持中立不需事事被荷蘭人掣肘。[43]早在一六二〇年時，丹麥人已於印度科羅曼德爾海岸的特蘭奎巴（Tranquebar）設立城堡，但由於丹麥本國與世仇瑞典爭奪松德海峽控制權失利，無暇經營亞洲貿易，以致在一六三九年至一六六九年間都沒有任何丹麥船隻前來。反而是英荷葡三國在印度洋交戰時，會各自借用丹麥的旗號，假借其名義來輸運貨物。再加上英荷兩國人於印度所設立的城堡遭受圍攻時，有時也需要丹麥人的支援，特蘭奎巴的丹麥人因此獲得了相對中立的地位，不受歐洲各國間混亂戰爭的影響。[44]

一六七〇年，丹麥王室重新設立一家東印度公司，由丹麥國王投資，給予四十年內在亞洲經營貿易的特許權。公司主要由哥本哈根的商業望族經營，並招募前荷蘭東印度公司人員來協助。[45]一六七二年，在荷法交戰的亂局中，丹麥同樣取得相對中立的地位，並且趁著荷蘭無暇顧及波羅的海貿易，介入此一市場來累積財富。[46]藉此經濟發展的勢頭，丹麥也在一六七四年前後，開始積極經營印度貿易。同年公司的兩艘商船幸運號（Fortuna）與麥格魯斯號（Magløs），即由范霍根虎克擔任指揮官，從哥本哈根出航，預定先前往印度的科羅曼德爾海岸，隨後轉往

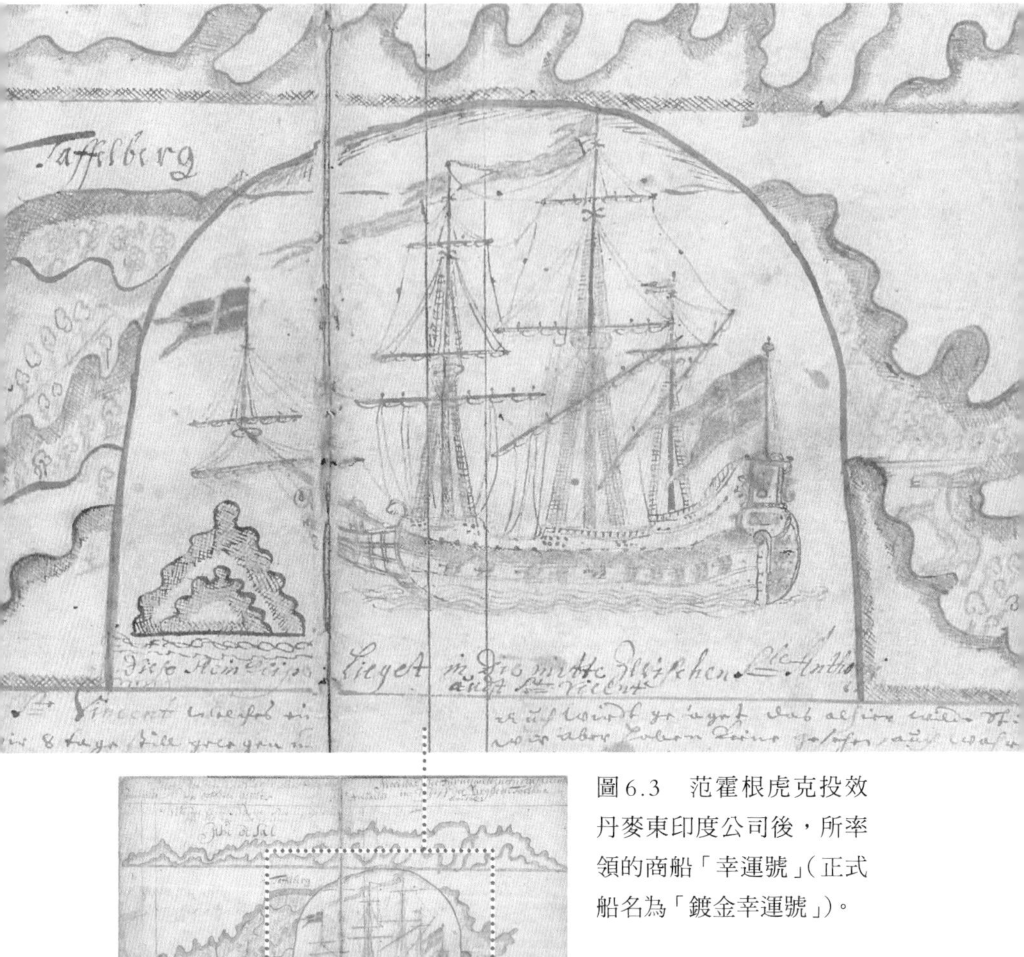

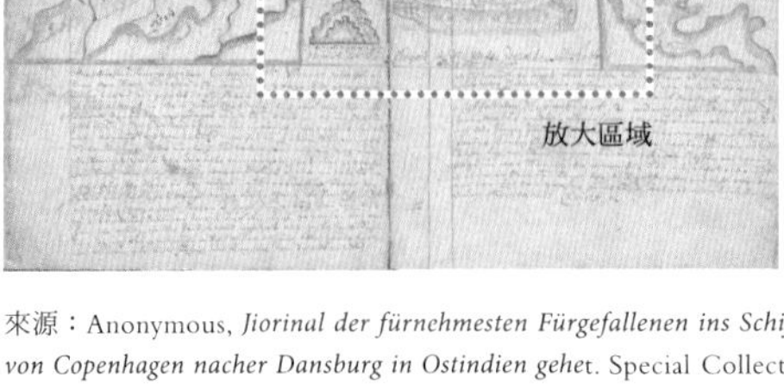

圖6.3　范霍根虎克投效丹麥東印度公司後，所率領的商船「幸運號」(正式船名為「鍍金幸運號」)。

來源：Anonymous, *Jiorinal der fürnehmesten Fürgefallenen ins Schiff der Vergüldte Fortuna Anno 1672 : welches von Copenhagen nacher Dansburg in Ostindien gehet*. Special Collection: Rkps25/SRkps25, Pomeranian Library, Szczecin Poland.

爪哇萬丹，再進一步嘗試與中國和日本進行貿易。[47]

根據《巴達維亞城日誌》的記載，范霍根虎克確實搭乘幸運號於一六七五年三月抵達萬丹，且將船上許多雜貨（歐洲酒類、印度織品、食品等）都銷售給巴達維亞城的市民，換取銀幣現款。[48]由於范霍根虎克曾在荷蘭東印度公司駐日本的出島商館任職，因此他的動向仍備受前東家關注，消息甚至傳到日本。根據《出島商館日誌》的記載，他本來已經計劃好當年度（一六七五年）要先前往福州，然後繼續到日本貿易。但因為他在萬丹還有一些待清償的債務必須花時間處理，趕不上季風期，只好取消今年的預定計畫，變更為先由萬丹折返印度科羅曼德爾海岸的特蘭奎巴（Tranquebar）丹麥商館。[49]

結果，范霍根虎克卻不幸在一六七五年於折返航程中過世；繼任的丹麥人員放棄了前往日本的計畫，僅嘗試於福州與中國發展貿易。[50]於是，幸運號在一六七六年由印度啟航，先抵達萬丹，在收購胡椒、棉布、琥珀、珊瑚、火藥、鉛塊等船貨後，接著就啟程前往福州，準備與鄭氏或清軍接觸。[51]他們確實抵達了福州，但陷入十分尷尬的處境之中。

這年（一六七六年）夏季，正好是局勢渾沌不明的緊要關頭——靖南王耿精忠與鄭經勢力發生內訌，清軍趁機進攻。[52]最後，耿精忠於十一月九日降清，而鄭經則派遣許耀，由海路前往福州閩江口布陣。鄭軍不幸於二十日為清軍所擊潰。[53]之前，鄭清兩軍於閩江上下游對峙時，荷船被封鎖在上游清軍布陣當中，無法出航，而丹麥船則因為封鎖，無法與清軍接觸，落入鄭軍手中。根據後來英國商人朵克瑞斯（John Docres）從臺灣傳回萬丹、再由荷蘭萬丹商館商務員卡夫（Willem Caeff）傳回巴達維亞的訊息可知，當時丹麥船與鄭經部隊互動的情況如下：

丹麥船幸運號，在我方（按：荷蘭）船隻下游不遠處，但是他們的高階人員都被拘捕到陸地上，國姓爺（按：鄭經）下令不許對這個國家的人做出任何一點點騷擾，實際上也沒有人這麼做。有十四或十五個人曾上船去把一些貨物卸下，準備讓唐人之後取走，但隨後不久，就接到國姓爺的命令，將人與貨都裝回去。[54]

十一月二十日鄭軍敗退之後，這艘丹麥船幸運號，應該隨後便與清方接觸。另有消息指出，他們原先已跟福州商人接觸。但那些先取走貨物、保證稍後付款的商人，都因為戰禍逃走，致使丹麥人血本無歸。[55]隔年（一六七七年）初，幸運號先到爪哇島收購木料，隨後再度前往福州交易，並於當年秋季回返萬丹。[56]在他們這次抵達福州之前，一六七七年五月二十七日，清廷在福州公布了由康親王負責接洽，特許荷蘭人與丹麥人輸入銅鐵物資前來貿易的告示。[57]即使有此特許，幸運號在福州的貿易仍不盡人意。此次嘗試失敗後，丹麥東印度公司在本世紀結束前，都不再嘗試派船前往中國貿易。

一六四八年《西發里亞條約》簽訂後，三十年戰爭終止，下一波地緣政治則是路易十四（1638-1715）領導下法國崛起及其與周邊諸國的戰爭。新教諸國如英國、丹麥，也在三十年戰爭後興起，銳意推行各自手上東印度公司的貿易事業。當時荷蘭東印度公司退休歸國的人員，因為身懷東方貿易的絕密知識，便成為這些國家極力爭取的對象。[58]

范霍根虎克自一六四八年起即任職於荷蘭東印度公司，一六五一年起就職於日本商館，此後多年擔任後來成為臺灣長官揆一的同僚與下屬，推測他的年齡大概略小於揆一。眼看著揆一於一六五六年升任臺灣長官，進入東印度公司在亞洲區域的最高層級中，他卻一直在公司日本商館擔任下級商務員。倘若一六六四至一六六八年間，荷蘭東印度公司與清朝的商務談判有所進展，他應該也會順利升任福州商館長或是雞籠長官吧？無奈，萬般皆是命，半點不由人。一六六八年後，荷蘭東印度公司對於中國貿易態度轉趨消極，范霍根虎克回到巴達維亞，大概如同前述由臺灣遷移巴達維亞的培德家族成員一樣，被公司視為無用冗員。但土生土長的荷蘭人范霍根虎克，並不像「灣生」小培德那樣無處可去。他選擇歸返歐洲，伺機而動。即使荷蘭東印度公司由中國撤離並非范霍根虎克的錯，他屬於最後一批由中國沿海撤出的荷蘭人，卻是確鑿之事。失敗者的陰影時時籠罩著他。

在《西發里亞條約》簽訂後，丹麥國勢躍升，逐漸成為當時在印度活動的兩大歐洲勢力，即法國與荷蘭，都不願招惹的國家。由於丹麥是貨真價實的新教國家，應該能說服幕府相信，他們不會觸犯日本所禁止的天主教傳教禁令。而且范霍根虎克有十七年的駐日經驗，在日本累積了相當多的人脈。若論當時有哪個國家有能耐可與荷蘭人分一杯羹，必定只有丹麥有此機會。范霍根虎克當然想要把握這個能讓他一雪前恥、大展抱負的良機。一六七四年，他為丹麥東印度公司規劃了一切，在好不容易抵達東亞，正準備大張旗鼓之際，卻意外地死於萬丹與印度的航程之間。

范霍根虎克原以為職涯已然終結，丹麥王室卻給了他發展事業第二春的機會。范霍根虎克之死，無疑也挫折了丹麥東印度公司唯一一次向東亞海域進發的嘗試。鄭經在三藩之亂時期（約一六七〇年代）出兵奪取金廈等地，也是在經歷與清廷近十年雞同鴨講、斷斷續續協商後，希望藉機一次回復明代東西洋貿易盛況的嘗試。懷抱著與父祖比肩的雄心壯志，鄭經再度返回閩南。范霍根虎克也罷，小培德也罷，鄭經也罷，他們都不願相信十六世紀以來東亞海域貿易活躍的場景，已悄悄落幕。

范霍根虎克之死，可說幸運也可說不幸。幸運的是，如此一來他便毋須為丹麥東印度公司日後必然遭遇的挫折負責；倘若他繼續推行這一事業，很可能會被日益困窘的形勢逼得自行退出。不幸的是，出師未捷身先死，人生懷才不遇終成定局。一六八〇年，鄭經率部從中國撤出後，也面臨相同的矛盾處境。既然中國恢復海禁，鄭經也正好退回三藩之亂前與清方互不侵犯的立場，同時尷尬地披著明朝嗣封世子的外衣，與中國繼續保持不明確的關係，自行設法於東亞海域生存發展。他死於一六八一年，同樣可說幸運也可說不幸。幸運的是，他死前仍能維持東寧在海外自主自治的地位。不幸的是，與父祖比肩、創造閩南海商盛世之志，沒有實現。范霍根虎克與鄭經的鬱悶，說到底，都是因為造就十七世紀前期荷蘭東印度公司與鄭氏父子傳奇性成功的前提，在十七世紀後期已消解殆盡，無論個人投入多少精力與努力，都難以抗衡這樣的世局變遷。

小結：「不合時宜」的憂鬱

鄭經、小培德、范霍根虎克均非庸碌之才。鄭氏三代之中，恐怕只有鄭經受過最完整的江南士族教育薰陶，能與中國統治菁英酬答。然而，在鄭氏集團的統御者這個位置之上，跨文化的視野與跳脫框架的創意思考，可能才是最必要的特質。正如前述，十七世紀中後期歐洲列國衝突休眠、且白銀輸入轉為疲軟的現實，再度帶來前所未見的變局。「明亡第一代」鄭經所通曉的儒家文史著作，無法提供他任何引導政權未來方向的啟發與想像。他的實際作為，事事朝向恢復鄭成功於一六五〇年代末勢力顛峰時期的制度規模。但正如本章所說，一六六八年後，東亞海域環境已然大變，此一典範已無實現的基礎。鄭經既無破格獨創的識見，其理想又因不合時宜無法達成，內心的憂鬱當永無消解之時。

小培德為「第一代灣生」，能夠使用閩南語擔任通譯，擁有在東亞海域活動最具優勢的跨文化溝通能力。小培德的外祖父已於東亞落地生根，三代家人在東亞各處人脈甚廣，倘若荷蘭繼續統治臺灣，假以時日，小培德必定能揚眉吐氣。豈料一六六二年鄭氏奪臺，打斷了他的生涯發展。一六六八年荷蘭人退出福州與雞籠更葬送了他大半生的準備。即使他沒有留下表露心跡的隻字片語，但他心中必有遺憾應毋須懷疑。在巴達維亞，他的跨文化技能僅能用於唐人街，可謂是把殺雞的牛刀。從臺灣被逐出來之後，培德家族內尚有強褓中的嬰兒。小培德作為次子，必定被要求承擔相當的經濟義務。他脫離公司，以自由市民的身分營商，走上前往澳門走私一途，其實有跡可循。他最後葬身中國沿岸，是否因不甘於時代變化使其所受教育投資付諸流水，故而鋌而走險？

至於范霍根虎克，其日語能力應在水準之上。他多年於日本服務，卻在中國與清廷談判失利，栽了一大跟斗。但范霍根虎克回到荷蘭海牙後，卻成為學者們紛紛前來諮詢的日本通。[59]本以為終止的生涯意外在丹麥獲得第二春的延續。在他的安排之下，一艘丹麥船隻硬生生闖入閩江，但仍是沒有達成他理想中的貿易事業目標。他雖然抓住了歐洲列國新一波激烈競爭的可乘之機，卻還是在東亞海域碰了釘子。究其實質，也是因為他規劃的事業藍圖，還是跟不上東亞海域局勢變遷的速度。從他積極推動丹麥船隻遠航看來，他心中「不合時宜」的野心，多少促成了他的意外死亡。

這三名被時代所負的鬱悶主角，是說明十七世紀晚期海域局勢變化的絕佳例子。前文曾論述，臺灣島上的居民是如何因為東亞海域十六世紀晚期的幾股巨大變化，被捲入到世界歷史的變遷浪潮之中，從此臺灣開始逐漸脫離無國家的時代。那幾股決定臺灣未來走向的歷史力量，同樣在十七世紀晚期具象地作用於這三位人物的身上。鄭氏政權和荷蘭東印度公司內部仰賴臺灣貿易發展求生存的人們，因為《西發里亞條約》簽訂後一連串的連鎖反應，還有日本、美洲白銀供應減少，其預想的未來都遭到了突如其來的挫折。本章所呈現的，與其說是他們與臺灣歷史發展的關連，還不如說是他們與臺灣歷史的「無關連」。鄭經心心念念要重現福建東西洋船隊貿易的榮景，小培德試圖延續熱蘭遮市鎮一六三〇年代以來的發展，范霍根虎克期望用丹麥東印度公司複製荷蘭東印度公司過去的成功經驗。這些願望其實都建立在鄭芝龍、鄭成功與荷治臺灣兩方合作的成功回憶之上。實際上臺灣社會的發展，此時已不完全立基於國際轉口貿易，開始轉向寄託於移民與農業的拓展了。到了十八世紀初，這樣的發展動向才展露全貌，無人得以錯認。即使如此，這樣的發展會與何種形式的制度框架相適應，尚沒有絕對的答案。這是下一章所要探討的問題。

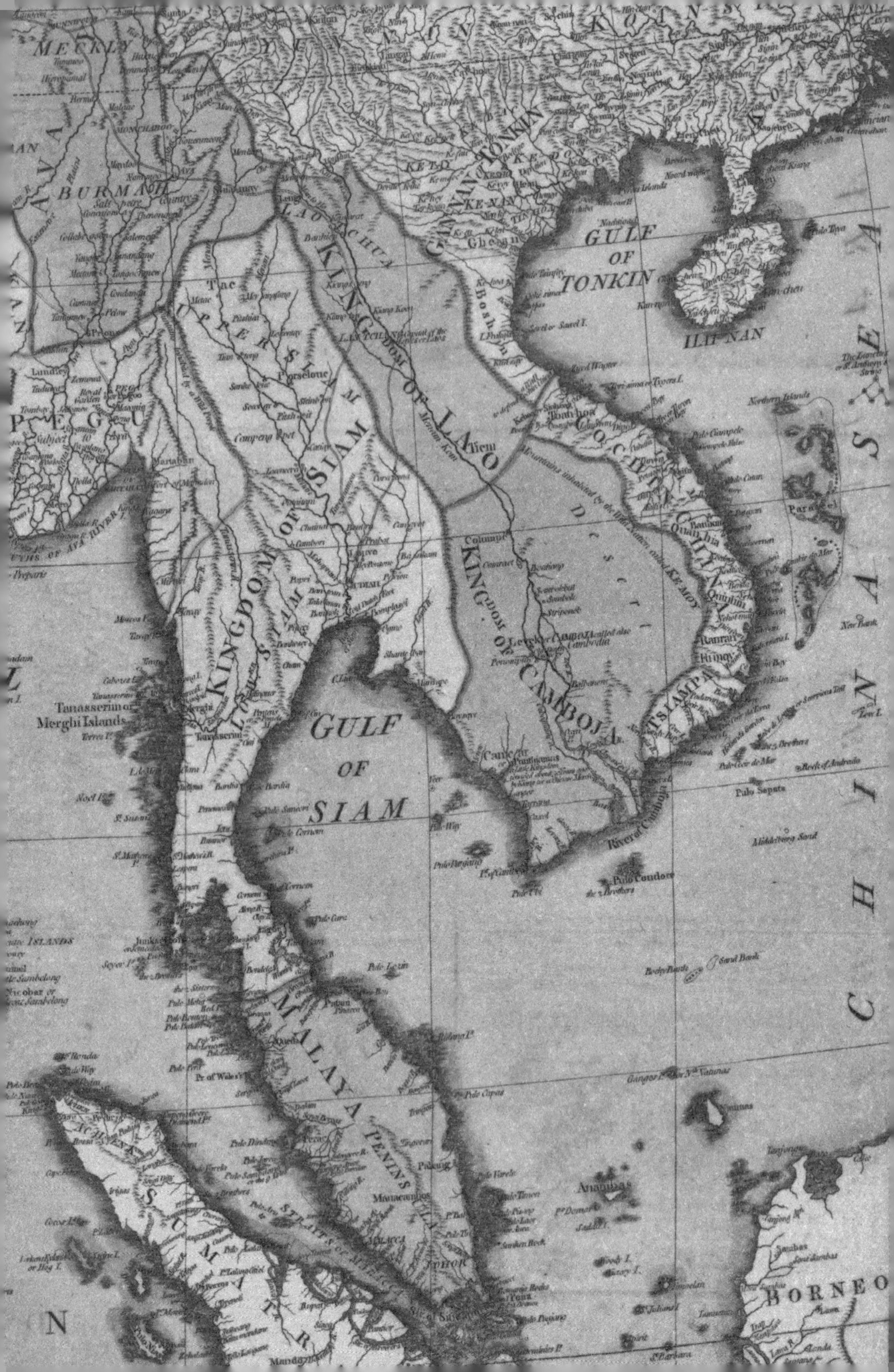

BURMAH
PEGU
The UPPER SIAM
KINGDOM OF LAO
KINGDOM OF SIAM
KINGDOM OF CAMBOJA
COCHINCHINA
TSIAMPA
TONKIN
GULF OF TONKIN
HAI NAN
GULF OF SIAM
Tanasserim or Merghi Islands
MALAYA PENINS
ACHEEN
SUMATR
BORNEO
CHINA SEA
Pulo Condore
Anambas
Paracel
River of Camboja
MALACCA
JOHOR

第七章

屬國還是府縣：海外移民的歷史歧路

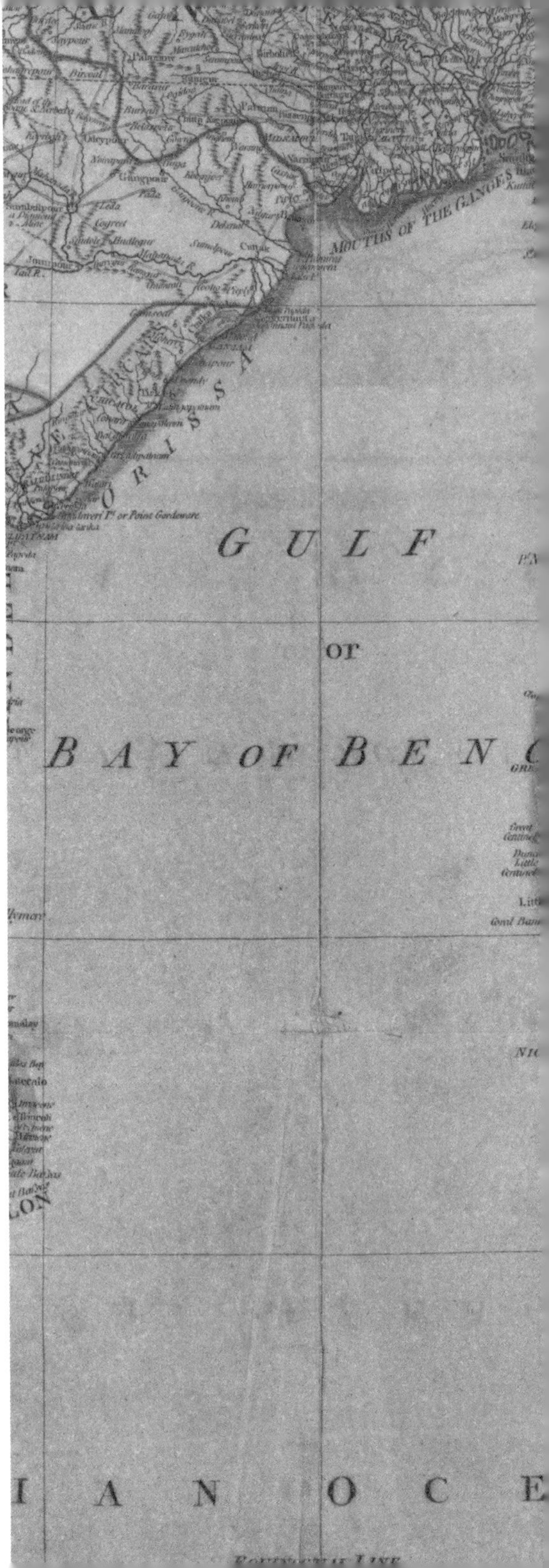

在十六至十七世紀的東亞海域，地緣政治與全球化的經濟浪潮深刻衝擊了個人的生涯。第六章正是描述當地緣政治的衝突減弱、全球經濟景氣下降後，鄭經、小培德、范霍根虎克的個人命運，如何隨著時代轉折而有所進退。本章的主人翁施氏與鄭氏兩家，則是在這新一波時代轉折中嶄露頭角的人物。

鄭氏家族延續了十六世紀以來唐人於東南亞港市自治，甚至掌握武力形成港市國家的歷史動向。而施氏家族則延續了唐人依賴著荷鄭時代以來國家所提供的武力保護，發展當地產業以獲利的歷史動向。對於十七世紀晚期起，由福建、廣東沿海地區迫於生計向海外移民的人而言，當時施氏所在的臺灣與鄭氏所在的湄公河三角洲，所提供的生活條件與發展機會乃在伯仲之間。但時代演變至十八世紀中期之後，移居兩處之居民與所在地原住民的關係，卻有天壤之別。至此，居住臺灣的移民已經與十六世紀以來唐人在東亞海域發展的軌跡分離，大步向著帝國邊疆的方向演變。本章藉由此一對比，說明東亞海域人們的活躍為何不再能牽動臺灣居民命運的走向，作為本書的結束。

白銀充盈時代的結束

十六世紀後期，東亞海域因為地緣政治衝突與白銀全球流通，加上明廷改採隆慶開海政策，使得東西兩洋航路上，冒出了許多以商販為主的唐人活動空間。因白銀吸引前往東西兩洋節點從事交易的人們，自然而然被納入了跨文化的交流網絡。形形色色的人群、物質、思想、技術、文化，都在此去彼來的交換之中。以帝國邊境或港市為基地、掌握武力或金錢的領袖，便順應著這時代潮流的變化，竭盡全力爭奪賺取利益的機會。本書前面所描繪的人物，如林鳳、鄭芝龍、鄭成功、何金定、何斌、鄭經、小培德、范霍根虎克等，合起來看即是一幅環繞著臺灣又錯綜複雜的總體時代群像畫卷。

然而正如上一章所說，從十六世紀後期開始，影響東亞海域歷史變化至十七世紀前期的結構性因子，大致如下：中日之爭，於日本鎖國後平息；荷西之爭與荷葡之爭，分別於一六四八年與一六六三年終止（消息傳到東亞約晚一年）；西班牙輸入東亞的白銀數量，自一六四〇年代末起，逐漸低迷；日本幕府更在一六六八年已停止將白銀輸出。中國因為饑荒與明清鼎革引發戰亂，經濟陷入停滯，一六五〇年代後，中國殘破的經濟使得市場對白銀的需求大為降低，反有利於新朝廷（清朝）逐步開始實施海禁遷界政策。華南各省在經歷數十年明清交替引發的戰禍後，一六七〇年代末三藩所控制地區曾短暫開放對外貿易，卻因東亞區域白銀流量下降，未能藉此取得能與新朝廷抗拒的龐大資源。三藩與清廷抗爭最終徹底失敗，反映了十六世紀晚期所開啟的，以港市軍政領袖為主角，因為地緣政治角力在帝國邊境造就的獨立勢力空間，至此（十七世紀後期）確定崩解。一六八四年康熙朝廷做出開海的決定（詳下），正是因為地緣政治上已無外國威脅，而海外貿易所獲得的利益，已無從造成足以威脅中央政府的邊境勢力之故。

既然東亞海域各個港市的地位，此時已經普遍下降，影響這個時代人物的重要力量，自然也就不再來自特殊的貿易機遇，而是來自穩定的農業生產，以供給、支撐不斷增加的人口。學者一般同意，在十七、十八世紀之交，時代的動向已由重商轉移到了重農上面。

上述時代動向，在三藩之亂爆發時已隱然浮現。鄭經即使對這樣的動向有所感知，也無法準確預判這到底是短期的波動，還是不可逆的長期趨勢轉變。相對的，荷蘭東印度公司因為所販運的範圍，遠超出東亞海域，所以能將貿易重心移轉到印度洋，同時擴大爪哇的農業生產。東亞海域貿易利潤持續下降的問題，因此得以排解。

三藩之亂結束後，中國政治與社會秩序也逐漸穩定下來。一六八四年起，康熙改採開海政策，容許所有中國船隻自行前往海外貿易，對移民亦不設限。一七三〇年代，廣州行商貿易系統逐漸確立，所有外國商人都能在廣州自由與行商進行貿易。[1] 到了這時，幾個立足東亞港市的歐洲國家如西荷葡，都已順利被納入清朝的朝貢體系。廣州開放貿易（互市），西歐各國均能順利與中國進行貿易，也就不再期望中國政治框架改變。

簡言之，約從一六八〇年代起，地緣政治走向穩定新局，加上白銀充盈時代結束，各國在東亞海域的商戰競爭於是大幅緩和，臺灣的地理位置隨之在賽局中失去特殊優勢。至十八世紀中期，廣州更一躍成為東亞海域的最大貿易交換中心。在臺灣，即便轉口貿易不如以往繁盛，但荷蘭人所興建的熱蘭遮城、所推動的移民與農業開墾，都使島嶼不可能退回十七世紀之前的狀態。鄭氏集團在島嶼上擴大農業經營，由此展現出來的土地開發潛力，也令將臺灣併入版圖的清廷無法等閒視之。即使如此，以農業為主的發展動向，當時也非一目瞭然。還要等到臺灣為清帝國併吞後三十年左右，其作為帝國糧倉之角色，才真正獲得確認——臺灣成為中國必須納入、運用的資源，以供養不斷增長的大陸人口。

屬國之路：河仙鄭玖的選擇

就在前述十七世紀後半東亞地緣政治與白銀流通的變化發生之際，因中國內戰混亂而出走的難民，正在南中國海周邊區域尋找安身立命之所。一六五〇年代後，一波波湧入臺灣的移民，即是受此大勢所趨。在臺灣開墾土地、從事農業生產的墾殖者，與前往東南亞的各處墾殖者，其命運背後有相似的動力推促著。在柬埔寨與越南邊境，湄公河支流（後江）的下游，有一塊名為「河仙」的土地，從一六七〇年代起，開始有流寓的唐人移民聚集開墾，其領導者為廣東雷州人鄭玖（1655-1735）。

一六六六年鄭經派兵至雞籠攻打荷蘭駐軍，隔年一六六七年，鄭經與廣東地區的反清勢力領袖冼彪聯繫，派出約三百名披甲士兵，由冼彪率領，夜襲了荷蘭人位於柬埔寨南榮（金邊）的商館。[2]於是，南榮與湄公河下游之處的河道，隨後成為東寧鄭氏前往馬來半島的重要轉接基地。四年後，即一六七一年，鄭玖十六歲，來到南榮的唐人街從事商販，後來因故獲得柬埔寨（真臘／高棉）國王寵信，受委託管理貿易業務。根據《河仙鎮葉鎮鄭氏家譜》記載，鄭玖「鄉居而有寵，國王信用焉，凡商賈諸事咸委公理」。由於他受信賴的程度日增，便以「賄賂國王寵

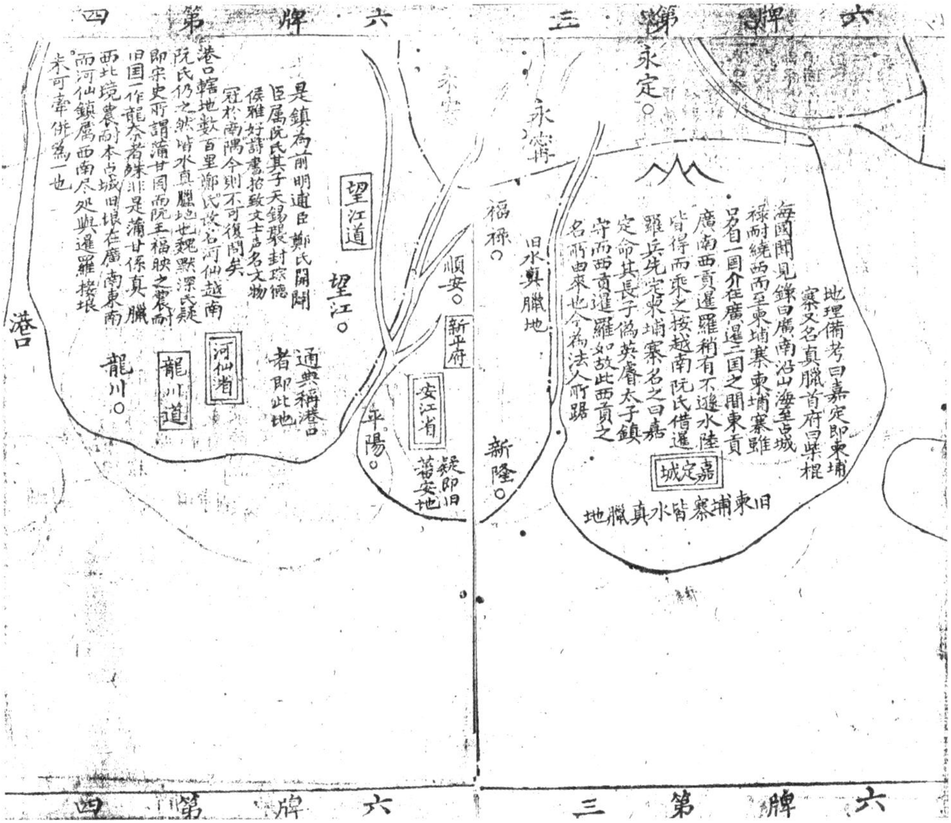

圖7.1　〈越南全圖〉中所描繪之河仙（「鄚」誤為「鄭」）。出自清盛慶紱所編纂《越南地輿圖說》。

來源：〔清〕盛慶紱編纂，《越南地輿圖說》（1883）。

妃及倖臣」的方式向國王求取一塊土地（河仙），希望由他自行治理，宣稱如此可以「招徠四方商旅，資益國利」，國王應允了並授與他「屋牙（Oknha）」階級的爵位，確認了他的唐人領袖身分。[3]

鄭氏為廣東雷州東嶺村望族，但家族是在元代才由閩南地區遷來雷州，居住於這個方言與閩南語類似的地區，應該仍能夠與在東西兩洋活動的閩南商人互通聲氣。一六六三年後，陸續開始有跟鄭玖一樣受到清政府遷界令所迫而離開雷州的居民，落腳於柬埔寨地區。鄭經於一六七〇年代運銷到日本的鹿皮，除了臺灣本地所產之外，應該有相當大的比例來自柬埔寨。[4]鄭玖既然擔任國王的商務官，應該也與東寧當時的貿易活動有所接洽。一六八三年，臺灣東寧政權向施琅投降後，廣東抗清水師領袖，龍門總兵楊彥迪（?-1688）、陳上川（?-1715）等人，退守湄公河東側主要出口地帶（前江），掌握了南榮出海航運。由於楊、陳兩人名義上受大越（廣南國）管轄，因此作為柬埔寨首府的南榮，其主要出海口的收入卻不會進入柬王囊中，反而是鄭玖在位於湄公河西側出海口的河仙經營港口所得，成為柬王仰賴的重要收入來源。[5]這也解釋了為何鄭玖雖很快就嶄露頭角並成長為一方之雄，但起初並未受到大越官員、鄭氏舊部關注，而要到一六八七年後，才開始為大越史書所追溯記載。

柬埔寨王宮於一六九三年所頒訂的《國法（*Kram Srok*）》當中，明文將對唐人的司法管轄權委交給唐人領袖（當時約有三千位以上的唐人定居在柬埔寨首府南榮（金邊））。由此可知，鄭玖身為一名受封屋牙的唐人領袖，其意義不僅止於他為當地唐人眾望之所歸，更擁有柬王賦予的職權。[6]大約便是在此時，鄭玖已不單是柬埔寨王室所仰仗的重要商務官員，他也開始著手安置唐人移民，在河仙當地進行墾荒、發展農業。越南史書《嘉定城通志》記載：

> ……鄭玖初年南來，作高棉屋牙辰，開荒占據，招集華人、唐人，高棉人、闍巴人，會成村市之地。[7]

鄭玖經營的河仙墾殖區，除了唐人的事務由他管理之外，當地高棉人的事務，則由柬埔寨屋牙列謝塞泰（Reachea Setthi）處理。而名義上，河仙仍屬柬埔寨管轄。[8]由於河仙地處暹羅與柬埔寨交接地帶，因此一六七九年兩國發生衝突時，鄭玖曾被暹羅軍隊擄走，直到一七〇〇年才回到河仙。

一七〇〇年，大越軍在阮有鏡（一六五〇至一七〇〇年時為大越權臣）、陳上川兩部聯合下，擊退了暹柬聯軍，柬埔寨國王隨後同意向大越國朝貢。鄭玖也在一七〇八年決定主動轉向大越國稱臣，大越國阮主封贈其官銜為「河仙鎮總兵（或作統兵）玖玉侯」，河仙因此成為大越屬國。此後鄭玖便在大越國的支持下，發展自衛武力。[9]正如《大南實錄》的記載：「〔大越皇帝〕勅為屬國，名其鎮為河仙鎮，授之總兵，頒賜印綬」並且「建城廓，起營伍，具僚佐，多置幕署，以延接賢才」。[10]

鄭氏在河仙的經營一旦步上軍事化之路，所設置的常備武力也必定被視為區域地緣政治漩渦裡，能夠改變力量強弱的因素之一，以致身不由己地加入合縱連橫的賽局中。當時暹羅與大越正爭搶著瓜分已衰落的柬埔寨國土，而河仙曾是柬王麾下的半獨立勢力，前途愈見凶險。鄭玖與柬王的關係，不由得令人聯想起一六三〇年代日本傭兵山田長政與暹羅王室的關係。但在此時（十八世紀初）相當不同的一點在於，整個東亞海域的白銀供給流量大幅減少。河仙地區富庶的基礎，已由鄭玖年輕時代所經營的香料、獸皮、藥材，轉移到稻米生產上去。暹羅軍與大越軍在此地交鋒，將可能對農業生產造成難以復原的破壞。大概正是為了防止這樣的破壞，鄭玖選擇稱臣於大越，而爭取如同明遺臣陳上川那樣劃地屯兵的自治權利。此時，大越對於湄公河三角洲所產稻米的依賴，也日漸加深。[11]甚至，暹羅屢次進攻此地，可能也是著眼於居民墾出的良田。鄭玖死於一七三五年。此時，他的繼承者鄭天賜（1700-1780）約三十五歲。翌年，鄭天賜迅速獲得大越封贈「都督」之官銜，確保他繼承得來的河仙軍事領袖地位。到了一七五〇年左右，河仙已轉化成為具有確實領土範圍的政治實體，不再只是一群河海港埠的商客聚集之地。[12]

河仙即是在成為政治實體的十八世紀中期，進入最為繁榮安定的時代，這除了是鄭天賜領導有方，與全球貿易的新進展更有莫大關連。首先，一七四〇年代後，受到中國需求的刺激，馬來半島北大年與蘇門答臘島邦加附近的錫礦生產大增。新一批的唐人礦工跨海進駐此地。這些唐人礦工所需消費的米糧，正好可由湄公河三角洲的水田來供應。河仙當時已大致具備供應交趾支那半島所需米糧的生產能力，其位置又能轉運暹羅的米糧以補供應稍有不足的部分。

其次，一七四〇年巴達維亞發生屠殺唐人的慘案（紅溪事件），接著一七六〇年代，暹羅王都阿瑜陀耶慘遭緬甸大軍攻滅，河仙一時之間遂取代巴達維亞與阿瑜陀耶，成為廣州商人前來採買熱帶商品的轉運中心。此後，在暹羅尚待重建的這幾年間，河仙商人藉由米穀貿易，順勢控制了邦加錫礦的銷售業務。這段期間也是歐洲商人群集廣州十三行，購買中國茶葉的時代。因為中國不需歐洲商品，歐洲商人不得不持續將西洋白銀輸入中國，以抵銷雙邊貿易的逆差。

這些歐洲商人後來發現，只要將白銀投入中國行商經營的南洋貿易，就能用南洋物產來抵付購買茶葉所需支出的白銀，從而減少流入中國的白銀數量。因此，歐洲商人與中國行商都將大量白銀投資到河仙的稻米、錫礦轉運事業，這波注資進而又擴大了河仙的商業規模。[13]

與此同時，潮州人也入墾柬埔寨—暹羅邊境。至一七七〇年代，在暹羅境內的尖竹汶府（今譯「莊他武里府」），潮州人努力開墾，逐步東進，最後擴張到了位於柬埔寨西境的河仙。於是，暹羅潮州人與河仙人在各自經歷十八世紀中期一波快速墾殖的農業擴張後，現在也開始相互爭奪土地。[14]一七七一年後，暹羅的潮州人勢力取得上風，攻入河仙加以占領，直到一七七三年大越反攻成功才退走。但此後河仙因為前述商業擴展的勢頭橫遭壓制，喪失國際貿易機遇，遂一蹶不振，相對的，湄公河前江的新興港市西貢則逐漸邁入興盛時期，主宰了湄公河三角洲的稻米外銷。[15]以後見之明而論，作為大越屬國的河仙，雖然已由轉口貿易轉向投入稻米生產，來厚植經濟力量，但在數十年的競逐後，囿於其有限的腹地與人口，仍未能發展出足以與越暹兩大國能夠抗衡的軍事實力，最終在兩國擴張的你來我往的過程中，逐次遭受削弱，最後喪失了全部的自治地位。[16]

綜觀河仙在鄭氏管理下的發展，無疑鄭玖過世前投向大越，取得武職官銜乃是一大轉捩點。

圖7.2　本圖為出版於1783年A new general map of the East Indies一圖的部分。左下角為大泥（Patani，即北大年），左上角為暹羅首都阿瑜陀耶（Judiah）。河仙標示為柬埔寨的屬地，說明為「港口（Cancar或Ponthiamas）王國，是五十年前由一位唐人商人天賜（Kiang tse）所創建」。「港口」即河仙之別名。

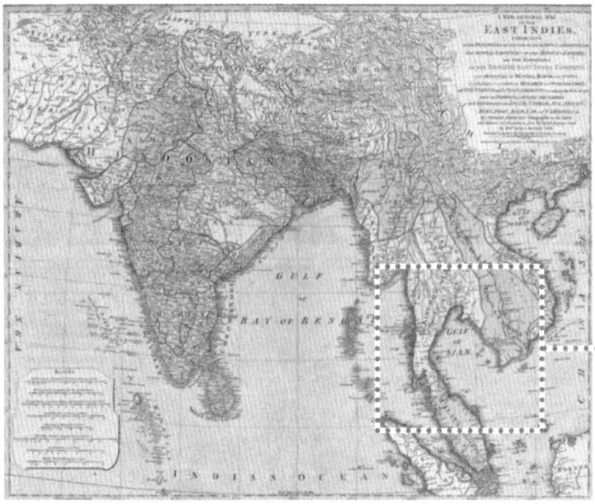

放大區域

來源：Library of Congress, Geography and Map Division.

河仙由一開始作為交換特產品的港市，轉化為稻米生產的輸出港與中國生活物資的輸入港，此一過程也伴隨著由港市到領土治理的轉換。這些都對應著前面所說，十六世紀活躍的東亞唐人貿易網絡，在十七世紀晚期逐漸轉化其形態的事實。

本節簡述河仙的起落，下節則將闡述施琅取得臺灣之後，面對東亞海域變局，臺灣社會有何新的發展。河仙（鎮）作為南榮（金邊）唐人街的延續，與臺灣（府）作為大員市鎮的延續，都源起於十七世紀海外唐人的活動，實為異曲同工。

在此先做個簡單回顧與對照。臺灣的農業開墾始於糖業，起先並不著重移民，而是使用移工。一六五〇年代起，臺灣種植稻米的水田面積大為擴張，反映移民已開始安家落戶。鄭氏攻取臺灣後，之所以能夠順利引進農業移民，與清廷實行禁海遷界，造成人民流離失所有關。簡言之，一六五〇年代之前，唐人在東南亞各處的活動，主要是在各個港市進行跨文化的交易，以奢侈品與特產換取利潤。但在此之後，由於中國內部混亂，向外移民增加，農業拓墾亦往國界外各地開展。這些國界外的「新墾地」當中，河仙並非由歐洲人規劃設置，而是由唐人與柬埔寨宮廷合作，所發展出來的墾殖地。當鄭經仍堅持繼承父祖事業，延續鄭芝龍、鄭成功路線，戮力追求壟斷海上貿易，以獲取高額利潤時，鄭玖在河仙，則已改採招取移民墾荒、擴大稻米外銷的發展方針。這應該與湄公河三角洲在更早之前，即出口稻米至順化有關。在鄭經治理東寧的時代，其水稻耕作主要是為支持本地的人口，而非做商業性的外銷。當時臺灣商業性外銷的作物仍是甘蔗。在東寧鄭氏集團投降施琅之前，曾遭遇糧荒，可說是其未曾全力投入水稻生產的副作用。[17]

鄭經與鄭玖採取的基本路線不同，造成了各自治理區域發展的差異。鄭經於一六七〇年代面對中國封鎖始終鬱悶，無法為東寧找到新的發展方向，同一時間鄭玖則正在南榮，敏銳地察覺到唐人街面臨貿易局勢的變化，於是開始發展稻作事業。而三藩之亂結束後，鄭經再度退守臺灣時，鄭玖卻為暹羅軍俘虜，並且在被擄的若干年間領悟，必須建立、維持一支常備自衛武力，以保護田園。[18]兩者覺得要以武力保障貿易的看法殊途同歸，但究竟是轉運還是農產優先卻各有判斷。鄭經背負著父祖成功的經驗，包袱沉重，鄭玖赤手空拳開闢草萊，手段自然較為靈活。由於缺糧，東寧最終向清朝投降。相對的，鄭玖慘遭俘虜後，卻帶來了河仙建軍這樣的新發展，臺灣與河仙兩處「新墾地」的命運，也走上了分歧點。

臺米之路：施秉的選擇

當三藩之亂已成強弩之末，鄭經遂於一六八〇年左右退守臺灣，而在退守之前曾重新展開對清廷的談判。由於仍期望能延續鄭芝龍、鄭成功以來對於福建東西兩洋貿易特權的控制，鄭經當時很堅持須將金廈、海澄納入勢力範圍。但既然白銀輸入對於清廷並不具決定性（清初中國經濟發展經歷大亂倒退，市場經濟瓦解，對於白銀通貨需求大為降低），無法藉此換取清廷的許可，此次鄭清談判最後遂以鄭經勢力撤出中國沿海、清方延續海禁政策的低盪僵局結束。可是對於施琅所代表的福建商人勢力而言，歷經三藩之亂的開放時期，一旦轉回海禁狀態需承受許多損失。他們所能期望最好的結果，是擊敗鄭氏集團後將臺灣還給荷蘭東印度公司，然後仍藉口提防荷蘭人入侵中國，繼續福建人在東西兩洋壟斷海外貿易的制度（亦即清朝仍大抵延續明朝防倭政策，採取海禁，僅開放海澄月港）。[19]這個暗藏的壟斷計畫，隨著康熙於一六八四年推行開海政策而破滅。

根據日本方面存留下來的紀錄來看，一六五五至一六六一年間，是鄭成功對日貿易的高峰期，平均每年由日本換得一百二十六萬七千一百兩白銀。而在一六六二至一六六八年鄭經主政前期，年均量還有八十三萬二千二百兩，到了一六六九至一六七〇年，年均量已縮減到三萬四千五百兩。此後一六七二至一六八四年間，涵蓋鄭經與三藩叛亂時期，閩廣對日進行之貿易，中國船隻所運回的白銀數量回升到平均每年六十一萬八千四百兩，大概是鄭成功時期的二分之一。[20]但一六八五至一六九七年間，平均每年中國船隻從日本運回的白銀數量為二萬二千九百兩（同時期所輸出的銀器為七千七百兩），顯見趨勢並未回升。[21]

施琅在一六八三年接受東寧投降，登臺占領後，便打算繼續運轉對日輸出蔗糖與鹿皮的貿易網絡。從一六八五年起，施琅手下的軍人，大體上已經接收了這一貿易網絡。不過臺灣的貿易運轉體系，很快從一六八七年起開放民間加入，而不再具備官方壟斷性質。[22]一六八八年，由於有足足一一七艘中國各地船隻聚集到長崎，迫使日方限制中國船進口貨物的總量，並僅允許換取總價最多六十萬兩的包括白銀在內的商品（從一六八五年起日方即有類似限定，以免輸出過多白銀，影響日本國內經濟）。[23]因此，中國船隻所能賺取的利潤又受到更大幅度地削減。在這種情況之下，原先十七世紀福建船隻壟斷東西兩洋貿易，由長崎與馬尼拉取得大量白銀的盛況，已不復見。

由於清廷解除海禁後各省商船均能自由出航，一六八〇年代後半左右大批中國船隻航向了長崎、馬尼拉、巴達維亞交易，結果是造成惡性競爭。[24]施琅雖然擔任水師提督，而且身負平臺勳業榮銜，但他需要的兵餉、糧食仍由福建總督負責籌辦，無法完全專擅自主。過去鄭芝龍時代，由海防將領包攬中國船前往海外的貿易活動，藉以賺取利潤、供養軍隊的情況，此時已不能依樣複製了。

根據李文良教授的研究，施琅登陸臺灣後（一六八三年），清廷內部討論了十一個月之久，終於決定要將臺灣納入統治，並在決定了軍事兵員的配置、行政區劃後，才交由文官來處理接收事宜。當時從東寧政府手上所接收的土地徵稅登記簿冊，僅有屬於東寧政府官方之「官佃田園」以及官員自行招佃開墾之「文武官田園」的資料。鄭氏交由各地鎮守部隊開墾、自給自足的「營盤田」，並未造冊移交。[25]但即使是原屬於官府與由官員自行招佃開墾的田園，也在清廷民政官員來臺之前，即遭到攻臺官兵之圈占。至於那些未被圈占、原來的所有人（業主）又被遣送回中國的剩餘田地，則變成了「無主之佃」：即有佃農卻無地主的田園。清廷的民政官員基於增加本地財稅收入（即作物稅，稱為「賦」）的立場，逐漸透過法律程序，讓佃農擁有這些土地，成為業主。[26]此外，前述未曾造冊移交資訊的「營盤田」，則透過清朝入關後於一六四九年已頒布的上諭條例，由縣官發給墾照，轉化為登記在案、可以課稅的「民田」(「地方無主荒田，州縣官給以印信執照，開墾耕種，永准為業」）。這本是先前清軍入關後，為了恢復中國內地農業生產秩序，所立的規條。但在臺灣營盤田「人去業荒」的情況下，從一六八四年十月起，居然「移花接木」發揮了作用。有了這樣的法律工具，一六八九年臺灣的人口與生產，就大致恢復了東寧時代的水準。[27]而且移民入臺開墾的聲勢規模也持續不墜。

施琅的宗親施秉（1640-1709），生於一六四〇年，年紀較鄭經小兩歲，比鄭玖大十五歲。這三人大約還是可以當成上一章所謂「明亡第一代」來理解。以施鄭兩家親近的程度而言，鄭經與施秉成長時期在某些場合應該有所交集。現存史料說施秉於一六八三年，參與了施琅率領攻打臺澎的戰役。當時施秉已四十三歲。隨後數年，施琅接收東寧向日本出售蔗糖、鹿皮的生意，藉此賺取軍餉。而這段期間內，據說施秉即是擔任押送官方貿易船的軍官。[28]若果真如此，既然他身在攻臺歷史現場，那他對於臺灣戰後武官圈占田園的實際情況，應當瞭然於心。又倘若他在一六八四至一六八八年間，曾往來廈門、臺灣、日本與中國江南之間的話，他對於日本已大量減少白銀出口，商船利潤限縮的情況，理應也略有所聞。

除了參與接收東寧和對日貿易之外，施秉很可能也協助了福建安海一帶的重建工作。安海過去曾是鄭芝龍的居地所在，也是鄭氏家族的商業基地。不過在鄭成功起兵抗清後，因為基地轉移到了廈門，便於一六五四至一六五五年，陸續將安海城與城內鄭氏舊宅拆毀。一六六一年清廷發布遷界令，安海市鎮所有建築「一盡毀平，惟龍山寺巍然獨存」。一六八四年清廷宣布展界，容許過去被強制遷移到內陸的沿海居民回到故土營生，且重新部署沿海軍事駐紮地，「移古陵把總駐汛於龍山寺西」。也就是說，首先在空蕩的安海出現的，是一座官署，這很可能是為了監督、管理安海港，所做的先期準備。前面提到駐臺清軍的軍餉由福建官府籌辦，由臺灣運往日本的官售蔗糖，即是軍餉的來源，規定銷售額為兩萬石。倘若因為臺灣生產尚未復原，結果在臺灣備辦不足此一額度，則需由福建官方來加以補充。[29]可以推測，要讓沿海復界地區加入蔗糖的生產與貿易，就必須重新利用福建的港灣設施。此一銷售蔗糖以籌措清軍在臺駐軍兵餉的任務要求遂使得安海、廈門等港口，迅速被重新整頓起來。根據柯琮璜〈安海新舊街記〉記載，一位「施都督」在重建安海的同時，「草創搭蓋以賃民居，收四季稅。……大街……館口街……下墟街、厚底街……人字街……關帝街……南門街……東門街……總爺街。凡此皆因前明舊跡而建之爾。」[30]

前述提到施秉此時是負責押送貿易船前往日本的軍官，而這一職務的官銜多為「左都督」。已知施秉大約在這時的軍階為「都司僉書」，應為管理軍營的在營官。一旦委派出任務時，因需要帶領一定編制的人員團隊，其職銜可以暫時提升為「游擊將軍」，並臨時加虛銜「左都督」來擴大其職權範圍，以利執行任務，故此一「施都督」（可能即「施左都督游擊將軍」略稱）應為施秉押運商船時的臨時官銜。[31]《安海志》〈沿革〉當中亦記載：「是年（一六九一年），施都督興建舊街。」可以說，施秉職級雖然不高，但因「多能鄙事」，具備展界開海後在各處經營新事業所需知識，而成為少數見證多個時代變遷漩渦現場的重要人物之一。

根據安海地方的傳說，施秉利用重建安海的機會，先是出租房舍給前來復界的舊族，後來又藉機圈占土地興建大宅，因而引起安海舊族不滿，迫使施琅將他調至臺灣。[32]於是一六九三年，時年五十三歲的施秉舉族遷至臺灣府鳳山縣，其子施世榜（1671-1743）時年二十二歲。

一六八九年時，臺灣的農業生產與出口，已恢復東寧時期的規模。由於此時可自由販運蔗糖至日本，大多數農民選擇復墾、開墾耕種的，多為不需太多水利建設的甘蔗園。[33]但到了一六九二年，已有將米穀出口至福州的消息，顯示這時候臺灣水田的數目應該不少了。[34]一六九三年，施秉做了一個不太尋常的決定，即投入家族資本，發展下淡水溪（今高屏溪、東港溪）中游的土地開墾事業。施秉這個決定或許與一六九一年任臺廈道的高拱乾，擔憂植蔗熱潮太過強烈，力推開墾水田有關。[35]高拱乾在一六九〇年時擔任泉州知府時，即曾力主丈量安海周邊田園，以利復耕。[36]施秉既然在泉州擔任武職，又為安海重建事業重要的關係人，兩人必有交往。施秉的兒子施世榜與當地平埔族協議，招請客家人為佃戶，開墾田園。其涵蓋的範圍，大概是以潮州與萬巒為中心，東港溪以東的大片土地（港東上里）。[37]根據當地多為東港溪支流經過此一地形特徵來看，施秉、施世榜父子著眼的並非蔗園，而是水田開墾事業。[38]根據黃富三教授的推估，施氏父子在下淡水溪這一區域的田園應有三千多甲，每年實收三萬石。[39]而從後來調查這些田地多見其附帶有當時所興修的水利設施，可以推知開墾時的投資數目甚巨。[40]

另外，謝美娥教授推測，約在一七〇三年後，多有商船走私臺灣米糧至福建販賣者。[41]施秉開始轉向米糧生產事業發展，或許就是看準了福建米糧供應缺口擴大。但在開墾水田的事業正開始回收利潤時，施秉卻於一七〇九年逝世。[42]施秉逝世同年，施世榜已啟動興築當時臺灣最大規模水圳的計畫：即「八堡圳」（原稱「施厝圳」）。此一水圳建築工期長達十年（一七〇九至一七一九年），完成後，灌溉面積在一七二二年達到一萬一千餘甲，施家擁有至少五千餘甲。[43]

就在八堡圳於一七一九年完工之前四年，一七一五年日本德川幕府頒布了《正德新令》，更進一步限制對外貿易。當年所發布的三十張「信牌」，其中江蘇十張，浙江十一張、福建四張、廣東兩張、南洋三張。此後中日貿易集中至江浙地區的趨勢更為明顯。[44]一七二三年，一艘船籍為臺灣的商船，拿著分給福建的信牌，當年由日本返航後，並未回臺，而是直接前往上海買賣，等到下一季再駛向長崎繼續貿易。根據船頭的說明，當時廈門供給的貨物（還有臺灣貨物），在上海已能取得，所以不需先回臺灣，再從廈門出發赴日（當時臺灣屬於福建，所以之前商船通常會從臺灣到廈門多採購一些貨物再出發赴日）。這就表示，各式各樣船隻從臺灣販運到華中的商品種類數量已非常豐富，故由臺灣直航日本的船班，便沒什麼存在的必要了。[45]

與此同時，相對於臺灣商船經營對日轉口貿易日漸不利的發展，臺灣米糧出口中國的商機卻日漸擴大。因中國人口增長，十八世紀中期，福建的福州、汀州、漳州、泉州，每年約缺糧約二一〇至二六〇萬石。此一缺口需透過每年臺灣供應的一百萬石的米糧，來加以彌補。[46]施秉移民臺灣後，並未致力於海上貿易，而是率先致力於開墾水田。他在一七〇九年過世之前，還協助其子施世榜策劃興修大型水利工程。從後見之明看來，施秉擴大投資土地開墾的事業，正符合臺灣轉口貿易利潤下滑、農產出口事業利潤上升的趨勢。此外，臺灣不只因為肥沃的米糧生產環境而成為農產出口重地，更因為湧入移民日增，躍升成為高速成長的中國日用品消費市場。而當八堡圳於一七一九年築造完成，兼之前仆後繼而來的移民持續擴大開發臺灣中部，所造成的結果是：鹿港在十八世紀發展成為跨越兩岸、將臺灣與福建連繫起來的重要港市。①

圖7.3　道光年間刊行《彰化縣志》所錄〈鹿港飛帆〉一圖。十八世紀中期，臺米開始供應福建所需，此圖正是在描繪鹿港進出口貨物絡繹不絕的景象。

來源：〔清〕周璽纂修，《彰化縣志》（1836）。

小結：水田化與邊疆化的時代

作為「水田化運動先驅」的施秉、施世榜父子，由於「棄海就陸」投入農墾發展的選擇，成為影響許多臺灣人命運的重要人物。對比鄭玖和施秉兩人作為，一七〇八年鄭玖選擇主動投效大越國，並將原本以港市為主的河仙軍事化，來抵禦暹羅潮州移民的擴張；一七〇九年施秉開始推動前所未有浩大的「八堡圳」建設計畫，為臺灣社會創造了富庶的基礎。一七四〇年之後，河仙因為供應米糧給在邦加挖掘錫礦的唐人，從而受到廣州外商的資金青睞，進入一段繁榮時期。同樣的，一七一九年八堡圳完工後，臺灣中部彰化平原也進入大舉開墾水田的時代，得以供養大量偷渡移民。到了一七四〇年代，彰化已成為供應福建米糧的重要地區。這些新墾

① 我以為臺灣西南岸雖有溼地環護難以接近陸岸，但鹿港興起時，居民已能用大量竹筏跨越溼地接引船上貨物。而往來此處商船不需通過黑水溝，多為平底，船體較小，能在退潮時擱在陸地上，所以相當有利於兩岸輸運。參見：Donald R. DeGlopper, Lukang: *Commerce and Community in A Chinese City* (New York: The State University of New York Press, 1995), pp. 68-70.

地區的米糧輸出，連帶造就了鹿港市街的興起。施氏父子兩人與鄭氏父子，在十七世紀東亞海域白銀流量日益低迷的時代，察覺到米糧生產的重要性及其商品價值，因而以不同的手段成功掌握住此一特殊的獲利機會。跟他們相比，鄭經、施琅、陳上川、楊彥迪仍試圖用武力掌握特殊邊境地點或港市，寄望利用壟斷特產來獲取利益的做法，其實已經是時代的眼淚了。

到了十八世紀末，鄭氏河仙政權最終還是毀於大越與暹羅兩國的地緣政治衝突。這是因為單純就人口與軍事實力來說，河仙終究比不上周邊這兩個領土國家。而施氏在十八世紀中期後，也由一時昌盛走向逐漸衰微。因為開墾浪潮以迅猛的速度很快席捲了臺灣大部分平原地區，單靠開發新墾土地所能產生的收益，其占比於是逐漸降低。[47]

河仙與彰化平原當然處於完全不同的政治環境之下。鄭氏父子迫於形勢，逐步將軍隊組織起來，並且以外交手段爭取自治的空間；施氏父子則是在清帝國縣官的保護與協助下進行大規模水利工程。而由於熟習進行跨國多角米糧貿易，河仙政權能利用貿易商的身分，得到廣州外商的白銀投資，出口湄公河三角洲米糧獲得暴利。相比之下，施氏父子因具良好政商關係，在官府保護下建設水利工程，即能坐收租穀。為了保衛田園家產，河仙政權最後爭取了屬國的地位，但也因此一地位，而毀於中南半島上愈演愈烈的地緣政治衝突。而在臺灣，縣官將在中國施行的法規，「移花接木」來此施行，巧妙地犧牲了臺灣原住民的土地權利，他們幾乎沒有還手之力。[48]

從東亞海域十六世紀以來的變遷來看，整體區域連動的政治經濟結構變化，造成了各處不同的局勢。在這片海域當中，儘管鄭玖、施秉都是「明亡第一代」，他們在這裡所做出的重要抉擇，都不再（也不能）是基於十七世紀他們前輩（施琅、鄭成功等）的成敗經驗了。就像本文第二章提到林鳳與鄭芝龍的事蹟，造成他們命運不同的關鍵，在於臺灣周邊地緣政治結構的變化。而本章中造成施秉、鄭玖命運不同的關鍵，也在於各自所面對之當地住民對於土地權利的認知。施秉與鄭玖兩人，都以海商的身分看出了農業生產才是大勢所趨，但在河仙開墾土地，必須建立軍隊保障田園，而在彰化開墾土地，只需在官府的監視保護下與原住民「協商」即可。河仙要面對當地居民所建構的國家日漸強大，而開墾臺灣中部土地卻能仰賴清帝國保障新墾地的土地產權。河仙鄭氏最終為越南所併吞，當地唐人逐漸融入越南社會，而施氏則坐享田租，不再投入新事業，與之後一波波中國新移民，共同建構了臺灣西部的傳統社會。

繼十七世紀各地如雨後春筍般冒出多文化的港市後，十八世紀東亞各地則是「邊疆化」與農業發展齊頭並進，到處都有「傳統國家」發展起來。[49]河仙在領土面積與人口數量上，被越南與暹羅追了過去。與此同時，臺灣則是朝向邊疆化發展，在清帝國的治理架構之下，逐步被吸納到福建經濟圈裡面。河仙雖一度以屬國的資格在國際舞臺活躍，最終仍難逃覆滅的命運，而儘管清帝國消極治理臺灣，湧入的移民卻持續將臺灣各處邊疆化，直到平原與山區的交界之處。雖然直到割讓日本之前，臺灣都是中國福建的「島嶼邊疆」，島嶼居民也不曾擁有任何自決共同體命運的資格，但在清帝國威勢之下開墾農地、建構邊境的華南移民，則幾乎徹底改變島嶼居民的成分，也將「邊疆」轉化成為「地域社會」，這最終仍將不可避免地導致島民自主的性格。

河仙的覆滅與鹿港的興起，標誌著本書所敘述之在十七世紀造成種種戲劇性發展的歷史結構性因素，至此已隱沒不顯。作者應當擱筆於此了，以下進入結論。

結論

島民的節奏：由「場所」到「在場」

臺灣作為世界史的「場所」

在本書的導論當中，我提到，在命運的起伏中創造的自我意義即歷史。若然，貢獻於一個個體命運的因素，也同時影響著其他個體。萬千個體的命運交織，也促動、干涉著萬千個體。一個人的命運可以偶然地受到萬千人們的框限掣肘，萬千人們的命運亦可能受制於一人一念。這都有賴於個別生活軌跡的種種微妙交織形式而定。[1] 多樣歷史意義的呈顯，如同開展出一整面的光譜，而且將隨著不同人群組合的自我認同而時時改變。

本書各章指出，在十七世紀的東亞海域，分別有一組特定人們的命運，無疑因臺灣島這個「場所」浮現於世界史的事件，受到了強烈觸動。對於這一組人們而言，他們個別命運的起伏，與個人抉擇的歷史「意義」，若離開他們所憑依之臺灣島的時勢變化，即無從談起。像這樣因為臺灣這個「場所」的成立，而引發人們命運交織的形形色色故事，也經常在後來人口日稠的臺灣居民所認定的共同歷史當中，折射出某種意義。對於那些環繞著「臺灣」，感知到生涯命運此起彼落、峰迴路轉糾纏牽扯的人們，在做出抉擇當下，也必感受到環繞臺灣歷史節奏（tempo）之共振。島民的歷史節奏，總是在那些讓我們省察到命運交關，而抉擇在即的亮牌片刻，才如同耳際響起的轟鳴巨響般，帶來一陣暈眩。在感知到眾人命運一同起伏迭宕的轉瞬，回首已是百年之身。在這片刻踏出不同命運節奏的人們，也終將如同短暫並行的列車，隨著軌道路徑的分歧，各自寂然而別。

這本小書的簡短內容，是為當代試圖追索過去人群命運節奏的讀者，以白描的方式點畫出某種可辨認的輪廓，藉以讓讀者感覺到，曾將命運繫於臺灣此一場所的人們，他們如泣如訴奏出的命運之歌，迄今仍覺繞梁的殘響餘韻。本書由當代島民眼光出發，來判讀過去世界史／全球史演進的延伸線上，與我們特別聲氣相通的那些十七世紀東亞海域人物事蹟。本書敘述的人物與群體，他們抉擇的後果，構成了許多持續影響我們所生活時空的前提條件。這些縈繞不去的特定因素，亦能以我們這些後居島民，無意識中已與他們共享的「節奏」來理解。循著臺灣被捲入世界史此一事件的發生，所導致或促動的一連串事態發展，或者說是那些島民前輩們掙扎奮起時所引發的「漣漪」，仍若隱若顯地牽動著我們此世僅有的命運之網。這些歷史漣漪，也可以當成承載著持續穿透時間存在的結構來理解。換言之，本書嘗試為當代臺灣讀者，簡略地探索那些穿透時代且持續放射著影響力的歷史結構，其發生源頭的樣貌。

本書之所以採取這樣的敘事策略，與我所感知到臺灣歷史的特殊樣貌有關。打個比方來說，熙來攘往的臺灣居民，若是將生命的的歷程譜成曲調，大概會是多音複調（polyphone）和弦巧妙的多重變奏曲。倘若世界的歷史是一部即興演奏的交響樂曲，則在世界歷史的交響樂臺上，與臺灣相關的樂聲，首度受到留意的表現，可能不會有強烈的個別特色。我揣想，臺灣歷史旋律發展的初期，或許像是與其他主要曲調旋律相應而動的間奏。然而，邁入十七世紀之後，臺灣發展的樂聲，有時襯托其他曲調而融入背景中，有時則在其他大型曲目熱潮消退時，異軍突起，成為引動下一樂章的動機旋律。臺灣歷史的特殊旋律之所以還沒被認可，是因為世界歷史的合奏當中，一般認定為主流的是各個「民族（Nation）敘事」。臺灣島民故事的集合，是否足以奏鳴出舉世各國認為合乎「民族敘事」的旋律，似乎尚未得到全球人多數人民的確認。然而隨著這部世界交響樂在演奏中相互協調、重新創造，島民的獨特音色與旋律，也逐步被交織在綿延不斷的人類歷史合奏當中，則是日常生活中的事實。順著這樣的比喻，我可以這麼說：自十六世紀晚期以來，臺灣島以其獨特的音色與節奏，在世界交響樂團中，分配到一個漸漸固定下來的樂手席次。這一現象我想稱之為「臺灣作為世界史場所」的誕生。

使臺灣歷史旋律，在世界史的交響樂團獲得一個位置的條件，與其說是實體的物質空間，還不如說是在人類活動互相交織成連鎖因果關係的演進中，那些因為憑依臺灣島而被納入世界史交響樂中之人們的特性。而將上述人群所奏出的樂曲，轉化為世界史樂章不可或缺的一席之觸媒，則是某些得天獨厚的樂器。本書所勾勒的「歷史結構」，即能比喻為具備那樣特色的樂器。在交響樂的表現中，這些樂器定義了音色、音域，但並無法限定這一組樂手所表現出的旋律與聲音表情。我們知道，在人類有限的聲音經驗中，涵蓋了千奇百怪的聲音波長。然而，由音頻震動轉為協調旋律，必然訴諸人類共通的美感經驗。同樣，臺灣歷史的發展必定與其他人類的故事有其共通、共感之處，也因此才能成為人類自我意義詮釋的一部分。要掌握「臺灣作為世界史場所」的誕生的現象，必將由世界歷史演變的脈絡中談起。非但如此，這幾百年間，引發臺灣歷史轉折的重大因素，亦有許多早在十七世紀，已能洞見其輪廓的背景因素。

所以，臺灣作為世界史場所，不只其誕生是過去世界史種種因素交匯的結果，甚至這個「場所」的持續存在與變化，都與前述穿透歷史持續存在，不斷放射著影響力的歷史結構因素有關。臺灣在物質上的地理位置與地形、氣候等因素，當然是這樣的歷史結構的一部分，但若無法從世界史發展的脈絡辨別出其所扮演的角色，就好比解析出交響樂團中特殊樂器的音色，但卻無法感受其演奏表現一樣的盲目。本書用意即在既點出樂器的存在，並同時講述其表現與世界歷史脈絡相互指涉的意義脈絡。

以下簡略敘述本書第一到七章，如何敘述了那些對於當代臺灣仍具重要性的歷史結構。本書在第一、二章中指出，島嶼的地理特性，常使島民因海洋連結受到連鎖性衝擊，其因果間往復的邏輯，與陸地人群有異。因此，臺灣歷史的變動也不能套用一般民族國家「土地祖源」式的歷史書寫。[2]第三章討論，十六世紀起，東亞海域中活躍的唐人，如何利用海洋網絡創造新型生活方式，及其在歷史中因應機運的成敗。藉此是為說明，唐人自主生活空間的寬窄，如何與東亞地緣政治變化息息相關。第四章則說明，在中國明清易代內亂之際，福建與臺灣的唐人海上勢力，如何利用集體協商的方式，掙扎爭取生存保障。這又顯示了海域的集體安全，必定要求多方共同協商的現實（reality）。第五章，描述了福建移民如何因十七世紀全球小冰期之衝擊，在荷蘭東印度公司與鄭氏間「無意的接力」之下，受到武力保障對抗原住民而得以迅速移民臺灣。[3]此一契機使唐人移民日後成為經由海洋進入臺灣島的重要成分。這也說明，導致臺灣島民組成產生大變化的這波移民運動，乃是全球史劇烈變動的附帶結果。第六章，簡要討論東亞地緣政治上的緊張態勢，於十七世紀晚期逐漸紓解後，海上政權及其菁英為爭取存續所採取種種應對的辦法。第七章，則比較臺灣與河仙兩地，在十七世紀晚期分別被納入帝國與組成自主政權後，各自如何因應十八世紀人口與農業增長的全球變局。

臺灣居民的「在場」作為一種歷史結構

儘管綜觀臺灣歷史，能在不同時段發現種種持續發揮影響力的、此消彼長的結構性因素，但在本書所涵蓋的時間斷限之內（約由十六世紀中期至十八世紀前期），筆者藉由前面六章，論述造就此一時期臺灣歷史變化的結構性因素如下：（一）**島嶼的自然地理**：黑水溝阻隔，良港少，沙洲多。這是長久以來島內人群未曾受到海域文化網絡（佛教、印度教、伊斯蘭教）浸潤，亦未有跨地域國家組織受外界刺激成立的主要原因。（二）**地球氣候**由溫暖期轉向小冰期的變化。此時亞洲大陸饑荒頻率增加，而捕烏魚潮境的頻繁南移，構成十七世紀福建難民前往臺灣的前提條件。（三）**臺灣島的政治地理位置**，位於東南亞與東北亞交界。十六世紀後，日本與東南亞連結網絡確立，此一地點逐漸被捲入東亞地緣政治開展的過程中。（四）**歐洲人持續介入**。歐洲人掌握全球先驅的船運、港務、軍事技術，迫使臺灣島內的社會連結上中國、印太、歐洲，從而引發劃時代的人、事、物衝擊。以上這些因素，其影響力仍然穿透到當代，並且有可能在某種機緣下重新變為島民必須面對或重整運用的環境條件。

但是，以整體眼光從當代回顧過去，無疑影響臺灣歷史最大的變動，為十八世紀後華南移民持續進入臺灣定居的此一現象。此一移民浪潮雖非由歐洲人因素直接導致，但十七世紀荷蘭人建造了大員（安平）港務設施，又以武力馴服平埔族人兩種劃時代的改變，確實大有利於其他國家勢力進入臺灣，從而為華南移民創造了大有利的定居條件。[4] 隨後，十八至十九世紀臺灣歷史的發展，即以中華世界的人、事、物輸入為主調。其背後，則是清帝國治理機器的介入與支撐。兩百年來，一個以漢文化為主的移民社會在臺灣逐漸發展成熟，直至十九世紀全球史的演進再度聚焦於東亞，而全球海上連結的網絡構造再度展現其影響力，才將清帝國的影響力給比了下來。在這樣的變局中，島民的共同節奏也在一波波地緣政治、工業文明的衝擊中逐漸浮現並進入意識層面當中。

回到「綿延不斷的世界史樂曲」這個比喻來看上述歷史變動的過程，可以這樣描述：臺灣專屬的樂章，在十六世紀已然隱隱開始落下零星前奏音符，而在十七世紀大幅展開序曲篇章。以其前所未見的音色，一度承擔世界史合奏當中極為特別的間奏與和弦。十八世紀，臺灣的曲調大部分作為中國樂章的背景和弦或模仿其聲部而存在，形成支聲複音（heterophony）。十九世紀中期後，才又因為與歐洲（一個個的）樂章形成對應，而相互激盪奏出具備特殊自我風格的旋律。前面所說歷史結構因素的開展，就如同新進納入的特殊樂器，分頭逐步加入演奏。例如，像是全球氣候變遷這樣的因素，雖然在十六到十七世紀可能影響力很強，在十八、十九世紀卻沒讓人有強烈的感受。就好像樂器的表現或許有暫時休止或低吟（如同florid organum的低聲部）的時刻。相對的，十八、十九世紀華南移民所推動的「水田化運動」，導致了人口擴張，使得臺灣島民的集體意志影響周邊他人命運的能力（capacity），日益擴大。這種臺灣島民的總體存在日益被納入周邊行動者視野中衡量的情況，我稱之為「島民的在場」。①隨著臺灣漢人社會的成熟，日治以來以島嶼為範圍施行的各式各樣「近代化」社會改組，容許島民表達集體意志的空間也持續地被創造出來。「島民的在場」這個影響力愈來愈大的歷史因素也就轉變成為新的貫時性歷史結構。

「島民的在場」這個因素，並非本書時代斷限中已然成形的歷史結構。應該說這個因素直到十九世紀晚期發展成熟，而在二十世紀前期才愈來愈受到重視。此點是我按照我現有的臺灣史

①這裡所說「島民的在場」，指的是臺灣被捲入世界史的進程後，島民的存在日益為周邊人群所重視的情形，而不是物理上的在場。原住民儘管已在臺灣島存在萬年之久，直到十六世紀晚期為止，其存在的影響力很少被周邊的人群預設為必須考慮的因素。

知識所做出的判斷，還不能說是學界共同認可的一般通說。然而為了完整說明我對臺灣史的想像，在此仍須硬著頭皮解說這樣的初步構想。也就是說，按照前面世界史交響樂展演的比喻推演下去的話，臺灣島民的共同歷史，即臺灣分部篇章的形成，可說是層疊浮現的自發性合奏曲。在臺灣獨特的旋律與音色，受到島民與外界認可之前，不同的個人、人群、組織，本是有意無意對應著其他聲部的曲調，配合其即興演奏。在各種風格差異巨大的不協調音中，憑依臺灣島生存的眾人，經常不由自主地默默協調。②如同「不萊梅的城市樂手」這樣一路結伴，跌撞前行。臺灣的居民而在世界交響樂綿延不斷演奏中，漸漸開始將注意力朝向彼此、自主協調起所演奏的分部。在世界史整體交響樂的延續中，結伴的樂手們，重複主要的幾類樂器，而逐漸摸索出與這些樂器相互適應的調性、特色。最終，他們的演奏超越了其他資深樂手創作曲調的表現範圍。樂手們運用獨特的音色，創造出嶄露自我個性的共同旋律。換言之，臺灣島民共同的歷史意識，其源頭或許是來自幾個偶然由外界促成的契機。就好像，個別個人生命的歷程，對應著共同的歷史結構，在隨意共鳴之下，卻能創造某種一致的群體個性。也就是說「場所」為「在場」創造了條件，而「在場」則是「展現意志」的前提。順著這種想像來說，本書對於早期臺灣歷史結構的描繪，即是希望為當代臺灣居民意識到集體的歷史環境做準備，以為全體島民未來展現集體意志創造條件。

作為歷史結構的「島嶼節奏」

本書所論及東亞海域上憑依著臺灣此一「場所」而經歷其命運的人群，後來如何在世界史的演進中，引起愈來愈多的地球居民覺察到臺灣島民的「在場」，這樣的演變，已非本書所能涵蓋的範圍。不過，基於前述對於臺灣歷史想像的描述，我認為有必要參照臺灣史的發展，做一個粗略的說明。這樣的描述是按照上述的論述邏輯推演，來勾稽本書斷限所未能涵蓋的臺灣史

②這種下意識相互的協調，並不一定與各別個人或群體意識層面上的意圖有關。伊里亞斯（Norbert Elias）的陳述可作為參考：「個別個人或群體用行動，有意識地去保存與維持現行局勢（figuration）的做法，在事實上加強了其變動的趨勢，完全是可能的。同樣的，個別個人或群體有意識地試圖發動改變，反而加強了現行局勢持續存在的傾向，也是很有可能的。」Norbert Elias, *What is Sociology* (New York: Columbia University Press, 1978), p. 147.

發展過程樣貌。既然作者本身的專業尚無法對十八世紀後段至今的發展提供較完善的關照，以下的補充說明，可說是一種具實驗性質的草稿，其事實性尚待更多學者投入檢驗。讀者請以姑且加以瞭解的心情來閱讀即可。

在此所需探討的是，由在世界史的「場所」居住的人群，發展成為「在場的臺灣島民」，這種歷史結構是怎樣造成的？我認為其關鍵之一在於某種島嶼歷史的共通節奏。回顧過往，臺灣島民所經驗過的種種國家、民族想像，多與臺灣本地居民歷史發展的脈絡並不契合。也因此島民在意識層面上的集體認同，直到二戰之後都還處於多層次、可複選的不協調狀態。奇妙的是，從二十世紀末的情況來追溯回去，島民非意識層面的社會生活步調，卻似乎有一個逐漸趨近一致的連續性過程。與那些「被發明的傳統」不同，③臺灣島民生活步調從清治中期起，似已有種種穩定趨同的傾向。我認為此即所謂的「土著化」與「內地化」同時發展的矛盾表象下所埋藏的實質發展。若論及全體臺灣原住民的生活步調，大約也在戰後全球冷戰的時期，才能算是幾乎將每一個人都強迫捲入這樣的生活共同體當中。我觀察到，臺灣島民對於我者的共同步調，在意識層面的認知相當淡薄。島民間相互認可，多不是以積極規範資格的方式提出，感覺反而比較常以否定的方式，根據被排除的對象來劃分我者與他者的疆界。姑舉日常生活中的一些例子來說明。臺灣島民會藉由所在地理區域之不同，來表述生命情境與他（國）人的生命品質差別，例如俗語說「美國時間」，表示一種奢侈、餘裕的狀態，藉以表達一種對於他者的想像。[5]十九世紀時還有：「去蘇州賣鴨蛋」這樣的說法，是表示脫離臺灣的俗世生活現場，以婉轉表述死亡。[6]更早以前，又有所謂：「俗米佇高州」，表示在臺灣現場沒有這樣的消費可能。[7]又有如「烏魯木齊」一語，由地名轉為形容詞，表示荒誕、不可信任的品質。[8]我認為諸如此類的俗語運用地理上境界不同，來區別我者與他者的說法，其實並非基於實際上地理距離遠近，而是基於某種生活情境與我者的差別。這種很少浮上意識層面產生的相互認可感，我以為是島民生活經驗中習以為常，隱藏在意識層面之下，理所當然的日常慣性。

臺灣居民這種在感受我群存在時，下意識地以自身當下生活情境為標準的習慣，可能源自於日常生活中時常經驗，卻未曾明言的，一種與廣袤大陸各地歷史變遷韻律不合拍的「違和

③這裡所說「被發明的傳統」，是指「官方民族主義」所揀選的種種象徵、紀念物等。參見：班納迪克・安德森（Benedict Anderson）著、吳叡人譯，《想像的共同體》（臺北：時報，二〇一七），第六章〈官方民族主義與帝國主義〉。

感」。在歐亞大陸，猛烈的歷史變動如饑荒、疫病、宗教革新、帝國征服，都以相對一致的步調擴散漣漪震盪，直到大陸邊緣為止。但在海洋周邊地區，則因與陸地不相連，而往往使得上述大陸歷史變動，其漣漪震盪頻率，相較之下給人「慢一拍」或「快一拍」的感受。例如佛教的傳播，顯然是跨越千年的大變動。在二世紀時，佛教已由印度進入中亞，之後進入到中國。隨後又於五至六世紀時，進入東南亞諸島；卻在八世紀左右才最終傳到日本。又如蒙元帝國，於十三世紀即已征服歐亞大陸全境，甚至包括中韓兩國。最後，卻遲遲無法拿下日本與爪哇。

與此恰恰相反的，則是十八世紀英國東印度公司逐漸取得對印度控制權這樣透過世界大洋連繫所造成的發展。十八世紀中期英法於美洲和印度的爭鬥，是歐洲於一六四八年成形的列國體制向全球延伸的結果之一。例如在十八世紀晚期至十九世紀初期，大西洋岸西側南、北美洲，受此衝擊而有一系列新國家成立。而同時在印度洋岸，英法鬥爭的歷史漣漪並未繼續經由陸路將中亞地區捲入列國體制中，東亞海域更幾乎不受影響。而是直到十九世紀鴉片戰爭發生前後，歐洲列國體制與工業革命的影響，才沿著海路傳送過來。[9] 又如日本與暹羅，在十九世紀歐洲列強的競逐中，勉強保持獨立國格的原因，與其經由海路在十七世紀已習於取得關於歐洲人的知識有關（日本的蘭學、暹羅王室的外交）。這兩者中，日本又因為位置離歐洲較遠，取得了較長的反應時間。在這種情況下，日本與暹羅獲知歐洲人的情報，速度較中韓「快一拍」，而兩者受到列強壓迫的速度，又較中韓「慢一拍」。這種在世界史發展中因勢利導取得的優勢，根本上還是與其相對的地理位置有關。

說的近一些，我們在新冠病毒的傳播與防疫節奏的差異上，也能看到類似的現象。像這種歷史事件的效應漣漪傳遞，因地理區隔而斷裂的「步調錯開」現象，如果要用前述交響樂的比喻來表達，就如同一種「模仿式複調（imitative polyphony）」。此種合奏方式，各聲部可能大體上是相同的，但各聲部被演奏出來的時間卻會稍微「錯開」。

社會學家伊里亞斯（Norbert Elias）曾經以「群舞」來形容獨特人群的社會文化發展。這種交往互動的進展，遵循著不言明的規範，就如同群舞中連綴不斷的舞步一樣。[10]從這個比喻來說，外來個人加入群舞當中，在幾度「表錯情」之後，亦能適度調整舞步，融入群舞的表現當中。臺灣社會由「同島多命」到「同島一命」的過程，也可以參照這個比喻，是一個由暗中摸索節奏到主動創造協調的過程。在此可以判斷，於本書討論的時段範圍之內（十六世紀晚期至十八世紀前期），種種已然存在的歷史結構性因素，遠比臺灣島民個別的力量更能改變歷史的動向。就好像在世界史的交響樂中，十七世紀臺灣歷史發生轉折當下，環繞著臺灣周邊的幾個席次，都恰巧奏出了極為複雜高亢的樂曲。此時臺灣島民，尚未具備足夠細緻的樂器，來奏出讓全場心誠悅服的音色與曲式。臺灣歷史之曲，此時僅是世界史樂曲原先各個主調的延長與變化。但就在其後數百年間，隨著臺灣居民生活步調朝向協調，世界歷史中臺灣聲部的席次也逐漸豐富充實起來，逐步達到讓人無法忽視其主題旋律的地步。這是多聲部、多聲源的歷史疊加在趨同演化（convergent evolution）下的結果。例如，原住民祖靈祭祀的儀式與空間跟漢人民俗信仰趨同而能延續、中華民國民法實踐因延續日治時期法律革新而持續發揮作用等，諸如此類不勝枚舉的情況，讓臺灣島民在摸索共同步調時，一代代朝向近代化方向推進。[11]

正如前述，臺灣歷史主調要在世界史交響樂中被凸顯出來，關鍵在於臺灣島民的意志，能否為這延綿不斷的樂曲，增添綺麗又獨特的篇章。在這短暫的數百年當中，大量臺灣島民的存在從地緣政治中的附帶因素，變化為主要因素。衡量臺灣重要性的標準，逐漸由地理上的轉口港，向人力協作之農業生產基地，甚至往仰賴高品質人力的亞洲加工基地—高科技島移動。由冷戰時代中，美國與盟軍軍隊的駐紮地，邁向自主國防，而最終由民主政體控制的軍力，來承擔區域和平的任務。臺灣島民因憑依此島而需承擔的，屬於此世的義務，逐日遞增。而在宗教自由、慈善、醫療、教育與科學研究、民主實踐等等方面，臺灣島民都對世界有著令人驚豔的貢獻。從這個角度來說，在二十世紀後半民主化後的臺灣，應該已使臺灣島民由世界歷史的「在場」者，轉變為世界歷史的「登場」者了。即便在當下，臺灣是否將被承認為成為民族國家，仍是臺灣人發動自主選擇，國際社會認可臺灣貢獻，多方共同協商後，方可以期待的事項。但就歷史發展的過程來觀察，顯然臺島居民集體，應已具備轉化為民族國家的諸多條件。

餘論

作為島民的一員，認知到本島歷史發展的樣貌別具一格，作者祈願本書能在勾勒十七世紀臺灣引人入勝的歷史之際，也能以後見之明協助臺灣島民，以不同的觀點與立場，去認識臺灣歷史的整體樣貌。

歷史學者布勞岱爾（Fernand Braudel）有所謂「漫長的十六世紀」之說，藉此說明十六世紀是人類歷史上發生大量事件影響後世的時期。[12]從臺灣歷史發展的演變來衡量，十七世紀也是一個較為漫長，步調較為急促的一個世紀。許多欲望與意志交錯，許多「歪打正著」、「塞翁失馬」之類令人眼花撩亂的變化，在此時發生。臺灣島一部分土地，最終由清帝國統治，而無法再退回到無國家的時代。這樣的發展，是一切世界史過程交錯累積，所推進達到的一個階段。臺灣島局部雖然成為清帝國的一部分，但促使這一切發生的世界歷史結構與動力，並未就此消逝，而始終「在場」。這些條件從而容許臺灣島民踏出相互調適步調的過程發生。清帝國的統治，在無意中為臺灣島民在下個歷史階段的發展，完成了充分準備，然而亦非朝向單一可能的歷史延伸線發展。

當今臺灣島民，嘗試認識過去歷史的時候，應當謹記，正如同本書揭示的歷史結構之存在，也應該探求並欲求「島民的節奏」已經出現的事實。那麼，在島民集體命運的起落當中，臺灣的歷史也應當對於島民生存的意義，有所貢獻。

5 紀大偉，〈誰有美國時間：男同性戀與1970年代臺灣文學史〉，《臺灣文學研究學報》19（2014），頁51-87。

6 小川尚義主編，《臺日大辭典》（臺北：臺灣總督府，1931），頁5。寫作「去土州賣鴨蛋」。

7 小川尚義主編，《臺日大辭典》，頁696。

8 小川尚義主編，《臺日大辭典》，頁135。

9 關於十八世紀英國東印度公司於印度的發展與全球歷史演變的關係，亦卽工業革命如何在十九世紀將中國、印度捲入白銀、棉花、鴉片之多角貿易體系，參見：艾立克．沃爾夫（Eric R. Wolf）著、賈士蘅譯，《歐洲與沒有歷史的人》（臺北：麥田，2003），頁327-353；關於十八世紀東亞海域如何維持一穩定體系，參見：包樂史（Leonard Blussé）著，賴鈺匀、彭昉譯，《看得見的城市：全球史視野下的廣州、長崎與巴達維亞》（臺北：蔚藍，2015）。

10 Norbert Elias, *The Society of Individuals* (New York: Continuum, 2001), p. 19.

11 關於平埔原住民認同與漢人認同間的種種複雜關係，可參閱人類學者鮑梅立之研究：Melissa J. Brown, *Is Taiwan Chinese? The Impact of Culture, Power, and Migration on Changing Identities* (Berkeley& Los Angeles: University of California Press, 2004). 關於中華民國憲法實踐與當下臺灣社會中法治習慣間的複雜關連，請參閱：王泰升，《臺灣法律現代化歷程：從「內地延長」到「自主繼受」》（臺北：國立臺灣大學出版中心，2015）。

12 布勞岱爾並沒有明確描述這樣的概念，但社會學者華勒斯坦（Immanuel Wallerstein）加以引述後，此一概念才開始大爲流通。參見Immanuel Wallerstein, "Three Paths of National Development in Sixteenth-Century Europe," *Studies in Comparative International Development* 7 (1972), pp. 95-101 at 95.

帝國關於土地權利的條文，創造了「熟番地權」，有意無意啓動了原住民地產流動至漢人手上的法律機制。

49 參見：Momoki Shiro, Hasuda Takashi, "Chap. 2, The Periodization of Southeast Asian History, in Comparison with that of Northeast Asia," in Fujita Kayoko, Momoki Shiro, Anthony Reid, eds., *Offshore Asia: Maritime Interactions in Eastern Asia before Steamships* (Singapore: ISEAS publishing, 2013), pp. 16-52. 本文當中並未使用「邊疆化」一詞，而是寫成「邊疆的發展」。「邊疆化」的用法爲筆者自行引伸。

結論 島民的節奏：由「場所」到「在場」

1 「關於複數人群交織行動導致的後果之問題，我已經用賽局模型的方式來描繪了其結構上的特性。可是當幾千個相互指涉的行動者採取的行動交織在一起，將沒有任何各別個人或群體得以完全支配賽局，就算這人或這群人的權力再大也沒有辦法。」Norbert Elias, *What is Sociology* (New York: Columbia University Press, 1978), pp. 146-147.

2 John Coakley, "Mobilizing the Past: Nationalist Images of History," *Nationalism and Ethnic Politics* 10: 4 (2004), pp. 531-560. 當代民族主義歷史書寫經常訴諸於共同的高貴祖先，或者同一血緣族裔於特定地點定居的歷史想像來形塑認同。

3 「無意的接力」是若林正丈教授發展出來的概念。這是若林正丈教授於2016年6月1日在臺灣師範大學臺灣史研究所的演講「臺灣歷史的接力賽：可視化、國家基礎權力、國民國家的形成」當中所提出。

4 關於大員港務設施的成立，請參閱拙著：〈荷治時期大員港的入港規範：駁船、旗號與盪纓〉，收入劉益昌、Ann Heylen（賀安娟）編，《南瀛歷史、社會與文化V》（臺南市：臺南市文化局，2019），頁155-184。關於馴服平埔人之短論請參見拙著：〈荷治時期與臺灣無國家時代的消逝〉，《中研院訊（電子出版）》第1688期（2019年4月11日）。

況並不太可能。亦不排除純粹爲把「提督」誤植成「都督」的手民之誤。即使此一「施提督」並非施秉，施秉應該也對於安海在復界後的變化有深入的認識。因證據仍有不足，筆者在此之推測亦非確論。

32 黃富三，《臺灣水田化運動先驅：施世榜家族史》，頁18

33 李文良，〈清初臺灣的請墾制度與熟番地權（1684-1724）〉，頁16-18。

34 林玉茹，〈政治、族群與貿易：十八世紀海商團體郊在臺灣的出現〉，頁18。

35 李文良，〈清初臺灣的請墾制度與熟番地權（1684-1724）〉，頁16-18。

36 劉宇勛，〈清初福建沿海的復界與地方社會〉，頁41、60。

37 黃富三，《臺灣水田化運動先驅：施世榜家族史》，頁30。

38 黃富三，《臺灣水田化運動先驅：施世榜家族史》，頁34。

39 黃富三，《臺灣水田化運動先驅：施世榜家族史》，頁42。

40 黃富三，《臺灣水田化運動先驅：施世榜家族史》，頁34。

41 謝美娥，〈清中期臺灣糧價變動及其因素試析（1738-1850）〉（臺北：國立臺灣師範大學歷史學系博士論文，2006），頁217、219。

42 黃富三，《臺灣水田化運動先驅：施世榜家族史》，頁59。

43 黃富三，《臺灣水田化運動先驅：施世榜家族史》，頁84。

44 劉序楓，〈清代前期の福建商人と長崎貿易〉，《九州大学東洋史論集》第16號（福岡，1988），頁133-161。

45 劉序楓，〈清代前期の福建商人と長崎貿易〉，頁146。

46 王業鍵，〈十八世紀福建的糧食供需與糧價分析〉，收入王業鍵，《清代經濟史論文集（二）》（臺北：稻鄉，2003），頁 126-129。王業鍵亦估計每年由國外進口的洋米約有二十萬石。

47 黃富三，《臺灣水田化運動先驅：施世榜家族史》，頁228。

48 李文良，〈清初臺灣的請墾制度與熟番地權（1684-1724）〉。該文指出在康熙帝於1711年極力主張保護臺灣原住民後，本地縣官援引清

Statistics, and Management," *Japan Review* 31 (2017), pp. 69-104 at 80, table A。引用時已將「貫目」換算爲「兩」。

21 Louis Cullen, "The Nagasaki Trade of the Tokugawa Era: Archives, Statistics, and Management," p. 84. 這裡用的是中國船由日本輸出白銀的數據。

22 林玉茹，〈政治、族群與貿易：十八世紀海商團體郊在臺灣的出現〉，《國史館館刊》62（2019），頁1-51，見17。

23 Louis Cullen, "The Nagasaki Trade of the Tokugawa Era: Archives, Statistics, and Management," p. 81.

24 Ryan Holroyd, "The Rebirth of China's Intra-Asian Maritime Trade, 1670-1740," PhD dissertation: The Pennsylvania State University, 2018, pp. 50-54, 57-61, 66; Keisuke Yao, "The Chinese Junk Trade between Japan and Southeast Asia in the 17-18th Centuries," *Journal of the Faculty of Humanities, The University of Kitakyushu* 68 (2004), pp. 1-18 at 6.

25 李文良，〈清初臺灣的請墾制度與熟番地權（1684-1724）〉，《新史學》32：1（2021），頁1-51，見32。

26 李文良，〈清初臺灣的請墾制度與熟番地權（1684-1724）〉，頁41。

27 林玉茹，〈政治、族群與貿易：十八世紀海商團體郊在臺灣的出現〉，頁18。

28 黃富三，《臺灣水田化運動先驅：施世榜家族史》（南投：國史館臺灣文獻館，2006），頁7-14。

29 黃富三，《臺灣水田化運動先驅：施世榜家族史》，頁12。

30 劉宇勛，〈清初福建沿海的復界與地方社會〉（福州：福建師範大學歷史地理學碩士論文，2013），頁60。

31 黃富三，《臺灣水田化運動先驅：施世榜家族史》，頁15。文史專家鄭夢星有此猜測，目前尙未有更多史料能夠證實之。學界也有人認爲此人卽指施琅。惟施琅乃水師提督，降格記載爲「左都督」的情

Commerce and the Chinese in the Lower Mekong Region, 1750-1880, pp. 198-213 at 199-200.

12 Yumio Sakurai, "Eighteenth-century Chinese pioneers on the water frontier of Indochina," p.44.

13 Paul A. Van Dyke, Tana Li, "Canton, Cancao and Cochinchina: New Data and New Light on Eighteenth-Century Canton and the Nanyang," *Chinese Southern Diaspora Studies* 1 (2007), pp. 10-28.

14 Yumio Sakurai, Takako Kitagawa, "Ha Tien or Banteay Meas in the Time of the Fall of Ayutthaya," in Kennon Breazeale, ed., *From Japan to Arabia: Ayutthaya's Maritime Relations with Asia* (Bankok: The Foundation for the Promotion of Social Sciences and Humanities Textbooks Project, 1999), pp. 150-220 at 173-217. 鄭瑞明則認爲是河仙介入泰國宮廷繼承問題所致，參見氏著，〈十八世紀後半中南半島的華僑——河仙鄭天賜與暹羅鄭昭的關係及清廷的態度〉，頁122-124。

15 Yumio Sakurai, "Eighteenth-century Chinese pioneers on the water frontier of Indochina," p. 46.

16 關於鄭氏最後的結局，鄭瑞明教授已有詳細論述。參見：鄭瑞明，〈十八世紀後半中南半島的華僑——河仙鄭天賜與暹羅鄭昭的關係及清廷的態度〉，頁123-126。

17 鄭維中，《海上傭兵：十七世紀東亞海域的戰爭、貿易與海上劫掠》，頁506-508。

18 鄭玖想法在此段時間內曾有變化，是鄭瑞明教授的推論。筆者支持此一見解。參見：鄭瑞明，〈十八世紀後半中南半島的華僑——河仙鄭天賜與暹羅鄭昭的關係及清廷的態度〉，頁118。

19 鄭維中，〈施琅「臺灣歸還荷蘭」密議〉，《臺灣文獻》61：3（2010），頁35-74，見67-68。

20 Louis Cullen, "The Nagasaki Trade of the Tokugawa Era: Archives,

也要負責確保這些外國商人在離開前，已繳清所有積欠本地商人的貨款，若是沒有就要代爲繳清。而朝廷明確限制外商只能於廣州單一口岸貿易則是在1757年之後。參見：Paul A. Van Dyke, *Canton Trade: Life and Enterprise on the China Coast, 1700-1845* (Hong Kong: Hong Kong University Press, 2005), pp. 11-16.

2 鄭維中著、蔡耀緯譯，《海上傭兵：十七世紀東亞海域的戰爭、貿易與海上劫掠》(臺北：衛城，2021)，頁452-458。

3 李慶新，〈鄭玖與河仙政權（港口國)〉，《南方華裔研究雜誌》2010：4，頁 176-189，見184-185。

4 鄭維中，《海上傭兵：十七世紀東亞海域的戰爭、貿易與海上劫掠》，頁465、469。

5 Yumio Sakurai, "Eighteenth-century Chinese pioneers on the water frontier of Indochina," in Nola Cooke, Tana Li, eds., *Water Frontier: Commerce and the Chinese in the Lower Mekong Region, 1750-1880* (Lanham: Rowman & Littlefield, 2004), pp. 35-52 at 43.

6 W. E. Willmott, "History and Sociology of the Chinese in Cambodia Prior to the French Protectorate," *Journal of Southeast Asian History* 7: 1 (1966), pp. 15-38 at 29-30

7 李慶新，〈鄭玖與河仙政權（港口國)〉，頁185。據櫻井由躬雄教授的研究，闍巴人指吉蔑族穆斯林或馬來穆斯林。

8 Yumio Sakurai, "Eighteenth-century Chinese pioneers on the water frontier of Indochina," p. 43.

9 李慶新，〈鄭玖與河仙政權（港口國)〉，頁188。

10 鄭瑞明，〈十八世紀後半中南半島的華僑——河仙鄭天賜與暹羅鄭昭的關係及清廷的態度〉，《國立臺灣師範大學歷史學報》6（1978），頁117-137，見118。

11 Tana Li, "Rice Trade in the 18th and 19th Century Mekong Delta and its Implications," in Nola Cooke, Tana Li, eds., *Water Frontier:*

1964），頁60-64。

53 馬齊等修纂，《大清聖祖仁（康熙）皇帝實錄》，頁63。

54 VOC1329, Missive van den resident Willem Caeff aen de hooge regeringe tot Batavia, Bantam, 18 Feb. 1677, fol. 2015r.

55 J. A. van der Chijs, ed., *Dagh-Register gehouden int Casteel Batavia vant passerende daer ter plaetse als over geheel Nederlandts-India* (Batavia:Landsdrukkerij/'s Hage: M. Nijhoff, 1904), Anno 1677, p. 18. 這是由從廈門回來的商人所報告的消息。

56 J. A. van der Chijs, ed., *Dagh-Register gehouden int Casteel Batavia vant passerende daer ter plaetse als over geheel Nederlandts-India*, Anno 1677, pp. 41, 448; VOC1330, Missive van de coopluijden Jacob Martenssen Schagen en Louis de Keijser aen de hooge regeringe tot Batavia, 14 Oct. 1677, Canton, fol. 706r.

57 J. A. van der Chijs, ed., *Dagh-Register gehouden int Casteel Batavia vant passerende daer ter plaetse als over geheel Nederlandts-India*, Anno 1677, pp. 450-451.

58 當時范霍根虎克便以匿名方式受到英國倫敦科學學會諮詢，透露日本的最新情況。參見：Wolfgang Michel, "Kurz und bündig: eine Japan-Skizze aus dem Jahre 1669," *Studies in Language and Cultures* 12 (2000), pp. 49-64.

59 Wolfgang Michel, "Kurz und bündig: eine Japan-Skizze aus dem Jahre 1669," pp. 55-56.

第七章 屬國還是府縣：海外移民的歷史歧路

1 廣州貿易系統的成熟並非一夕之間達成，而是各種慣例累積起來的結果。其最核心的「保商（fiadors）」慣例大概在1720年代確立。此後便由特定的保商，擔保作為其貿易夥伴的外國商人必須付清稅款，

Commodities and Entrepreneurs in Asian Maritme Trade, C. 1400-1750 (Stuttgart, Franz Steiner Verlag, 1991), pp. 29-36 at 34-35; Stephan Diller, *Die Dänen in Indien, Südoasien und China(1620-1845)*, pp. 274-275; Michael Bregnsbo, Kurt Villads Jensen, *The Rise and Fall of the Danish Empire* (Switzerland: Palgrave Macmillan, 2022), pp. 129-137.

45 Stephan Diller, *Die Dänen in Indien, Südoasien und China(1620-1845)*, p. 275.

46 Stephan Diller, *Die Dänen in Indien, Südoasien und China(1620-1845)*, pp. 273-274. 荷法衝突隨後又捲入英法衝突等，並且使松德海峽兩岸的瑞典與丹麥各自選邊而演變成非常複雜的國際關係，在此茲不贅述。參見：Michael Bregnsbo, Kurt Villads Jensen, *The Rise and Fall of the Danish Empire*, pp. 140-144.

47 Tove Clemmensen og Mogens B. Mackeprang, *Kina og Danmark 1600-1950:Kinafart og Kinamode* (Kobenhavn, Nationalmuseet, 1980), p. 66.

48 J. A. van der Chijs, ed., *Dagh-Register gehouden int Casteel Batavia vant passerende daer ter plaetse als over geheel Nederlandts-India* (Batavia:Landsdrukkerij/'s Hage: M. Nijhoff, 1894), Anno 1675, pp. 85-86.

49 VOC 1314, Daghregister van Japan, beginnende 20 October 1674 en eijndigende 7 November 1675, Deshima, fol. 201v.

50 W. Ph. Coolhaas, *Generaal Missiven van Gouverneurs-Generaal en Raden aan Heren XVII der Verenigde Oostindische Compagnie* ('s-Gravenhage: Martinus Nijhoff, 1971),Vol. IV, p. 112.

51 J. A. van der Chijs, ed., *Dagh-Register gehouden int Casteel Batavia vant passerende daer ter plaetse als over geheel Nederlandts-India,* Anno 1675, p. 109.

52 馬齊等修纂，《大清聖祖仁（康熙）皇帝實錄》(臺北：華文書局，

(Batavia:Landsdrukkerij/'s Hage: M. Nijhoff, 1894), Anno 1665, p. 411

35 J. A. van der Chijs, ed., *Dagh-Register gehouden int Casteel Batavia vant passerende daer ter plaetse als over geheel Nederlandts-India* (Batavia:Landsdrukkerij/'s Hage: M. Nijhoff, 1897), Anno 1668-1669, p. 50.

36 François Valentijn, *Oud en Nieuw Oost-Indiën* (Dordrecht: Joannes van Braam, 1726), Vol. III, p. 132; J. A. van der Chijs, ed., *Dagh-Register gehouden int Casteel Batavia*, Anno 1668-1669, p. 238.

37 J. Visscher, trans., "Friderici Bollingii Oost-Indisch reisboek," *Bijdragen tot de Taal-, Land- en Volkenkunde van Nederlandsch Indië* 68: 1 (1913), pp. 368-371.

38 鄭維中，《海上傭兵：十七世紀東亞海域的戰爭、貿易與海上劫掠》，頁492-494。

39 鄭維中，《海上傭兵：十七世紀東亞海域的戰爭、貿易與海上劫掠》，頁492-493。

40 鄭維中，〈施琅「臺灣歸還荷蘭」密議〉，《臺灣文獻》61：3（2010），頁35-74，見38-40。

41 鄭維中，《海上傭兵：十七世紀東亞海域的戰爭、貿易與海上劫掠》，頁494。

42 W. Ph. Coolhaas, *Generaal Missiven van Gouverneurs-Generaal en Raden aan Heren XVII der Verenigde Oostindische Compagni*e ('s-Gravenhage: Martinus Nijhoff, 1968), Vol. III, p. 440, note 1.

43 Stephan Diller, *Die Dänen in Indien, Südoasien und China (1620-1845)* (Wiesbaden: Harrassowitz Verlag, 1999), pp. 274-275.

44 Ole Feldbæk, "No Ship for Tranquebar for Twenty-nine Years. Or: The Art of Survival of a Mid-seventeenth Century European Settlement in India," in Roderich Ptak, Dietmar Rothermund, eds., *Emporia,*

25 江樹生譯注，《熱蘭遮城日誌（第四冊）》（臺南：臺南市政府文化局，2011），頁427，注465。

26 Olfert Dapper, *Gedenkwaerdig bedryf der Nederlandsche Oost-Indische maetschappye, op de kuste en in het keizerrijk van Taising of Sina* (Amsterdam: J. van Meurs, 1670), p. 87.

27 J. A. van der Chijs, ed., *Dagh-Register gehouden int Casteel Batavia vant passerende daer ter plaetse als over geheel Nederlandts-India* (Batavia: Landsdrukkerij/'s Hage: M. Nijhoff, 1891), Anno 1663, p. 99.

28 J. A. van der Chijs, ed., *Dagh-Register gehouden int Casteel Batavia vant passerende daer ter plaetse als over geheel Nederlandts-India*, Anno 1663, p. 606.

29 J. A. van der Chijs, ed., *Dagh-Register gehouden int Casteel Batavia vant passerende daer ter plaetse als over geheel Nederlandts-India*, Anno 1663, p. 606.

30 J. A. van der Chijs, ed., *Dagh-Register gehouden int Casteel Batavia vant passerende daer ter plaetse als over geheel Nederlandts-India*, Anno 1663, p. 89.

31 J. A. van der Chijs, ed., *Dagh-Register gehouden int Casteel Batavia vant passerende daer ter plaetse als over geheel Nederlandts-India* (Batavia:Landsdrukkerij/'s Hage: M. Nijhoff, 1893), Anno 1664, p. 90.

32 J. A. van der Chijs, ed., *Dagh-Register gehouden int Casteel Batavia vant passerende daer ter plaetse als over geheel Nederlandts-India*, Anno 1664, p. 518

33 J. A. van der Chijs, ed., *Dagh-Register gehouden int Casteel Batavia vant passerende daer ter plaetse als over geheel Nederlandts-India*, Anno 1664, p. 77.

34 J. A. van der Chijs, ed., *Dagh-Register gehouden int Casteel Batavia vant passerende daer ter plaetse als over geheel Nederlandts-India*

頁444、452-456。

16 鄭維中，《海上傭兵：十七世紀東亞海域的戰爭、貿易與海上劫掠》，頁470。不過，原先福建船隊壟斷東西洋貿易的權利，是交由清朝治下的福建當局繼續享有（當時即施琅等人），還是交由在臺灣的鄭氏集團（即鄭經及明宗室等）經營，抑或是甚至可以逕行交由荷蘭人代理，則是還未搬上檯面討論的問題。

17 Oskar Nachod, *Die Beiziehungen der Niederländischen Ostindischen Kompagnie zu Japan* (Leipzig: Friese, 1897), p. 356.

18 Oskar Nachod, *Die Beiziehungen der Niederländischen Ostindischen Kompagnie zu Japan*, p. 357.

19 鄭維中，《海上傭兵：十七世紀東亞海域的戰爭、貿易與海上劫掠》，頁480。

20 Basil Lubbock, trans. and ed., *Barlow's Journal of His Life at Sea in King's Ships: East & West Indiamen & Other Merchantmen from 1659-1703* (London: Hurst & Blackett, 1934),Vol. I, p. 221.

21 Basil Lubbock, trans. and ed., *Barlow's Journal of His Life at Sea in King's Ships: East & West Indiamen & Other Merchantmen from 1659-1703*,Vol. I, p. 222.

22 鄭經，〈題東壁樓景自敍〉，《東壁樓集》，收入黃哲永主編，《臺灣先賢詩文集彙刊》第八輯（臺北：龍文，2011/1674），頁283。

23 鄭經，《東壁樓集》，頁235。

24 John Anderson, *The Navigator the Log of John Anderson, VOC pilot-major, 1640-1643* (Leiden: Brill, 2010), pp. 95-96. 關於培德一家的家譜資料，參見：Thomas Pedel, Geneanet, https://gw.geneanet.org/gerverdinck?lang=en&iz=34011&p=thomas&n=pedel。小培德大姊莎拉嫁給下級商務員范登布魯克（Johannes van den Broeck），後來再嫁給榜斯（Pieter Boons）上尉，一個妹妹法藍西娜（Francina）嫁給克魯伊夫（Johannes Kruyff）牧師。

收入包樂史（Leonard Blussé）、莊國土譯注，《《荷使初訪中國記》研究》（福建：廈門大學，1989），頁27-46，見33。

6 莊國土，〈二、早期的中荷交通與荷使來華〉，頁34-35。

7 包樂史（Leonard Blussé）著，莊國土、程紹剛譯，《中荷交往史（1601-1989）》（出版地不詳：路口店，1989），頁72。

8 H. W. Codrington, *A Short History of Ceylon* (New Delhi: AES Reprint, 1926), p. 134; Jonathan I. Israel, *Dutch Primacy in World Trade, 1585-1740* (Oxford: Oxford University Press, 1989), p. 248.

9 鄭維中，《海上傭兵：十七世紀東亞海域的戰爭、貿易與海上劫掠》，第十、十一、十二章，頁311-458。

10 Gijs Rommelse, *The Second Anglo-Dutch War (1665-1667): raison d'état, mercantilism and maritime strife* (Hilversum:Verloren, 2006), pp. 30-31.

11 鄭維中，《海上傭兵：十七世紀東亞海域的戰爭、貿易與海上劫掠》，第十三章，頁423-458。

12 鄭維中，《海上傭兵：十七世紀東亞海域的戰爭、貿易與海上劫掠》，頁333-334。

13 Richard von Glahn, "The Changing Significance of Latin American Silver in the Chinese Economy 16th-19th Centuries," *Journal of Iberian and Latin American Economic History* 38: 3 (2019), pp. 553-585 at 564, figure 2; André Gunder Frank, *ReORIENT: Global Economy in the Asian Age* (California: University of California Press, 1998), p. 245; Stanley J. Stein and Barbara H. Stein, *Silver, Trade, and War: Spain and America in the Making of Early Modern Europe* (Baltimore: Johns Hopkins University Press, 2003), p. 23.

14 鄭維中，《海上傭兵：十七世紀東亞海域的戰爭、貿易與海上劫掠》，頁443。

15 鄭維中，《海上傭兵：十七世紀東亞海域的戰爭、貿易與海上劫掠》，

49 鄭維中，〈烏魚、土魠、虱目魚：多元脈絡下荷治至清領初期臺灣三種特色海產的確立〉，頁12。

50 冉福立（Kees Zandvliet），〈經緯：地圖與荷鄭時期的臺灣〉，收入石守謙主編，《福爾摩沙：十七世紀的臺灣、荷蘭與東亞》（臺北：國立故宮博物院，2003），頁34-52，見48-49。譯文略有更動。

51 鄭維中，〈烏魚、土魠、虱目魚：多元脈絡下荷治至清領初期臺灣三種特色海產的確立〉，頁12。

52 鄭維中，〈烏魚、土魠、虱目魚：多元脈絡下荷治至清領初期臺灣三種特色海產的確立〉，頁37-47。

53 石萬壽，〈論臺灣的明碑〉，《臺北文獻》33（1975），頁39-62，見51。

第六章 逆風而行：鄭經、小培德與范霍根虎克的憂鬱

1 Peter Borschberg, "Cornelis Matelief, Hugo Grotius, and the King of Siam (1605-1616): Agency, initiative, and diplomacy," *Modern Asian Studies* 54: 1 (2020), pp. 123-156. 文中提到荷蘭東印度公司原先期待透過與暹羅貢使團的保薦，加入明帝國的朝貢體系。

2 鄭維中著、蔡耀緯譯，《海上傭兵：十七世紀東亞海域的戰爭、貿易與海上劫掠》（臺北：衛城，2021），頁176-177。

3 Tapan Raychaudhuri, *Jan Company in Coromandel 1605-1690* ('s-Gravenhage: M. Nijhoff, 1962), pp. 99-100; C. R. Boxer, *Portuguese and Dutch Colonial Rivalry, 1641-1661* (Lisboa: Centro de Estudos Históricos, 1958), pp. 1-36.

4 鄭維中，《製作福爾摩沙：追尋西洋古書中臺灣的身影》（臺北：如果，2006），頁98-104。

5 江樹生譯注，《熱蘭遮城日誌（第三冊）》（臺南：臺南市政府文化局，2003），頁315，注48。莊國土，〈二、早期的中荷交通與荷使來華〉，

看法，荷治時期南部漁業中心區爲打狗、堯港與下淡水。

36 鄭維中，〈烏魚、土魠、虱目魚：多元脈絡下荷治至清領初期臺灣三種特色海產的確立〉，頁11。

37 Sidney M. Greenfield, "Plantations, Sugar Cane and Slavery," *Historical Reflections/Réflexions Historiques* 6: 1 (1979), pp. 85-119

38 Hui-wen Koo, "Sugar Production and Trade in Dutch Colonial Taiwan," *Taiwan Historical Research* 28: 2 (2021), pp. 45-87 at 63-64.

39 Hui-wen Koo, "Sugar Production and Trade in Dutch Colonial Taiwan," p. 47.

40 Hui-wen Koo, "Sugar Production and Trade in Dutch Colonial Taiwan," p. 74, table 1.

41 韓家寶著、鄭維中譯，《荷蘭時代臺灣的經濟、土地與稅務》，頁84-85。

42 鄭維中，〈明清之際停靠馬公灣的荷蘭船：兼論澎湖居地的發展〉，收入張美惠編，《澎湖學：第21屆學術研討會論文集》（澎湖：澎湖縣政府文化局，2022），頁151-186，見167。

43 鄭維中著、蔡耀緯譯，《海上傭兵：十七世紀東亞海域的戰爭、貿易與海上劫掠》（臺北：衛城，2021），頁192。

44 鄭維中，〈明清之際停靠馬公灣的荷蘭船：兼論澎湖居地的發展〉，頁168。

45 Hui-wen Koo, "Sugar Production and Trade in Dutch Colonial Taiwan," p. 74, table 1.

46 鄭維中，《海上傭兵：十七世紀東亞海域的戰爭、貿易與海上劫掠》，頁297-300。

47 Hui-wen Koo, "Sugar Production and Trade in Dutch Colonial Taiwan," p. 74, table 2.

48 韓家寶著、鄭維中譯，《荷蘭時代臺灣的經濟、土地與稅務》，頁174。

焦點話題》402（2015），頁4-7。1977年前烏魚洄游潮境多集中於雲彰隆起以南，1998-2008年潮境已北移到北緯24.5度（約苗栗通霄）以北。

23 沈有容，《閩海贈言》（臺北：臺灣銀行經濟研究室，1959），頁24-27，見26-27。

24 沈有容，《閩海贈言》，頁25。

25 沈有容，《閩海贈言》，頁26。

26 林婷嫻採訪，〈回到17世紀福爾摩沙海域，當個荷蘭航海士！〉，《研之有物》，2019年1月8日，https://research.sinica.edu.tw/cheng-wei-chung-dutch-sailing-patterns-voc/（2022年9月6日瀏覽）。

27 鄭維中，〈荷蘭東印度公司人員在臺灣周邊海域的水文調查活動（1636-1668）〉，《人文及社會科學集刊》33：1（2021），頁35-79，見50。

28 韓家寶（Pol Heyns）著、鄭維中譯，《荷蘭時代臺灣的經濟、土地與稅務》（臺北：播種者，2002），頁66-67。

29 鄭維中，〈烏魚、土魠、虱目魚：多元脈絡下荷治至清領初期臺灣三種特色海產的確立〉，《臺灣史研究》25：2（2018），頁1-60，見9-11。

30 鄭維中，〈烏魚、土魠、虱目魚：多元脈絡下荷治至清領初期臺灣三種特色海產的確立〉，頁17-22。

31 鄭維中，〈烏魚、土魠、虱目魚：多元脈絡下荷治至清領初期臺灣三種特色海產的確立〉，頁28-29。

32 鄭維中，〈烏魚、土魠、虱目魚：多元脈絡下荷治至清領初期臺灣三種特色海產的確立〉，頁32-35。論證有些繁複，不擬在此細論。

33 鄭維中，〈烏魚、土魠、虱目魚：多元脈絡下荷治至清領初期臺灣三種特色海產的確立〉，頁12-13。

34 曹永和，〈明代臺灣漁業志略補說〉，收入氏著，《臺灣早期歷史研究》（臺北：聯經，2003），頁157-253，見250。

35 曹永和，〈明代臺灣漁業志略補說〉，頁176。曹永和同意中村孝志的

18 根據大鬼湖沉積物的研究，臺灣確實受到中世紀溫暖期（1000-1320）與隨後小冰期（1320-1930）的影響（這份研究所採取的中世紀溫暖期定義與本書不同），參見：陳鎮東、羅建育，〈深鎖在大鬼湖中的祕密：沉積物與中國人口的對應〉，《科學發展月刊》369（2003），頁30-35。臺灣島上受到小冰期影響的情況，則有根據樹木年輪所得的研究成果可以證實，參見：鄒佩珊，〈臺灣山區近五百年的氣候變化：樹輪寬度的證據〉（臺北：國立臺灣大學地質研究所博士論文，1998）。事實上當時黑潮的溫度變化，根據目前西沙、琉球珊瑚礁岩芯鍶及鈾含量波動的研究成果，同樣肯定了中世紀溫暖期與小冰期的存在，參見：Tianran Chen et al., "Coral-Derived Western Pacific Tropical Sea Surface Temperatures During the Last Millennium," *Geophysical Research Letters* 45: 8 (2018), pp. 3542-3549. 文中測出913-1132（溫暖期，所採取的中世紀溫暖期的定義亦跟本書不同）較二十世紀百年均溫低0.7度，而1711-1817（小冰期）則低1.4度。

19 大島正滿，〈臺灣に產するカラスミ鯔に就いて〉，《動物學雜誌》33：3（1921），頁71-80，見73-74。特別是要製作烏魚子的話，需要卵巢成熟飽滿的「正頭烏」，可見烏魚洄游潮境確實曾南移到高屏沿海；大島所記載的溫度可與臺灣百年均溫數值加以比較，臺灣百年均溫數值參見：陳雲蘭，〈百年來臺灣氣候的變化〉，《科學發展》424（2008），頁6-11。

20 Wenfeng Deng et al., "A comparison of the climates of the Medieval Climate Anomaly, Little Ice Age, and Current Warm Period reconstructed using coral records from the northern South China Sea," *Journal of Geophysical Research: Oceans* 122: 1 (2016), pp. 264-275 at 273. 這裡指的是南中國海北端的海面均溫。

21 Zhixin Hao et al. "Multi-scale temperature variations and their regional differences in China," p. 123.

22 藍國瑋、龔國慶，〈全球變遷對海洋漁業資源的衝擊〉，《科技報導—

6 Kimura Jun, *Archaeology of East Asian Shipbuilding* (Florida: University of Florida Press, 2016), p. 164.

7 金關丈夫著、王世慶譯，〈諸蕃志之談馬顏國〉，《方誌通訊》3：3-4（1954），頁16-19。

8 汪大淵著、蘇繼廎校釋，《島夷誌略校釋》（北京：中華書局，1981），頁16-17。

9 Weichung Cheng, "Sailing from the China Coast to the Pescadores and Taiwan: A Comparative Study on the Resemblances in Chinese and Dutch Sailing Patterns," B*ulletin de l'École française d'Extrême-Orient (BEFEO)* 101 (2015) , pp. 289-323 at 299.

10 Kuan-wen Wang, "Glass Beads in Iron-Age and Early-Modern Taiwan: An Introduction," p. 20.

11 姚旅，《露書》，收入四庫全書存目叢書編纂委員會，《四庫全書存目叢書．子部．雜家類》卷111（臺南：莊嚴文化，1995），頁526-804，見703。原書卷9，頁20。

12 曾雄生，〈從蘇軾看宋代羊肉的生產與消費：〈臥沙細肋〉考〉，《古今農業》2020：3，頁36-43。當時最著名的是在莆田撈捕的烏魚。

13 曾文陽、胡興華，〈烏魚之漁獲、海況與洄游〉，《臺灣省水產試驗所試驗報告》19（1971），頁52-62，見62。

14 王友慈，〈臺灣周邊海域漁場環境變遷與漁業調適〉，收入《地球科學系統學術論壇論文集》（臺北：文化大學，2011），頁13-16。

15 王友慈，〈臺灣周邊海域漁場環境的變遷與漁業調適〉，頁15。

16 關於中世紀溫暖期，較全面的介紹書籍有：布萊恩．費根（Brian Fagan）著、黃中憲譯，《歷史上的大暖化：看千年前的氣候變遷，如何重新分配世界文明的版圖（二版）》（臺北：野人文化，2017）。

17 Zhixin Hao et al., "Multi-scale temperature variations and their regional differences in China during the Medieval Climate Anomaly," *Journal of Geographical Sciences* 30: 1 (2020), pp. 119-130 at 128.

43 參見：Leonard Blussé, "No Boats to China. The Dutch East India Company and the Changing Pattern of the China Sea Trade, 1635-1690," *Modern Asian Studies* 30: 1 (1996), pp. 51-76.

44 鄭維中，《海上傭兵：十七世紀東亞海域的戰爭、貿易與海上劫掠》，頁372-379。

45 鄭維中，《海上傭兵：十七世紀東亞海域的戰爭、貿易與海上劫掠》，頁272-273。

46 鄭維中，《海上傭兵：十七世紀東亞海域的戰爭、貿易與海上劫掠》，頁384-390。

47 鄭維中，〈《被遺誤的臺灣》導讀〉，未刊稿（因出版社取消出版計畫）。

48 岸本美緒，〈「後十六世紀問題」與清朝〉，《清史研究》2005：2，頁81-92，見85。

第五章 討海還是作田：早期臺灣唐人

1 謝明良，〈臺灣海域發現的越窯系青瓷及相關問題〉，《臺灣史研究》12：1（2005），頁115-163。

2 趙汝适原著、馮承鈞撰，《諸蕃志校注》（臺北：臺灣商務印書局，1967），頁86-87。

3 關於琉璃珠的貿易路線研究，請參考：Kuan-wen Wang, "Glass Beads in Iron-Age and Early-Modern Taiwan: An Introduction," *Beads: Journal of the Society of Bead Researchers* 30 (2018), pp. 16-30.

4 羽田正編、小島毅監修、張雅婷譯，《從海洋看歷史》（臺北：廣場，2017），頁68。關於臺灣島內的鐵器時代，請參考：Hsio-chun Hung, Chin-yung Chao, "Taiwan's Early Metal Age and Southeast Asian trading systems," *Antiquity* 90: 354 (2016), pp. 1537-1551.

5 Mamoru Akamine, *The Ryukyu Kingdom: Cornerstone of East Asia* (Honolulu: University of Hawai'i, 2017), p. 14.

29 Martino Martini, *Novus Atlas Sinensis* (Amstelredami: Joan Blaeu, 1655), pp. 152-153.

30 黃獻臣，《武經開宗》(寬文元年，中野市右衛門刊本)，卷11，頁64。

31 Martino Martini, *Novus Atlas Sinensis*, p. 158.「在要塞城堡的東邊」可能爲「要塞位於東側」之誤。

32 外山幹夫，《松浦氏と平戶貿易》(東京都：国書刊行会，昭和62[1987])，頁121-132。

33 外山幹夫，《松浦氏と平戶貿易》，頁157-160。

34 外山幹夫，《松浦氏と平戶貿易》，頁203-204。

35 參見：Nagazumi Yoko, "Japan's Isolationist Policy as Seen through Dutch Source Materials," *Acta Asiatica* 22 (1973), pp. 18-35.

36 金國平、吳志良，〈鄭芝龍與澳門——兼談鄭氏家族的澳門黑人〉，《海交史研究》42 (2002)，頁48-59，見48-50。

37 J. McCarthy, "Slaughter of Sangleys in 1639," *Philippine Studies* 18: 3 (1970), pp. 659-667. 據估計有二萬二千名唐人罹難。

38 Tonio Andrade, "Chinese under European Rule: The Case of Sino-Dutch Mediator He Bin," pp. 8-9; Weichung Cheng, "The Chinese Owners in the Zeelandia Town Estate Registers (1643)(second draft)," pp. 6-7.

39 周婉窈，〈海洋之子鄭成功（三）〉，「臺灣與海洋亞洲」部落格，https: //tmantu.wordpress.com/2008/12/09 (2022年8月1日瀏覽)。

40 鄭維中，《海上傭兵：十七世紀東亞海域的戰爭、貿易與海上劫掠》，第八章，頁245-282。

41 鄭維中，《海上傭兵：十七世紀東亞海域的戰爭、貿易與海上劫掠》，第九章，頁283-310。

42 鄭維中，《海上傭兵：十七世紀東亞海域的戰爭、貿易與海上劫掠》，頁334、372-373。

15 VOC 1233, Missive van den gouverneur Frederick Coyett naer Batavia aen den gouveur general Joan Maetsuijcker, Tayouan, 10 Maert 1660, fol. 705r.

16 Weichung Cheng, "The Chinese Owners in the Zeelandia," pp. 12-15.

17 Tonio Andrade, "Chinese under European Rule: The Case of Sino-Dutch Mediator He Bin," p. 11.

18 Tonio Andrade, "Chinese under European Rule: The Case of Sino-Dutch Mediator He Bin," p. 11.

19 Tonio Andrade, "Chinese under European Rule: The Case of Sino-Dutch Mediator He Bin," p. 12.

20 Tonio Andrade, "Chinese under European Rule: The Case of Sino-Dutch Mediator He Bin," p. 12.

21 Tonio Andrade, "Chinese under European Rule: The Case of Sino-Dutch Mediator He Bin," p. 10.

22 Tonio Andrade, "Chinese under European Rule: The Case of Sino-Dutch Mediator He Bin," p. 15.

23 鄭維中著、蔡耀緯譯，《海上傭兵：十七世紀東亞海域的戰爭、貿易與海上劫掠》（臺北：衛城，2021），頁373-376。

24 鄭維中，《海上傭兵：十七世紀東亞海域的戰爭、貿易與海上劫掠》，頁376-377、381-382。

25 Weichung Cheng, "The Chinese Owners in the Zeelandia Town Estate Registers (1643)(second draft)," p. 18.

26 Tonio Andrade, "Chinese under European Rule: The Case of Sino-Dutch Mediator He Bin," p. 22.

27 Tonio Andrade, "Chinese under European Rule: The Case of Sino-Dutch Mediator He Bin," p. 23.

28 Tonio Andrade, "Chinese under European Rule: The Case of Sino-Dutch Mediator He Bin," p. 25.

90.

4 鄭維中，〈明清之際的廣州與澳門印象（1630-1684）——以荷語史料爲中心〉，鄭永常編，《東亞海域網絡與港市社會論文集》（臺南：成功大學人文社會科學中心，2015），頁597-640，見607。

5 鄭維中，〈明清之際的廣州與澳門印象（1630-1684）——以荷語史料爲中心〉，頁602-603。

6 Reinier H. Hesselink, "I go shopping in Christian Nagasaki: Entries from the diary of a Mito Samurai, Owada Shigekiyo (1593)," *Bulletin of Portuguese Japanese Studies* 1 (2015), pp. 27-45.

7 Reinier H. Hesselink, *The Dream of Christian Nagasaki: World and the Clash of Cultures, 1560-1640* (Jefferson, NC: McFarland Publishers, 2016), p. 122.

8 Weichung Cheng, "The Chinese Owners in the Zeelandia Town Estate Registers (1643)(second draft)," Unpublished conference paper presented in: Workshop on Cross Cultural Encounters and Trade in Early Modern Southeast Asian Port, 25 Sept. 2019, Institute of Taiwan History, Academia Sinica, pp. 1-27. 這個訊息記載於〈1643年熱蘭遮市鎮登錄簿〉。

9 江樹生譯注，《熱蘭遮城日誌（第二冊）》（臺南：臺南市政府文化局，2002），頁82。

10 江樹生譯注，《熱蘭遮城日誌（第二冊）》，頁90。

11 江樹生譯注，《熱蘭遮城日誌（第二冊）》，頁516。

12 Tonio Andrade, "Chinese under European Rule: The Case of Sino-Dutch Mediator He Bin," *Late Imperial China* 28: 1 (2007), pp. 1-32 at 10.

13 林偉盛，〈荷據時期的臺灣砂糖貿易〉，收入《曹永和先生八十壽慶論文集》（臺北：樂學書局，2001），頁7-29，見20-21。

14 林偉盛，〈荷據時期的臺灣砂糖貿易〉，頁21。

58 鄭維中，《海上傭兵：十七世紀東亞海域的戰爭、貿易與海上劫掠》，第三、四、五章，頁111-193；歐陽泰（Tonio Andrade）著、鄭維中譯，《福爾摩沙如何變成臺灣府？》（臺北：遠流，2007），頁108-117；亞當·克拉洛（Adam Clulow）著、陳信宏譯，《公司與幕府》（臺北：左岸，2020），頁301-345。

59 羽田正著、林詠純譯，《東印度公司與亞洲的海洋》，頁135-140；Leonard Blusse, "No Boats to China: The Dutch East India Company and the Changing Pattern of the China Sea Trade, 1635-1690," *Modern Asian Studies* 30: 1 (1996), pp. 51-76.

60 村上直次郎著、石萬壽譯，〈熱蘭遮城築城始末〉，《臺灣文獻》26：3（1975），頁112-125，見122。

61 林偉盛，〈荷據時期的臺灣砂糖貿易〉，收入《曹永和先生八十壽慶論文集》（臺北：樂學書局，2000），頁7-29，見10-11。

62 J. L. Oosterhoff著、江樹生譯，〈荷蘭人在臺灣的殖民市鎮——大員市鎮，1624-1662〉，《臺灣史料研究》第3號（1985），頁66-81；冉福立（Kees Zandvliet）著、江樹生譯，《十七世紀荷蘭人繪製的臺灣老地圖（下冊：論述篇）》（臺北：漢聲雜誌社，1997），頁52。

63 韓家寶（Pol Heyns）著、鄭維中譯，《荷蘭時代臺灣的經濟、土地與稅務》（臺北：播種者，2002），頁96。

第四章 唐人二代目：鄭森與何斌的困境

1 布洛克（Marc Bloch）著、周婉窈譯，《史家的技藝》（臺北：遠流，2022），頁56。

2 臺灣銀行經濟研究室，《鄭氏關係文書》（臺北：臺灣銀行經濟研究室，1960），頁39，〈石井本宗族譜〉。

3 Francesco Carletti, *My Voyage around the World by Francesco Carletti*, trans. Herbert Weinstock (New York: Pantheon Books, 1964), pp. 89-

47 徐曉望，〈晚明臺灣北港的事變與福建官府〉，《臺灣源流》33（2005），頁130-145，見133。

48 徐曉望，〈晚明臺灣北港的事變與福建官府〉，頁135。

49 鄭維中，〈1624年大員港的浮現：兩場遙遠戰爭的遺緒〉，頁212-218。

50 鄭維中，〈1624年大員港的浮現：兩場遙遠戰爭的遺緒〉，頁219-220。

51 鄭維中，〈1624年大員港的浮現：兩場遙遠戰爭的遺緒〉，頁221。

52 鄭維中，〈1624年大員港的浮現：兩場遙遠戰爭的遺緒〉，頁222-225；鄭維中，《海上傭兵：十七世紀東亞海域的戰爭、貿易與海上劫掠》，頁84-85。

53 鄭維中，《海上傭兵：十七世紀東亞海域的戰爭、貿易與海上劫掠》，頁88。

54 岩生成一著、許賢瑤譯，〈明末僑寓日本支那人甲必丹李旦考〉，收入村上直次郎、岩生成一、中村孝志、永積洋子著，許賢瑤譯，《荷蘭時代臺灣史論文集》（宜蘭：佛光人文社會學院，2001），頁59-130。

55 Charles R. Boxer, "The Rise and Fall of Nicholas Iquan (Cheng Chi-lung)," *T'ien-Hsia Monthly* 1941: Apr.-May, pp. 1-39 at 10.

56 鄭維中，《海上傭兵：十七世紀東亞海域的戰爭、貿易與海上劫掠》，頁88-100。

57 鄭維中，《海上傭兵：十七世紀東亞海域的戰爭、貿易與海上劫掠》，頁100-116。「題與職銜」記載於蘇琰，〈爲臣鄉撫寇情形並陳善後管見事〉，參見：臺灣史料集成編輯委員會編，《明清臺灣檔案彙編．第壹輯》（臺北：文建會／遠流，2004），第一冊，頁317-321，見318；谷應泰《明史記事本末》則載爲「優以爵秩」，兩者有所出入，參見：谷應泰，《明史紀事本末》（北京：中華書局，1985），第十冊，頁120。此處取原始檔案之記載爲準。

33 Igawa Kenji, "At the Crossroads: Limahon and Wako in Sixteenth-Century Philippines," p. 82.

34 Igawa Kenji, "At the Crossroads: Limahon and Wako in Sixteenth-Century Philippines," p. 83.

35 首先提出「巢外」這一特色的是張增信教授。參見：張增信，〈明季東南海寇與巢外風氣（1567-1644）〉，收入張炎憲主編，《中國海洋發展史論文集（第三輯）》（臺北：中央研究院三民主義研究所，1988），頁313-344。

36 羽田正編，《從海洋看歷史》，頁130-142。

37 羽田正編，《從海洋看歷史》，頁143-144。

38 黑嶋敏，《海の武士團：水軍と海賊のあいだ》（東京：講談社，2013），頁195-210。

39 岩生成一，《朱印船と日本町》（東京：至文堂，1962），頁28-29

40 鄭維中，〈1624年大員港的浮現：兩場遙遠戰爭的遺緒〉，收入李其霖主編，《宮廷與海洋的交匯》（臺北：淡江大學出版中心，2017），頁203-226，見209-210。

41 鄭維中，〈1624年大員港的浮現：兩場遙遠戰爭的遺緒〉，頁210-211。

42 鄭維中，〈1624年大員港的浮現：兩場遙遠戰爭的遺緒〉，頁211-212。

43 董應擧，《崇相集選錄》（臺北：臺灣銀行經濟研究室，1967），頁122。

44 臺灣銀行經濟研究室，《明經世文編選錄》（臺北：臺灣銀行經濟研究室，1971），頁202-210。

45 湯開建，〈澳門開埠之初（1564-1580）葡萄牙人對三次中國海盜活動的應對與處理〉，頁27，注3。

46 李毓中，〈Antonio Perez——一個華人雇傭兵與十六世紀末西班牙人在東亞的拓展〉，《漢學研究》34：1（2006），頁123-152。

22 劉堯誨，《督撫疏議》卷2，〈報勦海賊林鳳疏〉，頁1。轉引自：徐曉望，〈論明萬曆二年福建水師的臺灣新港之戰〉，頁113，注8。

23 徐曉望，〈論明萬曆二年福建水師的臺灣新港之戰——以劉堯誨《督撫疏議》中林鳳史料爲中心〉，頁114。

24 徐曉望，〈論明萬曆二年福建水師的臺灣新港之戰——以劉堯誨《督撫疏議》中林鳳史料爲中心〉，頁114。

25 湯開建，〈明隆萬之際粵東巨盜林鳳事蹟詳考——以劉堯誨《督撫疏議》中林鳳史料爲中心〉，頁52。

26 鹿毛敏夫，〈戰國大名の海洋活動と東南アヅア交易〉，收入氏著，《戰國大名の海外交易》（東京：勉誠，2019），頁159-160。在日本戰國時代，天皇未有實權，「朝貢」僅是大名辦理海外貿易的名義而已。

27 當時藉此經營日暹貿易的，則是平戶藩大名松浦氏。朱鈞旺抵達時，因爲已經有福建船十三艘在港，商業競爭激烈，不得不換小船前往廣南另謀銷路。結果，在前往廣南途中，被日本船隻「劫走」，最後移居日本薩摩生活。鹿毛敏夫，《戰國大名の海外交易》，頁161-162。

28 鹿毛敏夫，《戰國大名の海外交易》，頁161-162。

29 Igawa Kenji, "At the Crossroads: Limahon and Wako in Sixteenth-Century Philippines," in Robert J. Antony, ed., *Elusive Pirates, Pervasive Smugglers: Violence and Clandestine Trade in the Greater China Seas* (Hong Kong: Hong Kong University Press, 2010), pp.73-84 at79.

30 Igawa Kenji, "At the Crossroads: Limahon and Wako in Sixteenth-Century Philippines," p. 80.

31 湯開建，〈明隆萬之際粵東巨盜林鳳事蹟詳考——以劉堯誨《督撫疏議》中林鳳史料爲中心〉，頁58-59。

32 Igawa Kenji, "At the Crossroads: Limahon and Wako in Sixteenth-Century Philippines," p. 82.

2021），頁39-46。

14 鄭維中著，《海上傭兵：十七世紀東亞海域的戰爭、貿易與海上劫掠》，頁47-50。

15 湯開建、張照，〈明中後期澳門葡人幫助明朝剿除海盜史實再考——以委黎多《報效始末疏》資料爲中心展開〉，《湖北大學學報》32：2（2005），頁192-197，見195。

16 1578年工科給事中尹瑾，曾經回憶林道乾於南澳就撫後的亂象：「聚黨數千，集船數十。遇烏艚販鹽，則每船取銀四五千兩，名爲買水。遇白艚捕魚，則每船納銀七八兩，名爲扣稅。百姓以其既撫，而畏禍不敢言。官司以其既招，而隱忍不肯發。如癰疽積毒，久則必潰。是皆不能制其死命，故撫而復叛，叛而復撫。」參見：張二果、曾起莘，《（崇禎）東莞縣志》，收入廣東省地方史志辦公室輯，《廣東歷代方志集成．廣州府部二二》（廣州：嶺南美術，2007），頁266。

17 湯開建，周孝雷，〈澳門開埠之初（1564-1580）葡萄牙人對三次中國海盜活動的應對與處理〉，《海交史研究》2017：2，頁12-37，見29。

18 湯開建，周孝雷〈澳門開埠之初（1564-1580）葡萄牙人對三次中國海盜活動的應對與處理〉，頁30。作者指出，1578年林道乾短暫出沒於澎湖、碣石（潮州）海域後，可能做完了生意，又招募一百人、擄掠男女二百人，南下柬埔寨、暹羅。

19 湯開建，周孝雷，〈澳門開埠之初（1564-1580）葡萄牙人對三次中國海盜活動的應對與處理〉，頁32。如澳門葡人Bartolomeu Vaz Landiro與澳門唐人吳章等。

20 湯開建，〈明隆萬之際粵東巨盜林鳳事蹟詳考——以劉堯誨《督撫疏議》中林鳳史料爲中心〉，《歷史研究》2012：6，頁43-65，見48-50。

21 徐曉望，〈論明萬曆二年福建水師的臺灣新港之戰〉，《福建論壇（人文社會科學版）》2019：11，頁109-115，見113。

Princeton University Press, 1994), pp. 22-23.

3 Susan Rose, *England's Medieval Navy 1066-1509*, p. 140.

4 Susan Rose, *England's Medieval Navy* 1066-1509, p. 141.

5 1780年俄羅斯首先提出「武裝中立」船隻的宣稱，而後各國跟進，才使私掠活動的範圍大爲縮減。最後在1856年各國於巴黎議定《戰時海洋法》後，私掠行爲被認定爲非法。參見：Janice E. Thomson, *Mercenaries, Pirates,& Sovereigns*, pp. 70-71.

6 Josephine Campbell, 2021. "Buccaneer (Privateer)." *Salem Press Encyclopedia*. https://search.ebscohost.com/login.aspx?direct=true&db=ers&AN=87994833&lang=.（付費資料庫取得）

7 Richard R. E. Kania, "Pirates and Piracy in American Popular Culture," *Romanian Journal of English Studies* 11: 1 (2014), pp. 183-194. 薩摩眞介，〈補論：德瑞克環球航行與掠奪行爲的變遷〉，頁276-277。

8 彭慕蘭（Kenneth Pomeranz）、史帝夫·托皮克（Steven Topik）著，黃中憲譯，《貿易打造的世界：社會、文化世界經濟，從1400年到現在》（臺北：如果，2007），頁255-257。

9 費莫·西蒙·伽士特拉（Femme S. Gaastra）著、倪文君譯，《荷蘭東印度公司》（上海：東方出版中心，2011），頁15；羽田正著、林詠純譯，《東印度公司與亞洲的海洋》（臺北：八旗文化，2018），頁81。

10 V. Lunsford, *Piracy and Privateering in the Golden Age Netherlands* (New York: Palgrave Macmillan US, 2005), p. 10. 當然這是比較廣義的說法。

11 Janice E. Thomson, *Mercenaries, Pirates,& Sovereigns*, p. 22.

12 對此一時代背景，學界已研究多年。此處推薦一本概述性讀物：羽田正編、小島毅監修、張雅婷譯，《從海洋看歷史》（臺北：廣場，2017），頁114-119、124-130、140-142。

13 羽田正編，《從海洋看歷史》，頁119-127；鄭維中著、蔡耀緯譯，《海上傭兵：十七世紀東亞海域的戰爭、貿易與海上劫掠》（臺北：衛城，

56 歐陽泰著、鄭維中譯，《福爾摩沙如何變成臺灣府？》，頁257。

57 歐陽泰著、鄭維中譯，《福爾摩沙如何變成臺灣府？》，頁263。

58 歐陽泰著、鄭維中譯，《福爾摩沙如何變成臺灣府？》，頁264。

59 歐陽泰著、鄭維中譯，《福爾摩沙如何變成臺灣府？》，頁265-270。

60 歐陽泰著、鄭維中譯，《福爾摩沙如何變成臺灣府？》，頁275-276。關於此地相關村社之地名比對，參見：康培德，〈二林地區：十七世紀荷蘭東印度公司對彰化平原與濁水溪沖積扇北部人群的地域區劃〉，《白沙歷史地理學報》15（2014），頁21-46。

61 Weichung Cheng, "Emergence of Deerskin Exports from Taiwan under the VOC (1624-1642)," pp. 35-37

62 Chiu Hsin-hui, *The Colonial 'Civilizing Process' in Dutch Formosa, 1624-1662* (Leiden: Brill, 2008), pp. 100-101.

63 鄭維中，〈荷蘭東印度公司人員在臺灣周邊海域的水文調查活動（1636-1668）〉，頁43-47。

64 Chiu Hsin-hui, *The Colonial 'Civilizing Process' in Dutch Formosa, 1624-1662*, p. 100.

第三章 海盜還是傭兵：為何林鳳不能，鄭芝龍能？

1 關於德雷克的事蹟以及本章所論十七世紀海盜與私掠活動的分離，已有學者詳細論列：薩摩眞介，〈補論：德瑞克環球航行與掠奪行爲的變遷〉，收入岸本美緒編、李雨青譯，《歷史的轉換期VI：1571年．白銀大流通與國家整合》（臺北：臺灣商務印書館，2022），頁267-285。

2 Susan Rose, *England's Medieval Navy 1066-1509: Ships, Men & Warfare* (Montreal&Kingston: MacGill-Queen's University, 2013), pp.54-56; Janice E. Thomson, *Mercenaries, Pirates & Sovereigns* (Princeton:

(New York: Charles Scribner's Son, 1920), p. 211.

45 姚旅，《露書》，收入四庫全書存目叢書編纂委員會，《四庫全書存目叢書．子部．雜家類》卷111（臺南：莊嚴文化，1995），頁526-804，見703。原書卷9，頁20。

46 陳鴻圖，《嘉南平原水利事業的變遷》（臺南：臺南縣政府，2009），頁48。這是陳正祥於1955年時提出的看法，今日或有不同演變。

47 陳鴻圖，《嘉南平原水利事業的變遷》，頁53-55。

48 顏廷伃，〈從考古學社群研究的概念初探蔦松文化與西拉雅族的關係及其社會文化變遷〉，收入劉益昌主編，《臺灣史前史專論》（臺北：聯經，2016），頁247-287。

49 Jun Kimura, *Archaeology of East Asian Shipbuilding* (Florida: University Press of Florida, 2016), p. 164.

50 曹永和，〈環中國海域交流史上的臺灣和日本〉，收入氏著，《臺灣早期歷史研究續集》，頁1-35，見10-11。

51 戴寶村，〈日據時期臺灣港口市鎮之發展與變遷〉，《臺灣文獻》40：3（1989），頁29-38，見30。

52 關於此一事件坊間臺灣史相關書籍書寫頗多，茲推薦：歐陽泰著、鄭維中譯，《福爾摩沙如何變成臺灣府？》，頁108-117；亞當．克拉洛（Adam Clulow）著、陳信宏譯，《公司與幕府》（臺北：左岸，2020），頁308-345。

53 關於此一歷史轉折的背景，讀者可參閱：羽田正著、林詠純譯，《東印度公司與亞洲的海洋》（臺北：八旗文化，2020），頁116-140。

54 此段落的內容詳見：Weichung Cheng, "Emergence of Deerskin Exports from Taiwan under the VOC (1624-1642)," *Taiwan Historical Research* 24: 3 (2017), pp. 1-48.

55 歐陽泰著、鄭維中譯，《福爾摩沙如何變成臺灣府？》，頁134-161。不只是安平周邊，大路關、放綀、哆囉國、塔加拉揚、下淡水、塔樓等處的原住民，即高屏與臺南淺山地帶的居民，都來要求結盟。

32 Francis Galgano, Eugene J. Palka, eds., *Modern Military Geography*, p. 193.

33 Eisma Doeke, *Intertidal Deposits: River Mouths, Tidal Flats, and Coastal Lagoons* (Germantown: Taylor & Francis, 2019), p. 86.

34 Eisma Doeke, *Intertidal Deposits: River Mouths, Tidal Flats, and Coastal Lagoons*, p. 12.

35 鄭維中，〈荷蘭東印度公司人員在臺灣周邊海域的水文調查活動（1636–1668）〉，頁43-47。

36 林婷嫻採訪，〈回到17世紀福爾摩沙海域，當個荷蘭航海士！〉，中研院「研之有物」網站，2019年1月8日，https://research.sinica.edu.tw/cheng-wei-chung-dutch-sailing-patterns-voc/。

37 Weichung Cheng, "Sailing from the China Coast to the Pescadores and Taiwan: A Comparative Study on the Resemblances in Chinese and Dutch Sailing Patterns," pp. 317-319.

38 網野善彥著、堯嘉寧譯，《重新解讀日本歷史》（臺北：聯經，2013），頁257-261。

39 網野善彥著、堯嘉寧譯，《重新解讀日本歷史》，頁266-273。

40 竹村公太郎著，劉和佳、曾新福譯，《藏在地形裡的日本史：從地理解開日本史的謎團》（臺北：遠足文化，2018），頁81-83。

41 網野善彥著、堯嘉寧譯，《重新解讀日本歷史：從地理解開日本史的謎團》，頁262。

42 竹村公太郎著，劉和佳、曾新福譯，《藏在地形裡的日本史：從地理解開日本史的謎團》，頁268。

43 Choe Yeong-jun, *Land and Life: A Historical Geographical Exploration of Korea, trans. Sarah Kim* (California: Jain Publishing, 2005), pp. 77-79, 114-115.

44 Carl Lumholtz, *Through Central Borneo: An Account of Two Years' Travel in the Land of the Headhunters between the Years 1913 and 1917*

23 曹永和、包樂史，〈小琉球原住民的消失——重拾失落臺灣歷史之一頁〉，頁227。

24 參見：村上直次郎日譯、中村孝志日注、程大學中譯，《〔摘譯〕巴達維亞城日誌（第三冊）》（臺中：臺灣省文獻會，1990），頁315-316；江樹生譯注，《熱蘭遮城日誌（第四冊）》（臺南：臺南市政府文化局，2011），頁607、610-611、649、664。

25 鄭維中，〈荷蘭東印度公司人員在臺灣周邊海域的水文調查活動（1636-1668）〉，頁60-63。

26 曹永和、包樂史，〈小琉球原住民的消失——重拾失落臺灣歷史之一頁〉，頁228。

27 鄭維中，〈荷治時期大員港的入港規範：駁船、旗號與盪纓〉，頁179-184。

28 吳聰敏曾指出虎尾壠地區即清領時期所記載之「南社」。參見：吳聰敏，〈荷蘭統治時期之贌社制度〉，《臺灣史研究》15：1（2008），頁1-29，見24。但對於其精確的位置也沒有答案。此處採取一般通說。

29 鄭維中，〈荷蘭東印度公司人員在臺灣周邊海域的水文調查活動（1636-1668）〉，頁46，圖4。鄭維中，〈荷蘭東印度公司人員在臺海兩岸間的水文探測活動（1622-1636）〉，收入劉序楓編，《亞洲海域間的信息傳遞與相互認識》（南港：中研院人文社會科學研究中心，2018），頁385-440，見423-424。

30 鄭維中，〈荷蘭東印度公司人員在臺海兩岸間的水文探測活動（1622-1636）〉，頁58-60；鄭維中，〈烏魚、土魠、虱目魚：多元脈絡下荷治至清領初期臺灣三種特色海產的確立〉，《臺灣史研究》25：2（2018），頁1-60，見11-12。

31 Francis Galgano, Eugene J. Palka, eds., *Modern Military Geography* (Taylor & Francis Group, 2010), pp. 184, 190, 193. ProQuest Ebook Central, https://ebookcentral.proquest.com/lib/sinciatw/detail.action?docID=958824.

與富的命運》(臺北：時報文化，1999)，頁144。譯文有所增修。

13 Willard Anderson, *Banda: A Journey through Indonesia's Fabled Isles of Fire and Spice* (Banda Neira, Maluku, Indonesia: Yayasan Warisan dan Budaya Banda, 1997), pp. 77-85.

14 曹永和、包樂史，〈小琉球原住民的消失——重拾失落臺灣歷史之一頁〉，頁209-210。

15 歐陽泰（Tonio Andrade）著、鄭維中譯，《福爾摩沙如何變成臺灣府？》(臺北：遠流，2007)，頁108-117。

16 鄭維中著、蔡耀緯譯，《海上傭兵：十七世紀東亞海域的戰爭、貿易與海上劫掠》(臺北：衛城，2021)，頁171-194。

17 曹永和、包樂史，〈小琉球原住民的消失——重拾失落臺灣歷史之一頁〉，頁205。

18 曹永和、包樂史，〈小琉球原住民的消失——重拾失落臺灣歷史之一頁〉，頁210。康培德，《殖民想像與地方流變：荷蘭東印度公司與臺灣原住民》(臺北：聯經，2016)，頁177-182。

19 Natalie Everts, "Jacob Lamy van Taywan: An Indigenous Formosan Who Became an Amsterdam Citizen," in David Blundell, ed., *Austronesian Taiwan: Linguistics, History, Ethnology, Prehistory* (Taipei: Shungye Museum, 2009), pp. 153-158.

20 康培德，《殖民想像與地方流變：荷蘭東印度公司與臺灣原住民》，頁174。

21 康培德，《殖民想像與地方流變：荷蘭東印度公司與臺灣原住民》，頁177-182。

22 Natalie Everts, Wouter Milde, "We Thank God for Submitting Us to Such Sore but Supportable Trials, Hendrick Noorden and His Long Road to Fredom," in Leonard Blussé, ed., *Around and About Formosa: Essays in Honor of Ts'ao Yung-ho* (Taipei: Ts'ao Yung-ho Foundation for Culture and Education, 2003), pp. 243-272.

入劉益昌、Ann Heylen（賀安娟）編，《南瀛歷史、社會與文化V：早期南瀛》（臺南市：臺南市政府文化局，2019），頁155-184，見172。規定停泊處在下淡水溪口水域，大體上是現今東港溪口外與小琉球之間。

4 曹永和、包樂史，〈小琉球原住民的消失——重拾失落臺灣歷史之一頁〉，收入曹永和，《臺灣早期歷史研究續集》（臺北：聯經，2000），頁185-238，見203。

5 鄭維中，〈荷蘭東印度公司人員在臺灣周邊海域的水文調查活動（1636-1668）〉，《人文及社會科學集刊》33：1（2021），頁35-79，見40-42。

6 鄭維中，〈荷治時期大員港的入港規範：駁船、旗號與盪纓〉，頁155-184，見172。。

7 曹永和、包樂史，〈小琉球原住民的消失——重拾失落臺灣歷史之一頁〉，頁221。

8 曹永和、包樂史，〈小琉球原住民的消失——重拾失落臺灣歷史之一頁〉，頁221。

9 其中除澎湖我尚無機會詳細析論外，其他地點與航路之研究參見：鄭維中，〈荷蘭東印度公司人員在臺灣周邊海域的水文調查活動（1636-1668）〉，頁58-63。

10 金關丈夫，〈「諸蕃志」の談馬顏国〉，收入氏著，《南方文化誌》（東京都：法政大學出版局，1977），頁28-32。

11 Anthony Reid, *A History of Southeast Asia: Critical Crossroads*(Chichester, West Sussex: Wiley Blackwell, 2015), Chap. 5, "Religious Revolution and Early Modernity, 1350-1630," pp. 96-119 at 105; Cesar Adib Majul, "Chinese Relationship with the Sultanate of Sulu," in Alfonso Felix Jr., ed., *The Chinese in the Philippines* (Manila and Bombay: Soldaridad publishing House, 1966),Vol. I, pp. 143-144.

12 大衛．藍迪斯（David S. Landes）著、汪仲譯，《新國富論：人類窮

Vertebrate Paleontology 35: sup1 (2015), pp. 3-20.

24 L. P. Mathur, "A Historical Study of Euro-Asian Interest in the Andaman and Nicobar Islands," *Proceedings of the Indian History Congress* 29: II (1967), pp. 56-61.

25 Aparna Vaidik, *Imperial Andamans: Colonial Encounter and Island History* (Houndmills, Basingstoke, Hampshire ; New York: Palgrave Macmillan, 2010), pp. 161-186.

26 Anthony Reid, *A History of Southeast Asia: Critical Crossroads* (Chichester, West Sussex: Wiley Blackwell, 2015), Chap. 5, "Religious Revolution and Early Modernity, 1350-1630," pp. 96-119.

27 Cynthia Ross Wiecko, "Jesuit Missionaries as Agents of Empire: The Spanish-Chamorro War and Ecological Effects of Conversion on Guam, 1668-1769," *World History Connected* 10: 3 (2013), https://worldhistoryconnected.press.uillinois.edu/10.3/forum_wiecko.html (accessed December 7, 2021).

28 費莫・西蒙・伽士特拉（Femme Simon Gaastra）著、倪文君譯，《荷蘭東印度公司》（上海：東方出版中心，2011），頁131-141。

第二章 要衝與飛地：小琉球與虎尾壠

1 T. Bentley Duncan, *Atlantic Islands: Madeira, the Azores and the Cape Verdes in Seventeenth-Century Commerce and Navigation* (Chicago and London: The University of Chicago Press, 1972), p. 3.

2 Weichung Cheng, "Sailing from the China Coast to the Pescadores and Taiwan: A Comparative Study on the Resemblances in Chinese and Dutch Sailing Patterns," *Bulletin de l'École française d'Extrême-Orient (BEFEO)* 101 (2016), pp. 289-323.

3 鄭維中，〈荷治時期大員港的入港規範：駁船、旗號與盪纓〉，收

16 網野善彥著、堯嘉寧譯，《重新解讀日本歷史》頁163-171、182-186、243-246。

17 Gregory Smits, *Maritime Ryukyu, 1050-1650* (Honolulu: University of Hawai'i Press, 2019), pp. 15-16.

18 賈德・戴蒙（Jared Diamond）著，王道還、廖月娟譯，《槍炮、病菌與鋼鐵：人類社會的命運》(臺北：時報文化，1998)，第十四章〈國家的誕生〉，頁291-320。

19 金關丈夫，〈「諸蕃志」の談馬顏国〉，收入氏著，《南方文化誌》(東京都：法政大學出版局，1977)，頁28-32。

20 Beate M. W. Ratter, *Geography of Small Islands: Outposts of Globalisation* (Cham, Switzerland: Springer, 2018), pp. 135-136.

21 Robert M. Denhardt, "The Horse in New Spain and the Borderlands," *Agricultural History* 25: 4 (1951), pp. 145-150 at 146.

22 Rebecca Earle, *The Body of the Conquistador: Food, Race and the Colonial Experience in Spanish America, 1492-1700* (Cambridge, UK; New York: Cambridge University Press, 2012), pp. 73-78.

23 Kenneth F. Rijsdijk, Julian P. Hume, Perry G. B. De Louw, Hanneke J. M. Meijer, Anwar Janoo, Erik J. De Boer, Lorna Steel, John De Vos, Laura G. Van Der Sluis, Henry Hooghiemstra, F. B. Vincent Florens, Cláudia Baider, Tamara J. J. Vernimmen, Pieter Baas, Anneke H. Van Heteren, Vikash Rupear, Gorah Beebeejaun, Alan Grihault, J. (Hans) Van Der Plicht, Marijke Besselink, Juliën K. Lubeek, Max Jansen, Sjoerd J. Kluiving, Hege Hollund, Beth Shapiro, Matthew Collins, Mike Buckley, Ranjith M. Jayasena, Nicolas Porch, Rene Floore, Frans Bunnik, Andrew Biedlingmaier, Jennifer Leavitt, Gregory Monfette, Anna Kimelblatt, Adrienne Randall, Pieter Floore & Leon P. A. M. Claessens, "A review of the dodo and its ecosystem: insights from a vertebrate concentration Lagerstätte in Mauritius," *Journal of*

3 Jan Rüger, *Heligoland: Britain, Germany, and the Struggle for the North Sea* (Oxford: Oxford University Press, 2017), pp. 38-40.
4 Alex Ritsema, *Heligoland, Past and Present* (Lulu.com, 2007), pp. 7, 12-13.
5 Stephen A. Royle, *A Geography of Islands: Small Island Insularity*, pp. 25-33.
6 Stephen A. Royle, *A Geography of Islands: Small Island Insularity*, p. 70.
7 田森雅一，〈桃太郎昔話とラーマ物語—比較における課題と読みの可能性—〉，《口承文藝研究》22（1997），頁71-82。
8 Hsiao-chun Hung, "Nephrite and Other Early Metal Age Exchange Networks across the South China Sea," in Peter Bellwood, ed., *First Islanders: Prehistory and Human Migration in Island Southeast Asia* (Hoboken, NJ: Wiley-Blackwell, 2017), pp. 333-335.
9 劉益昌主編，《臺灣史前史專論》（臺北：聯經，2016），頁380。
10 謝明良，〈有關蘭嶼甕棺葬出土瓷器年代的討論〉，《臺灣史研究》19：2（2012），頁193-208。
11 Donald R. Deglopper, "Chap. 8, Lu-kang: A City and Its Trading System," in Ronald G. Knapp, ed., *China's Island Frontier: Studies in the Historical Geography of Taiwan* (Taipei: SMC Publisher, 1995), pp. 143-165 at 145.
12 Commander-in-Chief, Pacific Ocean Areas, *Causeway Joint Staff Study* (Place of publication not identified: U.S. Pacific Fleet and Pacific Ocean Areas, Headquarters, 1944), pp. 50-52.
13 T. Bentley Duncan, *Atlantic Islands: Madeira, the Azores and the Cape Verdes in Seventeenth-Century Commerce and Navigation*, p. 2.
14 網野善彥著、堯嘉寧譯，《重新解讀日本歷史》（臺北：聯經，2013），頁163-171、182-186、244。
15 網野善彥著、堯嘉寧譯，《重新解讀日本歷史》，頁254。

注釋

導論 追索命運的意義

1 Hans-Georg Gadamer, *Gesammelte Werke, Bd.II* (Tübingen: Mohr Siebeck, 1993), p. 29. 轉引自張鼎國，〈歷史、歷史意識與實效歷史：論高達美哲學詮釋學中「歷史性」概念之演變〉，《揭諦》11（2006），頁185-216，見200。譯文略有修改。

2 所謂的「〔歷史〕貫時性結構〔物〕」，可由布勞岱爾（Fernand Braudel）以下引文來理解：「〔結構是〕一種現實，有能力扭曲時間的效應，包括改變其流逝速度與涵蓋範圍……〔種種結構〕同時運作即成爲一道支撐與阻礙。結構作爲阻礙，其發揮的作用是限制（如同幾何學中的「包絡線」），人及人的經驗永遠無法逃脫。」參見：Fernand Braudel, *The Mediterranean and the Mediterranean World in the Age of Philip II* (London: Harper & Row, 1972), p. 18.

第一章 島嶼與陸岸

1 T. Bentley Duncan, *Atlantic Islands: Madeira, the Azores and the Cape Verdes in Seventeenth-Century Commerce and Navigation* (Chicago and London: The University of Chicago Press, 1972), p. 2.

2 Stephen A. Royle, *A Geography of Islands: Small Island Insularity* (London; New York: Routledge, 2001), p. 11. 作者認爲島嶼的兩種特徵爲「自立性（isolation）」與「界限性（boundedness）」。

FORUM
00

春山臺灣講座

春山臺灣講座 Forum

由春山出版與中央研究院臺灣史研究所共同討論、策劃，在臺灣史二〇〇四年正式設立研究機構與大學研究所近二十年後，期待將幾個世代已累積出的豐富學術成果，接力化為社會的共同認識資產，從歷史更遼闊甚至意想不到的眺望中，洗練我們看向未來的視野。

預計書單

李毓中　帝國的最後擴張：西班牙人在臺灣（1626-1642）（書名暫定）

林文凱　劉銘傳到後藤新平：世界史與東亞史中的臺灣近代化（書名暫定）

FORUM
01

春山臺灣講座

島嶼歷史超展開：十七世紀東亞海域的人們與臺灣

Hidden Abilities Unlocked: Taiwan and the People of the East Asian Seas in the 17th Century

作　　者　鄭維中
總 編 輯　莊瑞琳
責任編輯　盧意寧
行銷企畫　甘彩蓉
業　　務　尹子麟
美術設計　徐睿紳
內文排版　丸同連合studio
法律顧問　鵬耀法律事務所戴智權律師

出　　版　春山出版有限公司
地址：11670 臺北市文山區羅斯福路六段297號10樓
電話：02-29318171
傳真：02-86638233

總 經 銷　時報文化出版企業股份有限公司
地址：33343桃園市龜山區萬壽路二段351號
電話：02-23066842

製　　版　瑞豐電腦製版印刷股份有限公司
印　　刷　搖籃本文化事業有限公司
初版一刷　2023年8月
I S B N　978-626-7236-42-0（紙本）
978-626-7236-40-6（PDF）
978-626-7236-41-3（EPUB）

定價520元

春山出版
Email　SpringHillPublishing@gmail.com
Facebook　www.facebook.com/springhillpublishing/

填寫本書線上回函

國家圖書館出版品預行編目(CIP)資料

島嶼歷史超展開：十七世紀東亞海域的人們與臺灣／鄭維中作
.一初版.一臺北市：春山出版有限公司，2023.08
352面；21×14.8公分.一（春山臺灣講座；1）
ISBN 978-626-7236-42-0(平裝)
1.CST：臺灣史　2.CST：東亞
733.25　　112010092

島嶼尺度的再發現

TAIWAN. HISTORICALLY SPEAKING